Liquid Modernity

リキッド・モダニティ

液状化する社会

ジークムント・バウマン—著

森田典正—訳

大月書店

リキッド・モダニティ＊目次

リキッド・モダニティ

序　文——軽量で液体的であること

われわれの生活に、中断、矛盾、予想はずれはつきものだ。突然の変化、新しい刺激以外……知らなくなった多くの人たちに、それらは不可欠でさえある……。われわれは永続性に耐えられない。努力は退屈だからこそ、実を結ぶのを、だれも知らなくなっている。

とするならば、人間はみずからの精神がこしらえたものを、支配できるのか。それが最大の問題である。

ポール・ヴァレリー

「流動性」は液体や気体がもつ特性である。『エンサイクロペディア・ブリタニカ』が権威ありげにのべている定義にしたがえば、気体、液体と固体の区別は、前者が「静止状態では接線応力、あるいは、剪断応力にはたえられず」、よって「応力が加えられたとき、形態を連続的に変化させる」ことにあるという。

剪断応力によるずれが、物質内の層と層との位置にとりかえしのつかない、連続的な変化をおこす。これが液体に特徴的な特質である。対照的に固体では、剪断応力は、ねじれ、らせん状の位相で固定されるため、物質は流れだすこともなく、応力がかかっても形状はもとに復帰するのである。流体の一種である液体は、「分子配列の安定が、分子数個の直径分にしかおよばない」ため、上のような特徴をもつという。一方、「固体の形状特性は、原子結合の形態、分子配列の構造によって生じるものである」。角度をかえてみれば、「結合」は固体の安定性――「原子分離」にたいする抵抗――をいうらしい。

近代の現段階を喩えてでもいるかのような、『エンサイクロペディア・ブリタニカ』の「流体」の定義はこれまでである。

百科辞典でのべられている流体の特徴を、簡単なことばで要約するとするなら、固体と違って流体は、形状の固定が容易でないということになろう。いわゆる流体は、空間も時間も固定しない。固体には空間的容積があるが、時間の影響下になく、したがって、時間は重要ではない（時間の流れに抵抗し、時間を無意味なものにするから）。一方、流体はといえば、形態を長く同じにとどめておくことがなく、つねに、形態変化の準備ができている。したがって、流体に重要なのは、それが占める空間でなく、時間の流れである。結局、流体が空間をみたすのも、「かぎられた時間」でしかないのだから。ある意味で、固体は時間を無意味にする。反対に、流体にとって主として大切なのは時間である。固体を説明するさい、時間は無視されうる。しかし、流体の説明で時間に言及しないのは、重大な過失である。流体は撮影された日付のはいったスナップショットで説明されなければならない。

また、流体は簡単に移動する。流体は「流れ」、「こぼれ」、「はねちり」、「溢れ」、「みなぎり」、「しぶきとして飛び散り」、「垂れ」、「滲みだし」、「漏れる」。固体と違い、流体は簡単には止められない。流体は障害物を迂回し、あるものは溶かし、削りとり、沈ませて進むからである。固体につきあたっても、流体は質を変化させないが、固体のほうは、固体でありつづけるかぎり、たとえば、湿るとか、びしょぬれになるといった、影響をうける。流体の驚くべき可動性は、「軽量」ということばを思いおこさせる。たしかに、一立方インチあたりで比較すれば、固体より重量のある液体がないこともない。しかし、われわれが液体を想像するとき、それは固体より軽く、「重量が少ない」と思うのがふつうである。軽ければ軽いほど、容易に速く動けることを、われわれは経験により知っているからだ。

近代史の現段階、多くの面で斬新な段階の性質をつかみとろうとするとき、「流動性」「軽量性」が適切な比喩となるのには、さまざまなわけがある。

こうした比喩をつかうと、「近代論争」に詳しい、近代史にかんする一般的語彙に精通している人たちは、おやっと思うかもしれない。近代は最初から「液状化」のプロセスではなかったのか。「堅固なものの溶解」は、近代のどの段階にもみられる重要な習慣、主要な業績ではなかったのか。質問の仕方をかえるならば、近代とははじめから、つねに「流動的」だったのではないか。

こうした反論、あるいは、これに似た反論がおこるのも当然であって、それらが正しい反論であることも認めないわけにはいくまい。いまから百五十年まえ、『共産党宣言』の著者が書いた、あの有名な「堅固なものを溶解する」という語句は、慣例に凝り固まり、あまりにも停滞的で、非順応的で、変化につよく抵抗をした社会にたいして、活発な近代的精神がおこした行動のことをいったものである。現実が歴史の「死んだ手」から解き放たれないかぎり、「精神」は「近代的」とは呼びえない。そして、歴史的現実からの解放は、堅固なもの（長年にわたって居座りつづけたもの、時間の経過を無視してきたもの、時間の流れから除外されてきたもの）を溶解することによってのみなしとげられる。堅固なものを溶解する試みは、「聖なるものの冒瀆」、つまり、過去や、「伝統」、すなわち、現在における過去の蓄積と残滓といったものを否定し、権威の座からひきずりおろすことでもあった。それはまた、堅固なものが身につけていた信仰や忠誠といった鎧をうちくだくことでもあった。

しかし、これらが堅固なものを最終的に排除し、堅固なものの存在しない、新しくすばらしい世界を作るためになされたわけでなく、堅固なものをあらたに、より堅固に作りなおすためになされたことも、覚えておかねばならない。欠陥のある、不完全な固体を、より優れた、望むらくは、完璧な固体とし、永遠に固定することが目的だったのだ。ド・トクヴィルの『アンシャン・レジームと革命』を読んでいると、「固いとわかったもの」が嫌悪され、弾劾され、溶解の対象にあげられたもっとも大きな理由が、それらの錆びつき、ほつれ、風化、つまり、信頼性の欠如にあったと納得されるだろう。前近代の固い遺産は、崩壊がかなり進んでいると、あらたに台頭した近代はみた。それを溶かしてしまおうという望みの裏には、永続性をもつ堅固さ——信頼できる、頼れる固さ、世界を予想可能、支配可能にする固さ——を発見しよう、あるいは、発明しようという、隠れたつよい意思があった。

最初に溶かされることとなった堅固なもの、最初に冒瀆されることとなった神聖なものには、伝統的忠誠心、慣習的権利、手足をしばり、移動を妨害し、経済活動を拘束する義務があった。新秩序建設の作業を本気で開始するためには、旧秩序が建設者のうえにおいた重荷をとりのぞかねばならなかった。「堅固なものを溶解する」とは、なによりも、合理性を邪魔する「不適切な」義務を払拭することであった。マックス・ウェーバーがいうように、たとえば、それは仕事を家族的義務、つまり、家事や家族にたいする倫理的義務から解放することでもあった。あるいは、トマス・カーライルもいったように、人間の相互依存、相互責任を支える絆として、「金銭的つながり」だけを残すことでもあった。「堅固なものの溶解」は、同じく、複雑な社会関係のネットワークを解体した──そして、それを裸に、無防備に、丸腰に、むきだしにし、経済中心の行動規則、経済中心の合理性基準にたいして無抵抗なものとした。

堅固なものの溶解によってひらかれた領域は、(ウェーバーのいう) 道具的理性、あるいは (カール・マルクスのいう) 経済の絶対的役割に侵略され、占拠された。社会生活のこうした「基礎」は、それ以外のすべての生活領域を、上部構造と呼ぶべきものに変えた。上部構造は、いわゆる道具的理性や経済のなめらかな稼動に奉仕することを唯一の機能とする。堅固なものが溶けたことで、経済は伝統的な政治的、倫理的、文化的束縛から自由となった。そして、経済に主眼をおくあらたな秩序が固まっていった。この新しい秩序は、旧秩序より、さらに「堅固」であったが、それは脅威となりうる非経済要素が完全に消滅したからである。新しい秩序を動かし、変化させるための政治的、道徳的梃子は折れて使いものにならないか、この目的には短すぎるか、弱すぎるか、あるいは、不向きかのいずれかであった。経済秩序が無敵でありえたのは、社会生活全般を植民地化し、再教育し、秩序に順応させたためではない。人間生活すべての局面で経済が支配的となりえたのは、秩序の形成、再形成において、経済以外の要素が無力で非効率だったからだ。

一方、近代の新しい段階は、クラウス・オッフェが上手に分析している (一九八七年『プラクシス・インターナショナル』初出の「ゼロ・オプションの楽園」)。「複雑な」社会が「完全に硬直すると、社会的『秩序』の、つまり、社会的プロセス同士の連携の検討、見直しは、それが非現実的で不完全にしかなりえないため、ほとんどなされることがない」。秩序のなかの「小秩序」がどんなに自由で変化に富んでいたとしても、「小秩序」の連携に「柔軟性や、自由選択の余地はない」。ものごとの全体的秩序は選択できない。そもそも、選択されるべき秩序の内容は不透明であり、万が一、社会生活に選択肢がありえたとしても、それをいかに現実化するかはさらに不透明である。全体的秩序と、秩序確立の担い手、方法、戦略のあいだには大きな溝があり、橋がかかる展望もえられぬまま、溝はどんどんひろがるままである。

反ユートピア的シナリオと違い、こうした結果は独裁的支配、従属、抑圧、あるいは、隷属によってもたらされるのでも、個人的領域の「体制」による「占拠」によってもたらされたのでもない。事実は正反対である。今日的状況は個人の選択の自由、行動の自由を制限すると疑われる手枷、足枷がことごとく溶かされた結果生まれたといえるだろう。秩序の硬直性は人間の自由が蓄積された結果であり産物である。硬直性は「ブレーキをはずし」、規制緩和し、自由化し、「柔軟化し」、流動化が促進され、金融、土地、労働市場が解放され、減税がおこなわれた結果生じた(一九八七年、「止め具、足枷、ブレーキ」でのオッフェの指摘)。あるいは、「スピード、逃避、受け身」の技術、また、別のことばでいえば、自由な個人が体制とかかわりあいにならず、体制との衝突を迂回する技術が進んだ結果生じた(リチャード・セネット『肉と石』)。革命の時代が終わったとすれば、それは統制デスクがおかれるような建物を体制がつくらなくなったからであり、革命家が突入し、占拠するような建物の象徴がなくなったからである。また、建物を占拠したとしても(当然、それを最初にみつけなくてはならないが)、革命家を革命にかりたてた不幸を根絶するため、かれらになにができるか、ほとんど想像できないからである。社会秩序を変革する前提として、まず、個人的苦悩の解消をはっきり意識化できるのが革命家の革命家たるゆえんであるが、そうした素質をもった人材が不足していたとしても、いまや、だれも驚かない。

古い、不完全な秩序にかわる、新しく、よりよい秩序の確立は、現在、議題にさえのぼることがない。あるいは、少なくとも、政治の領域では議題とされない。近代の永遠の特徴である「堅固なものの溶解」は、あらたな意味をもち、新しい目標に向けられることになった——目標転換の最大の影響は、秩序や体制を政治問題化する力の崩壊にみられる。流動的近代であるいま、坩堝《るつぼ》に投げこまれ、溶かされかけているのは、集団的な事業や集団的な行動において、かつて、個人個人それぞれの選択を結んでいたつながりである——個人的生活と、集団的政治行動をつなぐ関係と絆である。

一九九九年二月三日のジョナサン・ラザフォードとの対談で、ウルリッヒ・ベックは「死んでも生きている」「ゾンビー的範疇」、あるいは、「ゾンビー的制度」について語った（ベックはこれより数年前、「近代の上にのった」近代、いわゆる、「近代が近代化された」時代という意味で、「第二の近代」という語句をつくった）。ベックはゾンビー的範疇・制度の典型的な例として、家族、階級、近隣をあげている。たとえば、家族についてかれはつぎのようにのべている。

> 今日、家族とはなにか考えてみてください。家族の意味はなんですか。もちろん、それは子どもたち、わたしの子どもたち、われわれの子どもたちのことでしょう。でも、家族生活の核であるはずの親子関係でさえ、離婚がふえて、崩壊しはじめているのです……。おじいちゃん、おばあちゃん

は、息子や娘の意思決定にはくわわれず、家族にいれてもらえることもあり、家族にいれてもらえないこともあります。孫の立場からみれば、祖父母の存在意義は、それぞれの個人的行動、選択の内容できまるのです。

現在、近代的「溶解力」のいわば再配分、再分配がおこっている。溶解力の影響を最初にうけたのは、帰属だけによって決定される世襲財産のような伝統的制度、あるいは、行動の選択を制約しうる枠組みであった。相互依存のさまざまな形態、形式はすべて坩堝に投げこまれ、あらたに鋳造しなおされた。もともと逸脱的であり、侵犯的であり、浸食的である近代史のなかでも、このときは「枠組み破壊」のもっとも激しい時期にあたった。しかしながら、あるもっともな理由があって、個人はこれに気づかなかった。「新しくなり、良くなっている」にもかかわらず、新しい形態、新しい枠組みは以前にもまして硬直的で、強力になっていたからだ。

当然、どんな枠組みも、代替の枠組みがみつからないあいだは壊されない。古い檻から解放されても、みずからのほんとうに一生をかけた努力で、新しい秩序の都合のいい場所《ニッチ》へ、棲みかえがなされなければ、われわれは批判と攻撃にさらされるだけだった。都合のいい場所《ニッチ》には、たとえば、生活状況、生活展望全体をつつみ（すでに解体された身分制度同様、徹底的に）、生活計画、生活戦略のおよぶ現実的範囲を決定する階級があった。自由になった個人が直面したのは、その新しい自由をつかって適当な棲みかをみつけ、慣習に順応し、正しく、適切だとされている行動規則を遵守しながら、その場所におちつくという課題であった。

今日、不足しているのは、指針、道案内となる形式、法規、規則である。とはいっても、われわれ現代人はみずからの想像力だけを頼りに、生活様式をゼロから、好きなようにうちたてているということではない。また、社会からの資材や青写真の提供を、まったくあてにしていないということではない。そうでなくて、あらかじめ帰属がきめられた「関係集団」の時代から、「全般的比較」の時期へ移行しつつあるのである。この時代、個人の自己形成努力にはあらかじめ目的地があたえられているわけでもなく、真の目的地、つまり、個人的生活の終着点に到着するまえに、目的地は激しく、何回も変更される。

今日の範型や形式は「所与の」ものではなく、ましてや、「明白な」ものでもない。たいへんな数の範型や形式が衝突しあい、それらの発する命令はたがいに矛盾し、個々の範型、形式には絶対的拘束力と強制力がない。そして、それらは性質を変えられ、個人的課題の一覧表にのるような項目として再分類された。範型や形式はもはや生活政治《ライフ・ポリティックス》にさきだち、生活政治の枠組みを決定するものではなく、逆に、生活政治を追いかけ、生活政治の変化にあわせて形づくられるものになった。液状化の力は「体制」から「社会」へ、「政治」から「生活政治」へおよび、社会生活の「マクロ」段階から「ミクロ」段階へと降りようとしているのである。

われわれの生きる近代は、同じ近代でも個人、私《わたくし》中心の近代であり、範型と形式をつくる重い任務は個人の双肩にかかり、つくるのに失敗した場合も、責任は個人だけに帰せられる。そして、いま、相互依存の範型と形式が溶解される順番をむかえている。それらは過去に例がないほど、また、想像を絶するほど柔軟になっている。しかし、すべての流体がそうであるように、それらは長い期間、同じかたちにとどまらない。かたちをつくることのほうが、かたちを守ることよりはるかに容易なのだ。固体は一度形成されると、そのままのかたちをとどめる。流体のかたちを守るには、細心の注意と、永遠の用心と、壮大な努力が必要である。かたちはとどまって当然と思われているからだ。

「流動的近代」の到来がもたらした、人間的状況の深甚な変化を軽視し、否定してはいけない。体制が遠い、手のとどかない存在となり、構造化されていない、流動的な生活政治が前面にでてきたことで、人間的状況は激しく変動した。そうなると、かつて、人間的状況を語るために使われていた古い概念も、再検討を余儀なくされる。ゾンビーのように、こうした概念は、今日、死んでもいるし、生きてもいる。新しい形態をとり、変身することによって、これらは復活可能なのかどうか、これがいまの実践的問題なのだ。あるいは、復活できないのならば、いかに立派で、正式な葬儀をだしてやるかが問題なのだ。

本書の目的はこの問題に答えることにある。人間がおかれた基本的な状況にかんする概念のうち、ここでは、五つ――解放、個人、時間/空間、仕事、共同体――を選んだ。産湯とともに赤子を流すようなことをさせないために、それらの意味、現実性の輪廻の可能性を（断片的、暫定的なやり方ではあるが）さぐったつもりである。

近代は多義であり、したがって、近代の到来、進展には多種多様な象徴的目印をつけてやることが可能だろう。しかし、近代的生活、近代的環境の特徴には、ひとつだけ「あらゆる差異をつくりだす差異の元」、あるいは、あらゆる属性を生む属性の元として、ひときわ目立つものがある。それは空間と時間の変化しつづける関係である。

近代は空間と時間が現実生活から分離し、空間と時間がおたがいから乖離され、それぞれ独立した思考と行動の範疇になったときにはじまったといえる。また、空間と時間が生活上の区別できない要素でなくなったとき、一対一の絶対に安定した対応関係でなくなったとき、近代は開花したともいえる。近代になると、時間は進化するようになる。時間はその「輸送力」を永遠に拡大しつづけている、という意味で進化する。つまり、ある一定時間に、われわれが「通過」、「横断」、「踏破」、そして、征服できる距離が長くなりつづけているのである。空間移動の速度が（空間は延びもしないし、縮みもしないという、時間にくらべ、顕著な硬直性がある）人間の才能、想像力、資質にかかわる問題だと認識されたとき、時間は進化しはじめた。

速度概念は空間と時間の関係の変化とともに変わりはじめる。もし、空間と時間の関係がほんとうに変化しないなら、人間の能力、意思と関係のない、非人間的、前人間的現実であるなら、そして、前近代的移動手段——人や馬の足——の限界を大きく変えるものでないなら、速度にはほとんど意味がないだろう。一定の時間に通過できる距離が科学技術、人工的な輸送方法によって決まるようになると、移動速度の限界にかんするそれまでの常識は変わる。近代は速度の限界への挑戦を、たちどまることなく、連続的につづけてきたのであり、限界はなくなりつつある（あるいは、光の速度だけが限界になる）。

あらたに獲得された柔軟性と拡張性のおかげで、近代的時間は空間征服の、最大、最高の武器となった。時間と空間の近代的闘争において、空間は防御的塹壕戦しか遂行できない、自己推進力も機動力もない、動きのにぶい軍隊、時間の着実な侵攻のまえにたちふさがる障害でしかないことがわかった。一方、時間は同じ闘争における、活動的でダイナミックで、つねに攻撃をしかけ、侵入し、征服し、植民地化する軍隊であることがわかった。動きの速さ、迅速な移動技術は、近代における権力行使と支配の主要な道具となっている。

ミシェル・フーコーはジェレミー・ベンサムのパノプティコンを、近代的権力の究極の比喩としてもちいた。パノプティコンでは、囚人たちは厳重に守られた厚い壁のなかにとじこめられ、ベッドや監房や作業台にしばりつけられ、移動を禁止された。かれらが動けないのは、監視されているからである。かれらには移動の自由をもつ監視者の居場所がわからなかったし、わかるすべもなかったから、指定された場所にいつづける以外なかったのである。監視者の支配力は動きの柔軟性、巧妙さによって決まる。一方、囚人たちの「その場所へのしばりつけられ方」は、あらゆる束縛のなかでも、もっとも厳重で、逃れることも、断ち切ることもできるものではなかった。時間の支配は、雇用者の力の秘密である。雇用者が権力をえるための主要な戦略は、被雇用者から移動の自由をうばい、企業における時間のリズムを規則化することだった。権力ピラミッドは速度、効率的輸送力、その結果としての、移動の自由の程度によってなりたっている。

パノプティコンは支配、被支配の相互関係と対立の構図を示す見本のようなものだ。みずからの変動性を確保する戦略と、被雇用者の時間を規則化する戦略は、雇用者にとって、硬貨の表裏だった。しかし、ふたつの戦略には矛盾がある。時間を「規則化する側」も、規則化の対象となる人間が拘束されている場所に拘束されるので、第二の戦略は第一の戦略の制約となる。時間を規則化する側が、自由に動けるわけではない。雇用者が場所にしばられない「不在地主」のような存在になることはできなかった。

パノプティコンにあったハンディキャップはこれだけではない。場所を確保し、場所を維持し、囚人たちを監視し、収容しておくには煩雑な実務作業が必要で、これらには高額の経費もかかった。建物を建築し、建物を修繕管理し、プロの看守を雇い、囚人たちに衣食をあたえ、職業訓練もしなければならない。最後に、パノプティコンの運営は、いやおうなしに、その場全体の生活への責任を生む。パノプティコンがあきらかに自己利益のために運営されているとしても、責任が生じることに変わりはない。責任があるということは、その場所に拘束されるということでもある。また、責任があるということは、その場にいなくてはいけないこと、永遠の対立、綱引きに関与することである。

　多くの研究者、評論家は「歴史の終焉」、ポストモダニティ、「第二の近代」、「超近代」といった事柄について語っている。また、人間的共生の制度や、今日、生活政治が展開される社会の、社会的状況の根本的変化について、直感的にのべている。かれらがそうするのは、移動の速度を速めようとする長年の努力が、いま、自然の限界にまで達したという認識があるからだろう。権力はいまや電子信号の速さで動き、権力を構成する事象を動かすのに必要な時間は、一瞬へと短縮された。権力は空間の制約をうけない、空間にしばられない、真に超領域的なものとなった。（携帯電話の出現は、空間依存にくわえられた象徴的な「最後の一撃」だったのだろうか。命令をくだし、命令の遂行を監視するのに、電話線の差し込みも必要なくなったのだ。命令をあたえる者の居場所は重要ではなくなった。つまり、「近く」と「遠く」、「いなか」と「都会」、「未開」と「文明」の違いは意味をなさなくなった。）これによって、権力保有者には、前例のないチャンスがおとずれた。権力のパノプティコン的執行にまつわる悩みが解決されたのである。近代史の現段階の形容の仕方にはいろいろあるだろうが、現在は、たぶん、なによりもまず、ポスト・パノプティコン時代だといえる。パノプティコンで重要なのは、責任者が「その場所」に、近くの監視塔のなかにいなければならないことだった。ポスト・パノプティコンでは、人間の運命を左右するような権力レバーを握る者たちは、いつでも、だれの手もとどかないところまで、逃げていくことができるのである。

パノプティコンの終焉は、管理者と被管理者、資本と労働、指導者と支持者、戦争の敵味方のあいだの、相互関与の時代の終焉を予感させる。いまの主要な権力手段は、逃避、流出、省略、回避である。また、秩序建設、秩序維持の責任とコストを生じさせる領土や、その束縛から効果的に逃れることである。

権力が用いるこの新しい手段とはどんなものか、湾岸戦争とユーゴスラヴィア戦争の攻撃側がつかった戦略をみればよくわかるだろう。戦争行為において地上軍の展開が否定されつづけたことは、驚くべきことだ。おおやけの説明がどのようになされようが、地上軍の配備が否定されたのは、なにも、ひろく報道された「遺体袋」症候群のためばかりではなかった。地上戦が拒否されたのは、国内政治にあたえる負の影響が懸念されたからであり、戦争の目的からみるかぎり、地上戦に意味がなく、地上戦が逆効果を生むからであった。結局、治安維持、行政負担をともなう領土征服は、戦争目的にははじめから組みこまれていないだけでなく、けっしておこなわれるべきでない行動だとされていた。そして、攻撃側軍隊に「付随被害」をもたらすものとしても、忌避されていたのである。

ステルス戦闘機や自己制御・標的自動発見ミサイル（どこからともなく突然襲来し、瞬時に姿を消す）による爆撃は、歩兵部隊による領土侵略、敵国領土の制圧にとってかわった。攻撃側はもはや、敵の敗走あるいは壊滅のあと、「戦場に残る最後の軍」になりたがらない。軍隊とその「攻撃しては逃げかえる」ヒット・アンド・ラン戦法は、液体的近代における新しいかたちの戦争がなにを目的としたものか推察させるのに十分である。目的は流動的世界権力の流れを邪魔する壁の破壊であって、領土征服ではない。独自の規則をつくろうとする敵の欲望を破壊すること、他の非軍事的権力がはいりこめなかった、壁がはりめぐらされ、かたく閉ざされた空間を開放すること、これが流体的近代型戦争の目的なのである。今日、戦争はますます（クラウゼヴィッツの有名な公式をいいかえるなら）「世界自由貿易振興の特殊な手段」であるかのようにみえてきている。

ジム・マクローリンは最近、近代的現象のひとつに、定住型生活者による、遊牧型民族、移動型生活様式への攻撃があるとのべた。後者と新生近代国家の領土、境界にたいするこだわりとは、矛盾するものだったからだ。イブン・ハルドゥーンは一四世紀に、「正義は定住民族より遊牧民族の側にある。なぜなら、定住民の心を侵した悪しき習慣から、遊牧民は無縁だからだ」といって、遊牧主義賛歌をうたいあげた。しかし、すぐこのあと、ヨーロッパじゅうで熱狂的にはじまった近代国家、民族国家の建設では、新しい法的秩序を樹立し、市民の権利と義務を体系化するために、「土」が「血」よりも優先されるようになった。立法者の領土的関心に興味をもたず、境界線確定のための熱心な努力を完全に無視する遊牧民たちは、進歩と文明の名のもとに遂行される聖戦の最大の敵とみなされた。近代の「進化政治学」は遊牧民族を低級で原始的存在、「未発達」で完全な矯正と啓蒙が必要な存在とみなした。また、これにとどまらず、かれらを後進的で、「時代的」にも「文化的」にも遅れた民族、進化の階段の低い位置に停滞し、階段をはやく登れない、「世界的発展パターン」についていけない民族だともみなした。

堅固な段階の近代にかんするかぎり、遊牧民的習慣が重視されることはなかった。市民性は定住とともにあり、「住所不定」、あるいは、「無国籍」は、法を尊重し、法に守られる共同体から除外され、処罰まではくだされなくとも、法的差別の対象にされた。いまでも、こうした排除や差別が、ホームレスや社会最底辺の弱者にくわえられ、古いパノプティコン的体制のもとにおかれていることはたしかである（大量の数の人間を教化し、社会に同化させる手段としては、すでに放棄されているが）。しかし、定住主義の遊牧主義にたいする絶対的な優位性、定着による移動の支配は、急速に終わりをつげようとしている。遊牧主義が領土権や、定住の原理といったものに復讐しはじめたのだ。流動的段階の近代では、遊牧民的、超領域的エリートが、定住型の多数派を支配する。遊牧的往き来に道をあけること、残った検問所を全廃することが、政治や、クラウゼヴィッツが「政治の延長」と呼んだ戦争の、大目的となったのである。

現代の世界的エリートは、昔の「不在地主」に似ているといえよう。かれらは運営、管理、福利の負担なしに、また、「啓蒙」、「改革」、道徳的勇気の付与や、文明化に責任をもつことなしに支配できる。支配下の人々の生活に積極的に関与する必要はなくなった（むしろ、あまりにも高くつくうえに、非効率的だとして、関与は避けられている）。そして、「大きいこと」は「よいこと」でなく、むしろ、非合理的と考えられるようになった。より小さくなること、より軽量になること、より動かしやすくすることが、進歩と改良の意味である。信頼性、確実性の魅力、すなわち、重量性、頑丈性、非妥協的抵抗力の魅力に、懸命にしがみつくより、身軽に動きまわることのほうが、権力や力に有益なのである。

土地の獲得や放棄が、いつでも簡単に、好きなようにできるとするなら、土地にしがみつく理由はない。逆に、土地への執着、土地による制約が負担になるとすれば、それはあきらかに害だろうし、可能性あふれる機会は、どこか別の場所に移動するだろう。ロックフェラーは工場、鉄道、石油掘削装置を巨大化し、それらを末永く（人間の一生、家族の一生を永遠の単位とするならば、未来永劫）所有しようとした。しかし、きのう、誇りに思っていた所有物を、きょう、手放しても、ビル・ゲイツはまったく後悔しないという。今日、収益をもたらすのは、流通と、老朽化と、再利用と、使い捨てと、取り替えの目のまわるような速さであって、製品の耐久性、長期的信頼性ではない。一千年の伝統はみごとにくつがえり、永続性を嫌って避け、はかなさを愛する者のみが、高く支配的な地位にのぼり、みすぼらしく、はかなく、乏しい所有物をなんとか長持ちさせようと懸命に努力する人間は、底辺であえぐことになる。両者は大売り出しや、中古車競売の会場で、支払いカウンターの向こう側と、こちら側という立場で遭遇することになる。

社会的ネットワークの瓦解、集団的行動の崩壊は、大きな不安の念をもって迎えられている。また瓦解・崩壊はとらえどころがなく、つかまえがたく、ますます流動的になった権力の新しい軽量性、流動性の「副作用」だと嘆く声もしばしば聞こえてくる。しかしながら、社会的崩壊は、権力が非関与と逃走を、テクニックとして使ったことの結果であるとともに、権力を成立させる絶対条件でもあった。権力が自由に流動するためには、柵、壁、守られた境界線、検問所が世界から消滅しなければならない。社会的絆の目のこまかく、しっかりしたネットワーク、とりわけ、領土にかかわるネットワークは、かたづけねばならない障害物だった。世界的権力はみずからの強さの源、無敵の要因となる流動性を、促進し継続させるため、ネットワークの解体を誓うのである。逆にいえば、そもそも流動性の促進、延長を権力に可能にしたのは、人間的絆やネットワークの崩壊、もろさ、弱さ、はかなさ、不安定性であった。

人間的絆のネットワークが崩壊しつづける傾向にあるとしたら、人間の姿はサイバネティック時代初期に、きたる時代のさきがけとして喝采をうけた、他人のコンピュータに入りこんで電気を盗む電子モグラ、あるいは、電気の差し込みをもとめて激しく動きまわる、キャスターつきのプラグのようにみえてくるはずだ。しかし、携帯電話の普及する時代では、差し込みは時代遅れ、悪趣味となり、その数もへり、質も悪くなっているだろう。現在のところ、電気の供給会社はそれぞれのネットワークにつないでもらうことの利点を喧伝し、差し込みをもとめる人間たちを獲得しようと競争しあっている。しかし、長い目でみれば、差し込みは消滅し、店や、飛行場の売店や、高速道路や一般道のガソリンスタンドで買える、使い捨ての電池にとってかわられるにちがいない。

これこそがオーウェル的、ハックスリー的悪夢として記録された不安と入れ替わるにふさわしい、液体的近代の要請にあわせた、理想郷／暗黒郷の姿のように思えてならない。

一九九九年六月

1　解　放

戦後三十年は、豊かな西側諸国が、未曾有の経済発展と、富の蓄積と、経済的安定を達成した、「黄金時代」であったが、その最後近くに、ヘルベルト・マルクーゼは以下のような不満をあらわした。

現在、または、現状にかんするかぎり、われわれは歴史的にみて、ユニークな状況に直面しているといえるだろう。なぜならば、われわれは、今日、豊かで、強力で、機能的欠陥のない社会から解放されねばならないからだ……。われわれの直面する問題とは、人間の物質的欲求、そして、文化的欲求を満たした社会、あるいは、あるスローガンになぞらえれば、富を人口のさらに底辺まで分配することのできた社会から、われわれは解放されなければならないということである。これは、大衆が解放を望んでいない社会からの解放を意味する。(1)

マルクーゼにとって、なぜ「社会的解放」が必要なのかは、問題ではなかった。問題だったのは、解放を「大衆が望まない」という、「富の分配された」社会だけに特有のそれだった。簡単にいってしまえば、もはや少数の人間しか解放を望まず、それよりさらに少ない数の人間しか、欲求を行動に移そうとせず、さらに、解放後の社会と現在の社会の違いを、明確にできるものにいたっては、ほとんど皆無だということだ。

「解放」とは、人間の動きを妨げ、邪魔する、人間にかけられた桎梏から、文字どおり解き放たれることであり、運動や行動において不自由を感じなくなることである。「不自由を感じない」とは、人間が意図的に思い描き、あるいは、夢想する動きが、どんな障害にも、邪魔にも、妨害にも遭遇しないということである。アルトゥール・ショーペンハウアーによれば、「現実」は、意志的行動によってなりたつものだという。つまり、意志が世界に無視され、意志が世界から拒絶されるたび、人間は世界の現実を認識する――束縛、限界として。束縛を感ずることなく、みずからの意志にもとづいた行動が自由にできると感じるには、欲求と、想像力と、行動の可能性の三者のあいだに、平衡がとれていなければならない。想像力が実際の欲求の範囲をこえれば、あるいは、欲求や想像力が行動の可能性をこえれば、人間はもはや自由とは感じない。三者の平衡を達成し、維持するには、したがって、二つの方法が考えられる。ひとつは欲求と想像力を、あるいは、欲求か想像力を抑圧すること、そしてもうひとつが、行動の可能性を拡大することである。平衡が達成され、維持されるかぎり、「自由解放」は動機をもたない、無意味なスローガンとなる。

抑圧と拡大の観点からみると、「主観的」「客観的」自由、また、主観的、客観的「解放の必要性」が問題になる。現実変革の意志が挫折することも、最初から、そうした意志をもたないようにしておくことも（たとえば、快楽や幸福への欲望に人間が加える、ジークムント・フロイトによるところの「現実原理」によって）、両方ありうるだろう。現実のものであれ、空想的なものであれ、意志は実行可能な範囲、常識的範囲まで縮小されうる。一方、意志を直接操作すること——ある種の「洗脳」——によって、どんな意志をもっているかさえ知ろうとせず、「客観的」実行能力を試さずにすませることもできる。こうすれば、野心をゆるされた「客観的」自由より低い位置に設定することができる。

どこまでが「主観的」自由で、どこからが「客観的」自由かを分けることは、「現象対本質」という政治的意味合いのある、さまざまな、しかし重要な哲学問題のパンドラの箱をあけることになりかねない。パンドラの箱にはいった問題のひとつには、自由であるかのように感じられている不自由がある。人々のおかれた位置が、「客観的」満足からほど遠いにもかかわらず、その位置に満足することは、おこりえないことではない。また、奴隷状態で生活していながら、自由だと感じ、それゆえ、解放の欲求を経験せず、ほんとうに自由になる機会を放棄してしまうことも、ありえないわけではない。こうした可能性に付随して、人間はみずからの苦悩を判定する能力に欠けているのではないか、「客観的」自由を経験し、それをかちとる勇気や決意は、強制されるか、おだてられるかしなければ、いずれにしても、自力ではおこせないのではないか、という疑問もわくだろう。さらに暗い予感が哲学者を悩ませる。それは自由の行使には苦労がともなうので、人間は不自由のままでいたいのではないか、解放の展望などもつことさえ嫌なのではないか、という予感である。

自由は祝福か呪いか

キルケーの魔法の酒で豚に変えられた水夫たちは、新しい境遇を愛し、オデュッセウスが呪縛をとき、人間の姿にもどそうとしても、それに必死に抵抗したという、オデュッセイアの外典としてつたわるエピソードを、リオン・フォイヒトヴァンガーは伝えている（「オデュッセウスと豚――文化にたいする不安」）。呪いをとき、人間の姿にもどす薬草をみつけたとオデュッセウスにいわれたとき、豚に変わった水夫たちは、猛烈な速さで姿を隠したという。オデュッセウスがようやくのことでつかまえた一匹に薬草をぬると、剛毛におおわれた皮から水夫エルペノーロスがあらわれた。フォイヒトヴァンガーによると、エルペノーロスは「とくに格闘技にすぐれているわけでなく、知的に秀でているわけでもない、他の水夫と同じ」、ふつうで、平均的な男だった。「自由にされた」エルペノーロスは、「解放」を恨み、解放者を激しく罵ったという。

この悪党、このおせっかいやきめが、またもどってきやがったのか。また、俺たちに小言をいって、悩ませにきたのか。それでまた、なにか決心させて、俺たちを危険な目にあわせようってんだろう。俺は楽しかったんだぜ。泥のなかでころげまわって、お天道さまをいっぱい浴びてよ。バクバク食らって、ガブガブ飲んで、ブーブーないて、ピーピー叫んで。考えごともしなかったし、迷いもしなかったんだ。こうしようか、ああしようかってよ。なんできたんだよ。むかしの、あのうんざりの生活につれもどそうってのかよ。

解放は祝福なのだろうか、呪いなのだろうか。祝福の仮面をかぶった呪いなのか、呪いかもしれないと疑われる祝福なのだろうか。近代は「解放」を政治改革の第一課題とし、「自由」に最高の価値を付与した。しかし、自由は容易に獲得されず、自由を謳歌すべき人間にも歓迎されないとなると、上のような疑いが近代にとりつくことになった。なぜこうした疑問がわくのか、解釈はふたつある。「一般人」は自由をうけいれる段階まで達しなかった、というのがひとつ。アメリカの作家、ハーバート・セバスチャン・エイガーは、「人間を自由にする真実は、人々がふつう聞きたがらない真実である」といっている（『偉大になるとき』一九四二年）。自由によってもたらされるだろう恩恵に、多くの人々が疑念をいだいたのは、それ相当の理由があってのことだった、というのがふたつめである。

最初の解釈をとるなら、騙され、欺かれ、惑わされて、自由になる機会を逃してしまった人間にたいしては同情が、リスクをおかさず、真の自立、自己主張に責任がともなうのを認めようとしない「大衆」にたいしては軽蔑と怒りがふさわしいだろう。マルクーゼの告発には、同情と軽侮が両方ふくまれ、かれは不自由な人間の不自由との妥協の原因として、新しい豊かさをあげる。同様の告発がひんぱんに矛先をむける対象としては、社会的犠牲者の「中産階級化」（「富めること」の「属すること」へのすりかえ、「属すること」の「ふるまうこと」へのすりかえ）、「大衆文化」（本来ならマシュー・アーノルドのいう、「ここちよさ《スウィートネス》と光り《ライト》への情熱と、それを広げようとする情熱」でうめられるべき場所に入りこみ、娯楽と気晴らしへの欲望をうえつける、「文化産業」による集団的脳損傷）がある。

第二の解釈をとるなら、自由主義論の信奉者たちが称揚するたぐいの自由は、かれらの主張に反し、幸福の根拠になりえないと指摘されるはずだ。自由は喜びでなく、みじめさをもたらす。もしそうなら、たとえば、デイヴィッド・コンウェイ(2)のような自由主義論者の、ヘンリー・シジウィックの理論をいいかえた、一般的幸福がもっとも効果的に達成されるのは、成人たちが「みずからの欲求は、みずからの資質によって満たす」ときである、という自由主義論的主張は誤りだということになる。あるいは、チャールズ・マレイ(3)の、ひとりだけの孤独な作業に特有な幸福感についての熱い主張も誤りだということになる。「ものごとに満足感をあたえるのは……自分でおこなったという事実、責任が自分の両肩にのっているという実感、よいことの相当の部分は自分の功績であるという自信だ」。「個人的資質にまかされ」たとき、塗炭の苦しみ、決断できない苦悶がおこり、「責任が個人の双肩にのった」とき、リスクや失敗にたいする痺れるような恐怖が生まれる。他に訴えたり、他からの救いはうけられないからだ。これではとうてい自由とはいいがたい。もし、「実際に存在する」自由、提供された自由がこんなものだとしたら、それは幸福の根拠にはなりえないし、戦いとるべき目標物にもなりえない。

二番目の解釈でもっとも代表的なのは、ホッブスのいう「解き放たれたときの人間」にたいする本能的な恐怖であろう。社会的抑圧から解放された人間は(あるいは、はじめから社会的制約の抑圧をうけなかった人間は)、自由な個人ではなく、獣であるというのが、二番目の解釈全体に共通する前提だ。また、解放された人間にたいする恐怖がおこるのは、有効な制約が欠如したとき、生活は「危険で、野蛮で、不快」な、不幸以外のなにものでもなくなると思われているからだ。エミール・デュルケムはこのホッブス的洞察を、包括的社会思想に発展させた。それによれば、もっとも忌わしく、もっとも恐ろしい奴隷状態から人間をほんとうに解放するのは、もっとも平均的な一般人によって決められ、厳格な罰則規定に支えられた規則だという。この場合、奴隷状態とは外的圧力によってもたらされるそれではなく、人間の内側、それも前社会的、非社会的な人間の性格に潜むもののことである。この思想では、社会的抑圧だけが自由解放をもたらす力、人間がもちうる自由にたいする唯一の希望とされる。

個人は社会に服従し、この服従が個人の解放の条件となる。人間の自由は非知性的で、盲目な肉体からの救済によってかちとられる。人間は肉体の力に、社会の偉大で知的な力をぶつけ、その庇護の傘の下にはいることで、救済される。社会の翼の下にはいれば、ある程度社会に依存することになる。しかし、これは解放的依存であって、矛盾ではない(4)。

依存と解放のあいだに矛盾がないだけではない。「社会に服従」し、規範にしたがうほかに、解放を追求する手段はない。社会に反抗していては、自由はえられない。たしかに、規範に反逆しても、反逆者がすぐ獣に変わるわけでも、状況を判断する理性が失われるわけでもない。しかし、反逆によって、周囲の人間の意図や行動はわかりづらくなり、みずから決断力の欠如にも悩むことになる。こうして、生活は生き地獄と化す。凝縮された社会的圧力が反復やルーチンを課すからこそ、人間はこうした苦悩をもたずにいられることになるのだ。推奨され、強制され、学習された行動様式の単調さ、規則性のおかげで、だいたいの場合、人間はみずからの進むべき道を知ることができる。ときとして、結果がどうなるのか確信がないまま、多くの危険をともなう、まったく道標もついていないような道を、みずからの責任で選ばざるをえない状況もあるかもしれないが、社会的反復やルーチンにしたがうかぎり、こうした状況の到来はまれでしかない。人生の目標と格闘する人間にとって、最悪の状況は規範の欠如、あるいは、その不明確さ、つまり、混沌《アノミー》である。規範は拘束であると同時に可能性でもある。それにたいして混沌は純粋で完全な拘束である。規範的拘束の軍隊が生活という戦場から退却すると、そこには疑念と不安だけが残る。（エーリッヒ・フロムがみごとにいってのけたように）「一個人がさきに進んで、運をためす」とき、「泳ぎつづけなければ溺れてしまう」とき、「確実さの強迫観念的探求」がはじまり、「疑念を除去する」解決策の必死の探索が開始される。そんなとき、「『確実性』を責任をもって保障してくれるものは、それがどんなものであっても歓迎されるべきなのである[5]」。

「ルーチンは卑しいものかもしれないが、人間を守ってくれる」といったのはリチャード・セネットで、かれはアダム・スミスとデニ・ディドロのあいだで交わされた論争についてつぎのように書いている。スミスはルーチンがおこす屈辱、恥辱に目をむけるよう警告したが、「ディドロはルーチンを屈辱的だと思っていなかった……。現代におけるディドロの後継者であるアンソニー・ギデンズは、社会的仕組み、社会的自己理解において、習慣性が重大な意味をもっていることを指摘して、ディドロの見識を現在に活かそうとしている」。セネット自身の主張は単純である。「継続可能なルーチンに欠けた、近視眼的行動、刹那的衝動だけからなる生活を予測することは、愚かな、考えのない生活を予測することと同じである[6]」。

生活が愚かといえるような極端な状態に達しているわけではなかろうが、かなり大きな傷を負ったこともたしかだ。そして、新しくつくられたルーチン（習慣化するまで長つづきしない、つづいたとしても嫌悪され、抵抗をうけるような）をふくむ、確実性を獲得するための道具は、近くで細かくみると偽物だとわかってしまう模造品である杖以外に考えられない。ルーチンにあふれた、ふかく考える必要がないほど、すべて予想可能な世界を解体してしまうという「原罪」のあとにくる確実性は、すべて製造された確実性、露骨に、恥も外聞もなく「捏造された」確実性であり、人間の行動に内在する弱さの重荷を背負っている。ジル・ドゥルーズとフェリックス・ガタリはつぎのように主張する。

割れた断片は、ちょうど古代彫刻の破片のように、いつか最後の一片まですべてみつけだされ、接着されて、はじめの統一体とまったく同じかたちに復元されるだろう、という神話はだれも信じない。かつて存在した原初的全体性を、われわれはもはや信じないし、いつの日か最終的全体性があらわれるとも信じない。(7)

剝がれたものは接着できない。流動的近代にはいった者よ、過去でも未来でも、全体性へのすべての望みは捨てよ。アラン・トゥレーヌが最近おこなったように、「人間を社会的存在として定義し、社会的身分・地位によって、人間を定義する時代は終わった」と宣言するときがきた。かわって、「社会的行動を社会的基準に左右されずに、戦略的に定義する」ことと、「行為者は自分の文化的、精神的特殊性を自分で擁護する」ことをまぜた原理が、社会制度や組織や普遍原理のなかでなく、個人の内面にみつけられることになる。(8)

こうした過激な見方の裏には、考えうるすべての自由、達成されうるすべての自由は手中にしたという暗黙の了解があるのではないか。片づいていない、いくつかの隅を整頓し、いくつかの空っぽの場所にものをおく以外に、なにもなすべきことはなく、こうした仕事はすぐ終わる、と思われているのではないか。人間は男も、女も完全に自由で、解放の仕事は終わったということなのか。マルクーゼの不満、共同体論者の失われた共同体への郷愁は、正反対の価値観の表明かもしれないが、時代錯誤であることでは変わりない。「人々を覚醒させ」、頓挫した解放の仕事につかせるのも、失われたものを恢復するのも、いまは緊急の課題ではない。夢みていたすべての自由を、現実に望みうるあらゆる自由を、「個人」がすでに獲得してしまったから、マルクーゼの感じた苦渋は時代遅れなのだ。個人は定義やアイデンティティにかんする問題を、社会組織から任される一方、社会組織・制度に抵抗すべき普遍原理をほとんどみつけられなくなった。「ベッドからひきずりだされた disembedded」共同体を「ベッドにつれもどす re-enbed」という共同体論の夢についても、その共同体に提供できるようなベッドは、いまでは、モーテルのベッド、寝袋、精神分析用の安楽椅子のようなものでしかなく、こうした状況が変わる兆候もない。また、これからさき、共同体は――「想像された」ものというよりも、つくられたといったほうがいい――個人主義的ゲームの産みおとす、はかない創作品にしかならないのかもしれない。

批判の盛衰

現代社会の問題は、みずからを批判しないことだと、コルネリュウス・カストリアディスはのべている。現代社会は、現状以外に選択肢をみとめないので、そのあきらかな前提、隠された前提の妥当性を(証明はもちろん)検証し、正当化する義務はないと感じているのだろう。

だからといって、批判思想といったものがなくなったわけではない(あるいは、大変革を防止するため抑圧されることもないだろう)し、批判が封じ込められたわけでもない。批判思想は逆に、ますます、勢いづいている。「自由な個人」からなる現代社会においては、現実批判と、「現状」への不満の表出が、構成員にとって不可避の行動となり、日常的義務とさえなっている。現在、すべての現代人は「生活《ライフ・ポリ》政治《ティックス》」とでも呼ぶべきものに深いかかわりをもっていると、アンソニー・ギデンズはしばしば指摘する。われわれはみずからの行動を逐一、念入りに検討しながら、めったに満足しない動物、行動の修正に熱心な「内省的動物」だという。しかし、こうした内省の視野は、行動を結果に結びつけ、結果を決定する複雑なメカニズムまでおよばないし、メカニズムを機能させる条件には、当然およぶことがない。祖先にくらべれば、たしかに、われわれは「批判的傾向」が強く、その批判も非常に辛辣で非妥協的であるかもしれない。しかし、われわれの批判には、いってみれば、「刺がなく」、「生活政治」の場にあらわれる諸問題にたいしてほとんど無力である。レオ・シュトラウスははるか昔にこう警告した。現代社会の構成員が社会から類いまれな自由をうけとったとき、同時に、類いまれな無力もうけとったと。

　現代社会は批判にたいして寛容でないという意見を、ときおり耳にすることがある（現代社会とは、ポストモダンと呼ばれる後期近代社会のことであり、ウルリッヒ・ベックが「第二の近代」といい、わたしが「流動的近代《フルイッド・モダニティ》」といったほうがふさわしいと考える時代の社会のことである）。現代社会が批判にたいして寛容でないと考えるのは、「寛容・不寛容」の中身が歴史的に不変だと思いこみ、現代的変化の特殊性に気づかないからだ。現代社会の「批判にたいする寛大さ」は、昔とまったく違った意味での寛大さなのだ。現代社会は批判をうけいれつつも、それに傷つかないよう、批判をみずからの内部にとりこみ、手なずけてしまう方途を手にいれたから、寛大でいられるのである。また、寛大さがどんな結果をもたらそうとも、現代社会は影響をうけないから、開かれた政策がどんな苦難や試練をもたらそうとも、現代社会は傷や損害をうけず、弱体化されるどころか、補強されるから、寛大でいられるのである。

現代社会特有の「批判にたいする寛大さ」は、オートキャンプ場という仕組みの寛大さに似たものでしかない。オートキャンプ場はみずからキャンピング・カーをもち、施設の使用料を支払える者すべてに開放されている。利用者は、自分のキャンピング・カーを駐車するだけの十分な場所が確保され、電気の差し込みや、水道の蛇口が整い、近くにとまっているキャンピング・カーも大きな騒音をださず、携帯用テレビやハイ・ファイの音も夜には小さくなれば、キャラバン場がどう経営されていようが、そんなことにはなんの興味もない。運転者は乗用車に、必要な器具が備わったキャンピング・カーを連結して目的地まで走ってくるのであり、いずれにしろ、オートキャンプ場での滞在は長いものではない。運転者には、それぞれの旅行計画と、スケジュールがある。かれらは自分たちを静かに放っておいてくれさえすれば、オートキャンプ場の管理人には多くを期待しない。ひきかえに、利用者は管理人を煩わせず、期日には使用料を支払って帰るのである。もちろん、かれらは料金を支払う側であるから、それなりのサーヴィスも要求する。利用者は約束されたサーヴィスにたいしては、断固ゆずらないが、ふだんは自分のやりたいことをやりたいふうにしていれば満足し、それが許されないときには怒りをしめす。ときおり、もっとサーヴィスをよくしろと、やかましく要求する利用客がいて、かれらが無遠慮で、しつこく、頑固だと、そうした要求も通ることがあるだろう。もし、オートキャンプ場の応対が悪いと感じられたり、規約どおりのサーヴィスがあたえられていないと感じられたとき、利用客は苦情をいい、使用料の一部払い戻しを求める。しかし、かれらは施設を運営する人間の、運営哲学を問題にしたり、その見直しをせまろうなどとは考えず、ましてや、みずから運営者にかわって運営を代行しようなどとは、けっして思わない。不満を感じたとき、利用者がすることは、せいぜい、そのオートキャンプ場など二度と使わないと思うか、絶対、友人には勧めないと思うか、その程度にすぎない。苦情をいった利用客が、それぞれの旅行計画にあわせて出ていくと、オートキャンプ場は、何事もおこらなかったかのように、以前の姿にもどり、新しい利用客の到着を待つ。ただ、多くの利用客が、同じような苦情を続けざまに寄せてきたときだけは、そうした苦情が出ないように、キャンプ場がサーヴィスを変えることもありえるだろう。

液体的近代《リキッド・モダニティ》社会における批判にたいする寛大さも、このオートキャンプ場に近い。秩序に執念を燃やしていた、いま現在とは別種の近代が懐胎し、それゆえ、解放という目的を色濃く反映した古典的批判理論は、アドルノとホルクハイマーによって完成された。このときの古典的批判理論が対象としていた社会のモデルは、現在の批判理論の対象とするモデルと決定的に異なる。古典的批判理論のなかの社会とは、制度化された規範、慣習化した基準、義務の割り当て、行動の管理と、健全な経験的理性による批判意識がくみこまれた、いわば、家庭のようなものであった。われわれが生きている社会は、批判にたいして、オートキャンプ場の管理人が利用者に寛大であるようなかたちで、寛大であるだけで、批判理論の創始者たちのような批判には、けっして寛大でいられないはずである。ふたつの、ある程度関連した用語を使って、この状況をいいあらわすとすれば、さしづめ、「消費型の批判」が「生産型の批判」にとってかわった、とでもなるだろう。

この重大なシフトを世論の変化、社会改革熱の後退、共同利益、よき社会像への無関心、政治参加の衰退、享楽的、自己中心的感情のもりあがりによって説明するのが、いまの傾向である。これらが現代社会に突出した現象であるのはたしかだが、現代的変化はこれらだけでは説明しつくせない。変化の原因はもっと深いところ、つまり、公的空間の決定的変容、近代社会の機能と、存続の形態の変容にある。

　古典的批判理論の攻撃目標であり、知的枠組みでもあった近代社会と、現代生活の骨組みである社会の違いに、分析者はだれでも驚くだろう。従来の近代社会は（現段階の近代社会が「軽妙」であるのにたいして）「重厚」であったようにみえる。あるいは、（「流動的」「流体的」「液体的」であるのにたいして）「固体的」で、（分散的、「拡散的」であるのにたいして）凝縮的で、そして、（ネットワーク式であるのにたいして）体系的であった、といったほうがいいかもしれない。

　古典的「批判理論」時代の重厚で、固体的、凝縮的、体系的な近代は、全体主義的傾向をはらむ。この時代の地平には、包括的、強制的均一性を特徴とする全体主義社会が、究極の目的地であるかのように、信管の除去されていない時限爆弾か、悪霊払いを逃れた霊であるかのように、不気味に迫っていた。この近代はまた、偶然性、多様性、曖昧性、不規則性を不倶戴天の敵とし、これらに共通する「変則性」に撲滅の聖戦を挑んだのだった。そして、聖戦貫徹のために、主として個人の自由と自立が犠牲とされた。こうした時代の象徴のひとつに、フォーディズム型工場がある。ここでは、人間の行動は決められただけの、単純な反復作業に縮小され、労働者はみずからの知的能力を発揮することなく、自発性と、個人の独創性を埋もれさせたまま、従順に、しかも、機械的に作業を遂行する仕組みになっていた。マックス・ウェーバーが理想に近いかたちで描きだした官僚制に似た官僚制もまた、この時代の歴史的象徴のひとつである。近代官僚制において、人間のアイデンティティと社会的絆は、役所に入った瞬間、帽子や傘や外套といっしょに、手荷物預かり所に預けられるため、勤めるあいだは、命令と規則だけが役人の行動を決定する。または、監視塔の監視の目から、囚人が一瞬たりとも逃れることのできないように設計されたパノプティコン。天網恢恢、恭順な者を褒賞し、不敬者を処罰するのに熱心で迅速なビッグ・ブラザー。そして、最後に（のちに、強制労働収容所《グーラーグ》とともに、悪魔の万神殿《パンセオン》とでも呼ばれるべきものに加えられた）人間の順応性の限界を実験室的状況で試し、生命力がないもの、あるいは、ないとみなされたものを、飢え死にさせるか、消耗死させるか、ガス室や火葬場に送りだしたナチ強制収容所。

批判理論は権威主義的特性をひきずる社会の、全体主義的傾向を抑制し、無力化し、望むらくは、完全に除去することを目標にしていたのだろう。批判理論の主要な目的は、人間の自立、選択と自己主張の自由、そして、独自性とその継続を擁護することにあった。離れればなれの恋人同士が再会し、結婚の誓いをのべるクライマックスにおいて、未来の「幸福な生活」を観客に期待させて終わるのが、初期ハリウッドメロドラマの定番である。批判理論もこれに似たかたちで、個人的自由が日常的反復の鉄の鎖から解き放たれるときを、また、個人が全体主義、均質主義、均一主義的社会の鋼鉄のしばりから救出されるときを、人間解放の究極のポイント、人間的みじめさの終着点、使命達成のクライマックスとみた。批判はこの目標達成に奉仕するためにあったのであって、その瞬間から先をみる必要もなかったし、時間もなかったのである。

ジョージ・オーウェルの『一九八四年』は、重い近代にとりついた恐怖と不安についての、執筆された時点における、もっとも正統的で網羅的な目録だった。時代がかかえる病苦の原因、苦悩の理由とされたことによって、そうした不安と恐怖は、時代の人間解放計画の対象となった。一九八四年が現実に到来するやいなや、オーウェルの未来像は人々の記憶によみがえり、予想されたとおり、おおやけの議論の対象となり、（たぶん、それが最後だろうが）徹底的な再検討がくわえられた。ほとんどの作家は、これも予想されたとおり、年をへて指定された年にあらわれた現実と、オーウェルの予言を比較して、どれが当たって、どれが当たらなかったか書きつらねた。いまや、文化史を画する重大なできごと、文化的遺産の永遠性は、再利用によって、あるいは、記念日や記念祭という機会、回顧展に前後する誇大宣伝によってのみ保たれている（ひとつの回顧展が終了し、別の記念祭が新聞、雑誌、テレビでとりあげられると、前者はまたたくまに忘却されてしまう）、というのが現状である。とするならば、「オーウェル年」がツタンカーメン、インカ帝国の黄金、フェルメール、ピカソ、モネ展と同じ扱いをうけたとしても、驚きではなかった。

にもかかわらず、一九八四年を記念する行事の短命さ、なまぬるい反応、関心の急激な冷え込み、マス・メディア主導の騒ぎが下火になったとき、オーウェルの主要作品がたちまち忘却の淵に沈んだという事実は、われわれにさまざまなことを考えさせる。この作品は数十年にわたって（少なくとも、ほんの二十年前までは）、社会的恐怖、不安、悪夢を集成して、もっとも権威あるものだっただけに、その短な復活の期間に、つかのまの関心しか呼びおこさなかったのはなぜか。一九八四年にこの作品を論じるよう求められた人間が作品のテーマをつまらなく思い、なまぬるい反応しか示さなかったのは、オーウェルの反ユートピアで扱われる屈辱、苦悩、悪夢がかれら自身のものとして、あるいは、かれらの隣人のものとして共感されなかったからだろうか。作品は一時的に一般の注目を集めたが、それも大プリニウスの『博物誌』と、ノストラダムスの大予言を足して二で割ったようなものだというような評価だけを作品に残して消えていった。

時代にとりつき、時代を苦しませる「内なる悪霊」によって、歴史的時代が定義されることもありえないわけではない。アドルノやホルクハイマーが指摘した啓蒙主義の負の遺産、ベンサムとフーコーのパノプティコン、全体主義台頭の兆候とならび、オーウェルの反ユートピアは、何年にもわたり、「近代」の定義そのものだった。それゆえ、古い恐怖が公的な場から退き、切迫した均質化、自由喪失の恐ろしさでもない、まったく新しい恐怖が登場し、社会にはいりこんできたとき、多くの批評家が「近代の終焉」を宣言したが、これも当然であった（あるいは、自由、少なくとも、市場経済と消費選択に代表される自由には、将来、敵はあらわれないと認識し、歴史はその最終ゴールに到達したと主張し、大胆にも歴史の終焉を宣言したとしても当然である）。しかし、（マーク・トゥエインが自分の死亡記事がでたときのべたのと同じで）近代が死んだというニュース、白鳥の歌を奏でたという噂は、たんなる誤報にすぎず、どんなにニュースや噂の数が多くとも、死亡記事をだすのに時期尚早であるという事実に変わりはない。批判理論の創始者たちが（この点ではまさにオーウェルが）分析し、審判に付した社会は、多彩にして、変幻自在な近代のたんなる一形態にすぎない。たんなる一形態の衰退は、近代の終焉の前兆にはなりえない。と同時に、一形態の衰退は、人間のみじめさの終焉の前兆にもなりえない。ましてや、われわれの知的責務であり任務でもある批判の終焉を示すものでは断じてありえない。

二十一世紀を迎えた社会が、二十世紀を迎えたころの社会より、より近代的だというのは誤りで、前者は後者とちがった意味で近代的となったにすぎない。いまの社会と、百年前の社会に共通する近代的特徴は、人間が共存するうえで、近代以前にはみられなかった現象をつくりだしたことにある。たとえば、止められない、永遠に未完成の、衝動的、強迫観念的、連続的近代化作業がそれであり、創造的破壊への（あるいは、いい方によっては、破壊的創造への）際限ない、抑制のきかない渇望がそれである（創造的破壊、あるいは、破壊的創造とは、「改善・改良」計画の御旗のもと、「古きものを一掃」することであり、生産力、生産性、競争力の向上のため、古きものを「削減」し、「合併」し、「処分」し、「撤去」することである)。

レッシングが指摘したとおり、われわれは近代の入り口で、創造、啓示、原罪にたいする盲目的信仰から脱却した。信仰の消滅とともに、われわれは存在の「自立」を得たが、自立とはわれわれの先天的、後天的才能、能力、精神力、意志、決意の範囲内での、改良、自己改良の無限の可能性のことであった。それは同時に、人間の手でつくられたものは、人間の手によって破壊されうることでもあった。近代的であるとは、立ちどまらず、静止しないことで、今日においても、近代的であるとはそういうことである。われわれが動き、動きつづける運命にあるのは、マックス・ウェーバーのいった、「充足の先延ばし」の結果であるよりは、そもそも、近代人が充足をまったく知らないためである。充足の到来、努力の終了、任務達成の至福の瞬間は、どんな走り手よりも速く走り去るのである。充足感は現時点ではけっしておとずれず、なにかが達成されたとしても、達成の瞬間、達成感は失われ、真の満足は可能性としてのみ未来に譲られる。近代的であるとは、つねに現状に挑戦するという意味で、時代から一歩先んじようとすることである(ニーチェのことばをかりるなら、超人にならずして、あるいは、少なくとも、超人たろうと格闘せずして人間にはなりえない)。また、近代のアイデンティティとは、近代は永遠に完成を迎えない、ということである。こうした点で、われわれの祖父母が経験した苦悩と、われわれの苦悩のあいだの彼此の差は無に等しい。

しかしながら、われわれの時代の近代性には、ふたつの独自性がある。

第一に、初期近代の幻想が、漸次、崩壊、衰退していったこと。この幻想とは、進歩に終わりがあり、歴史に獲得可能な目標《テロス》があり、あす、来年、来世紀には完璧さが達成され、公正で平和な社会が、部分的なりとも、形成されるだろうという信念だった。また、需要と供給の安定した均衡が保たれるときがくるという信念、すべてが適材適所にぴったりおさまった完全な秩序が到来するという信念だった。さらに、知るべきものをすべて知れば、人間の行動はすべて明確に究明され、未来が完全に人間の手中に掌握されれば、人間のおこなう仕事からは、あらゆる偶然性、不確実性、予想外の結末が消えるだろう、という信念だった。

そして、第二の根本的変化は、近代化の目標と義務が、規制緩和され、民営化されたこと。理性はかつて人類共通の天稟、遺産だと考えられていたわけだが、理性によって担われる仕事は、いま、分割されて（いわゆる「個人化され」）、個人の勇気とスタミナ、個人的才能と、手腕にまかされることとなった。社会全体が責任をもち、規則や規制によって進歩を達成しようという試み（あるいは、現状維持を許さず、さらなる近代化を達成しようとする試み）は、完全に消えはしなかった。しかし、進歩の主な担い手（さらに重要なことに、責任の所在）は個人に移った。そして、倫理的・政治的言説の中心が、「公正な社会」建設から、個人的差異の尊重、幸福と生活様式の自由選択を保障した「人権」へと移行したことに、この宿命的変化は反映されている。

進歩の期待は巨額の政府予算にあつまるのでなく、納税者個人の懐具合の変化に集中する。初期の近代は頭でっかちであった。しかし、いまの近代は、解放の仕事を中間層、下部層の人間に譲る義務以外の義務から免除され、上部を軽くしている。継続する近代化の責任は、下の層にまかされたのである。ニュー・ビジネス精神の伝道師ともいえるピーター・ドラッカーが、「社会による救済はもはや存在しない」と宣言したことは、よく知られている。「社会などというものは存在しない」と、さらに冷淡にのべたのはマーガレット・サッチャーだった。ふりむくな、お上に期待するな、自分自身の内側だけをみろ、そこには、生活の進歩に必要な資源のすべて、個人的才能、意志、能力がみつかるのだから、ということである。

「われわれを監視するビッグ・ブラザー」は姿を消した。いまは逆に、われわれが、ビッグ・ブラザーやビッグ・シスターたちを監視して、数の膨張がおこらないよう注意する。あるいは、模範とすべき例、個人的問題処理へのヒントや有益な教訓がえられることを期待して、かれらをしっかりと、熱心に観察する。われわれを指導し、また、われわれの行動責任を免除してくれるような指導者は、もはや存在しなくなった。個人の集合によってできた世界においては、存在するのは同格の個人だけであり、生活を営むにあたっては、個人同士が知恵をわかちあい、行動責任をとりあうしかない。

市民と戦う個人

ノルベルト・エリアスの死後出版された、最後の論文の表題「個人の社会」は、社会理論がその創生期からかかえていた問題の要点を、正確にとらえている。ホッブスが興し、ジョン・スチュアート・ミル、ハーバート・スペンサー、その他正統的自由主義者がつくりかえ、二十世紀のドクサ（次段階の認識のための、未検証の枠組み）といわれるまでに発展した社会理論の伝統にこだわることなく、エリアスは社会と個人を「と」や「対」で結ばず、「の」で結んだ。これによってエリアスは、社会と個人が自由と支配権をめぐり、死闘をくりひろげるという構図を否定し、新しい構図を提示した。それは社会が構成員の個人的性格を形成し、逆に、社会依存のなかで発生する個人的生活習慣が社会を形成するという、二者の「相互依存関係」だった。

構成員に個人としての形態をあたえるのが、近代社会の特徴である。しかし、一度、形態があたえられれば、それで終わりということでなく、個人は日々、かたちを変える。近代社会はこうした絶え間ない「個人化」の作業のなかにあるが、反対に、個人の活動は「社会」と呼ばれる相互関与のネットワークの、日々の調節、更新のなかにある。社会も個人も姿を変えないではいられない。同じように「個人化」の意味も変化しつづける。歴史的結末の蓄積が、伝統的規則を浸食し、あらたな行動規範を設定し、新しい目標を提示するからだ。人間は近代初期にあたる百年前、共同体的依存、監視、強制の目の細かな網から解放され、熱狂した。いまの「個人化」の意味は、このときの意味とまるで違うだろう。

ウルリッヒ・ベックの「階級と地位の彼岸」と、それより数年遅れて発表された『危険社会——新しい近代への道』(9)（それにエリーザベト・ベック＝ゲルンスハイムの「個人生活の断片——個人化プロセスにおける女性」）は、「個人化のプロセス」の認識において、あらたな地平をきりひらいた。これらの論文は個人化を、いくつかの明確な段階をもち、進行しつづける、未完成のプロセスだととらえる。また、目標《テロス》、あるいは、あらかじめ決定された目的地をもたず、蛇行の論理にしたがって、方向性なしに浮遊するプロセスだともとらえる。エリアスが、「文明化された人間」は文明を歴史（近代史）の一事件として探索するというフロイトの理論を歴史化したように、個人誕生は連続的、執着的、衝動的近代化の永久の側面だといいかえることによって、ベックはエリアスの個人誕生の説明を歴史化した。ベックは個人化の様相の描出において、解明の邪魔にはなっても、役立つことのない、一時的な意匠にとらわれることなく（とくに、解放、自立性の増進、自己存立の確定という、進化を想定した線的歴史観にはとらわれることなく）、個人化のさまざまな歴史的傾向とその結果を精査し、現段階における個人化の特性を明瞭化した。

簡単にいえば、「個人化」はアイデンティティを、「あたえられるもの」から「獲得するもの」に変え、人間にその獲得の責任、獲得にともなって生じる（あるいは、付随する）結果の責任を負わせることからなる。ことばをかえていえば、理論上の自立を達成することからなる（事実上の自立が達成されたかどうかは別にしても）。

こうして、人間は独自のアイデンティティをもって生まれてくるものではない、と考えられるようになった。ジャン＝ポール・サルトルの有名なことばをかりれば、ブルジョアは、ブルジョアに生まれただけでは十分でなく、ブルジョアらしく生きなければならない、ということらしい（近代以前の君主、騎士階級、農奴、商人には、同じことはあてはまらず、現代でも、世襲的富裕層、代々の貧民層には、かならずしもあてはまらない）。本来の自分でなければいけない必然性は、近代的生活以外のどこにも存在しない（まった、「近代的個人化」といういい方は、同義語の繰り返しにすぎない。近代化、個人化について語ることは、まったく同じ社会状況について語ることでもある）。近代の到来によって、身分の他律的決定の時代は去り、衝動的、強制的自己決定の時代にはいった。近代のどんな時期においても、どんな社会においても、「個人化」は他律的にではなく、自律的におこなわれる。しかし、個人化の苦悩にはさまざまな違いがあり、世代によって、また、同じ世代でも、個人によってそれは多様である。

初期近代は「入れ替える」ために、「取り外した」。取り外しは社会に課せられた任務だったが、入れ替えは個人にゆだねられた仕事だった。身分制の堅い砦が陥落したとき、初期近代の人間が、なさねばならなかった自己同定の作業は、つぎのような努力に集約されるだろう。それぞれの「種族に忠実」であり（「隣人・親戚と同じであること」）、新しい階級的類型、階級的行動様式に積極的に順応する努力、パターンにしたがい、「社会化」し、規範からはみださず、逸脱しない努力である。世襲「身分」は、資格による「階級」にとってかわられた。前者は血統的帰属の問題であるが、後者の構成員たる資格は、おもに、おのおのの業績によって決定される。身分とちがい、階級は「加わる」ものである。そして階級の構成員資格は、日々の行動をとおして、更新され、検査され、確認されるものである。

階級差（同じ意味で性差）は、効果的自立に必要な資力・資質の不平等な分配が産みおとした副産物だった、といえるだろう。階級ごとに、身にまとうことのできるアイデンティティの数、アイデンティティを選択し、保持する能力は異なっている。資力・資質に恵まれない者、したがって、選択肢の幅の狭い者は、個人的な弱みを、団結、集団行動の「数の力」で補わなくてはならない。クラウス・オッフェが指摘したように、集団的、階級的行動が、下層階級にとって自然で疑問の余地のない行動であったとするなら、かれらの雇用者にとって、成功の個人的追求は当然の行動であった。

いってみれば、貧困は「蓄積される」。貧困に貧困がかさなると、「共通の課題」に発展し、集団的救済以外に解決策がないとみられるようになる。「個人化」の過程にありながら、非常に不充分で、限定的な資力・資質しかないため、自立の翼をひろげられないでいる人々がとれる、最初の戦略は「集団主義」だろう。反対に、恵まれた人々にとって、階級志向は中途半端なものであり、ある意味では、派生的なものでしかない。かれらの階級志向は、富の不公平な分配が批判と攻撃をうけたときにだけ登場する。いずれにせよ、身分制度の崩壊によって、旧制度から解放された「古典的」近代人は、あらたな居場所を死に物狂いでさがすなかで、自立した個人としてのあらたな権力や資格を行使することとなっていった。

近代人がふたたび落ち着ける場所の数は十分だった。世襲による身分制とちがい、組織された階級は流動的なはずだったにもかかわらず、前近代の世襲身分同様、それぞれの構成員をかたくつかんで離さない。階級とジェンダーは、個人の自由選択にとって大きな障害で、階級的、ジェンダー的制約から逃れることは、前近代の「神の決めた存在の鎖」から逃れるのと同じくらいむずかしかった。階級とジェンダーは「自然の摂理」であり、自立をめざすほとんどの個人にできる仕事といえば、わりあてられた場所で、同じ場所の人々と同じ行動をとり、その場所に「とけこむ」ことにすぎなかった。

初期近代の「個人化」と「内省的近代」、「第二の近代」(ウルリッヒ・ベックは現在をこう呼んだ)の、リスク社会で展開される個人化が異なるのは、まさにこの点である。いまや、個人が新しくおさまるべき場所は、準備されておらず、たとえあったとしても、居場所としてはまったく不十分で、個人がおさまりきるまえに消えてしまうような、たよりない場所でしかない。それはちょうど椅子取りゲームの椅子のようなもので、形もスタイルもまるで違い、数も場所も刻々と変化する。人間は椅子取りゲームの椅子のような場所を求めて、つねに右往左往しつづけ、そのあげく、どんな「結果」も、安息もえられず、鎧をとき、緊張を和らげ、憂いを忘れることのできる最終目的地に「到達」したという充足感ももてない。(すでに、ひさしく)解放された個人が進みつつある道の果てにも、新しい居場所はみえてこない。

しかし、つぎのことは確認しておこう。いまも昔も、流動的で軽量な段階の近代においても、堅固で重厚な段階の近代においても、個人化は宿命であって、選択ではなかった。個人に選択の自由はゆるされても、個人化を逃れ、個人化ゲームに参加しない自由はゆるされない。個人的満足、充足もまた、選択の自由同様、一種の幻想であるようだ。現代人は挫折や不満を、他人のせいにすることができないといっても、昔にくらべて、かれらが自力で挫折からわが身を守れるようになったわけではない。ましてや、ミュンヒハウゼン男爵式のトリックをつかって、困難を脱出できるようになったわけでもない。病気にかかると、そもそも、健康管理指導を守らなかったからだと逆に責められる。また、失業者が就職できないのは、さしづめ、技量の習得を怠ったか、仕事を真剣に探していないか、たんに、仕事がきらいだからだと勘ぐられる。個人が仕事や自分の将来に自信がもてないのも、友人をつくることや他人を説得することが苦手だからか、自己主張の術と、相手に好印象をあたえる能力を習得していないからだときめつけられる。とにかく、だれもがこうした見方の真実性を疑わないのは、これが真実だと信じさせられているからだろう。ベックがもの悲しいいい方で、いみじくも語ったように、「組織の矛盾は人間の生き方によって伝記的に解決(10)」されるのだ。社会は危険と矛盾を生産しつづける一方、それらへの対処は個人に押しつける。

手短にいおう。宿命として誕生した個人と、自己実現能力を現実に有する個人のあいだの距離は、確実にひろがっている。(これとベックのいう「割り当てによる個人」は区別しておいたほうがよい。自立的、自発的個人と、個人としてすでに確立されたかのようにふるまう以外ない人間を区別するために、このことばをベックは使っている。)そして、この距離を縮めるのは、自己実現能力の役目でないことが非常に重要なのである。

真の自己形成は、個人化した人間の自己実現能力以上のものを必要とする。レオ・シュトラウスがいうように、邪魔のはいらない自由は、裏返せば、とるにたらない自由であったことの証明でしかない。とるにたらない自由であれば、抑圧の必要はない。皮肉屋は、自由が許されるのは、その自由が重要でない場合だけだというかもしれない。個人化という大釜からたちのぼる、自由という食欲をそそる香りのなかには、不能というすえた臭いがふくまれる。そして、自由が期待どおりの力をもたらさなかったとき、それは完全な腐臭へと変わるのだ。

かつては集結や、デモが、問題解決の第一の手段と考えられていたのではなかったか。個別には非力な個人が、集団的立場、行動に結集すれば、個人のレヴェルでは夢でしかないことを、集団として実現できたのではなかったか。いまや、個人の苦悩を結集し、集約して共通の利益とし、集団行動をおこすことは非常に困難となった。宿命としてできた個人の利益は、積み上げられないからである。個人は「加算され」て、「共通の大義」へとまとめあげられることがない。個人は集められたとしても、団結しないだろう。個人は最初から、他者と団結するための接点をもたないように形成されているといっていいだろう。

個人の悩みはそれぞれ類似していたとしても（たとえば、最近、人気のたかまっているトークショーは、悩みが似たりよったりであることを示しつつ、悩みは、すべて、個人レヴェルで解決されなければならないと、強いメッセージをおくる）、それらは「部分の総計より大きな全体」にならない。また、個人の悩みが新しくなったわけでもなく、また、ともに対峙し、対処し、挑戦するのがやさしくなったわけでもない。同じような悩みをかかえた他者が存在することの唯一の利点は、自分だけが悩みと日々戦っているのではないとわかること、孤立無援の戦いで萎えがちになる勇気がふたたび湧いてくることくらいだろう。つぎのリストラ攻勢をいかに生きのびるか、おとなだと思っている子どもや、おとなになるのを拒絶した青少年をどう扱うか、脂肪や有害な「異物」を「人体組織」からいかに除去するか、楽しくなくなった習慣や、愛せなくなった配偶者、恋人といかに訣別するかは、他者の経験を見聞きして学びとることができるかもしれない。しかし、他者は諸問題の最終的解決に力をかしてくれないこと、生活に満載される危険の肩代わりもしてくれないことを、われわれはまず、第一の教訓として学ぶのである。

さらに問題なのは、ド・トクヴィルが早くから感づいていたように、人間の自由解放は、人間を無関心にするということだろう。個人は市民の最大の敵である、というようなことをド・トクヴィルはのべている。市民とはみずからの幸福を、都市の平和と発展をとおして実現させようとする人間であり、これにたいして、個人とは、「共通の大義」、「共通の幸福」、「正しい社会」、「公正な社会」といった概念に、慎重で、懐疑的で、無関心な人間である。相互に満足させあうこと以外に、「共通の関心」の意味はあるだろうか。個人があつまってすることはすべて、いかに有益な結果をもたらしたとしても、個別行動の自由にたいする制約を連想させる。個人が「公権力」に望み、期待するのは、ただふたつだけである。ひとつはやりたいことが、やりたいとおりにやらせてもらえるという「基本的人権」の確保。もうひとつは、それを安心してできるという保証。それには肉体と財産が守られ、犯罪者、犯罪者予備軍が刑務所にとじこめられ、強盗、性犯罪者、物乞い、その他あらゆる種類の迷惑で有害なよそ者は、町から閉めだされねばならない。

ウディ・アレンはだれにもまねできない独特のユーモアで、非自主的に個人となった者が、どんな嗜好や趣味をもつのか、われわれにみせてくれた。アレンは映画の画面で、現代アメリカ人が好んで参加する、成人用サマースクールの要項を読んでいる。「経済理論講座——インフレと不況、それぞれにふさわしい洋服の着こなし方」、「倫理哲学——良心の無条件命令と、それを生活に活かす六つの方法」、「天文学——気体から形成される太陽は、いつ爆発をおこしても不思議ではなく、爆発がおこると、太陽系は完全に破壊されるだろうから、このコースの履修者は、万が一がおきたとき、市民としてどのような行動をとるべきか、その指針をあたえられるだろう」。

以上のことをまとめてみたい。個人形成の背後では、市民性が浸食され、ゆっくりした解体をつづけている。『エスプリ』誌の編集のひとりであるジョエル・ローマンは、その著作（『個人の民主主義』一九九八年）で、「警戒は商品管理へ堕し、公的関心はエゴイズムと隣人恐怖の集合体でしかなくなった」、と指摘している。ローマンは「共同でものごとを決定する能力」（これが現在に欠落しているのはあきらかだ）の復活を、読者に強く訴える。

個人が市民の最大の敵であり、個人化が市民性、市民ベースの政治に障害となっているならば、その理由は、個人的関心や興味だけが公的空間を占領し、それ以外の関心を公的言説から閉めだすからだ。「公《おおやけ》」は「私《わたくし》」にのっとられ、「公的関心」は公的人物の私生活への興味へと堕落し、公的生活の模範は、個人生活の公開、あるいは、個人的感情の公表（それが私的であれば私的であるほどよかった）によって代行されることとなった。こうした矮小化、すりかえ、堕落に毒されていない「公的問題」はもはや考えられない。

個人化した人間が市民の共和的組織に、ふたたび「居場所」をみつける可能性は、きわめて低いといわざるをえない。公的舞台にもどるとしても、それは共通の大義をもとめるからでも、共通の幸福の意味や生活原理を模索するからでもなく、「ネットワーク化」を切実に必要とするからだ。リチャード・セネットがくりかえし指摘するように、現代社会では個人同士の私的親密さが貴重とされ、それが「共同体建設」の唯一のよりどころとなる。こうした建設の仕方からは、焦点の定まらない、とりとめのない感情と同じ、もろくて、はかない共同体しか生まれず、それは目的地から目的地へあてどなくさまよい、安定した停泊地をもとめて永遠の漂泊をつづけるよう、運命づけられている。また、別のいい方をかりれば、共通の不安、心配、憎悪からなる共同体は、いわば、「洋服掛け」であって、個人的不安をもった人間が、その不安を同じ洋服掛けにひっかけることによって、一時的に成立する。ウルリッヒ・ベックは（「産業化社会の死」で）[11]、つぎのようにのべている。

社会的規範の後退のあとあらわれたのは、愛と助けを探しもとめながら、裸で怯える、攻撃的なエゴだった。自身と優しい社会性を探すあいだ、それは自我というジャングルのなかで、方角を簡単にみうしなった……。自我をとりまく霧のなかから顔をだし、あたりをみまわす者がいたとしても、かれらが集団全体に下された判決によって「エゴの独房」にいれられていたとは気づかない。

個人化はここに定着した。われわれの生活にあたえる影響を考慮し、対策をたてるにあたっては、まず、この事実の認識からはじめなければならないだろう。個人化は多くの人間に、実験の機会をもたらしたが、同時に、結果をひきうける責任も生んだ（「ギリシア人を恐れよ、贈り物をもったギリシア人はとくに恐れよ」というウェルギリウスの有名な一節を思いおこさせる）。自己実現の権利と、自己実現を可能としたり、不可能としたりする社会環境を管理する能力との大きな落差が、流動的近代の主要な矛盾であるように思える。試行と失敗によって、批判的思考と大胆な実験によって、われわれはこうした矛盾に、集団的に挑戦することを学ぶ必要がある。

個人社会における批判理論の苦悩

近代化の衝動は、いかなるかたちであれ、衝動的現実批判である。同じ衝動を個人にあてはめれば、自己嫌悪的な衝動的自己否定となる。形式上の個人であることは、不幸をだれのせいにもできないこと、挫折をみずからの怠惰以外のせいにできないこと、救済手段を努力以外にみいだしえないことを意味する。

自己嫌悪、自己否定と、日々、となりあわせに生きるのも容易ではない。個人の目はみずからの行動だけに向けられ、個人的存在の矛盾が生成される公的空間に向けられることはない。苦悩の原因をわかりやすくし、苦悩を克服するため、人間はそれを単純に考えようとする。それは苦悩の「個人的解決」が煩雑で、やっかいだからでなく、「体系的、社会的矛盾」の解決が、「個人のレヴェル」をはるかに超えるものだからだ。また、有効な解決がなされないなら、虚構でもいいから、解決法を探さなければいけないからだ。虚構であれ、本物であれ、すべての「解決法」を現実的なものにしたければ、「個人的」

能力と責任の範囲内でみつけられねばならない。したがって、矛盾の個人的解決法のひとつは、怯える個人が不安を、たとえ一時的にしろ脱ぎすてて、ひっかけておける個人用「掛け釘」のついた、集団的コートスタンドを用意することにある。世間にスケープゴートの候補者は多い。私生活でスキャンダルをおこした政治家、貧民街や犯罪多発地区の人間、「われわれの社会のなかに住みついた外国人」などだ。いまは大きな錠前、盗難警報機、有刺鉄線でかこった塀、隣人監視、自警団の時代である。また、陰謀やスキャンダルをあさり、人々の鬱積した不満や怒りのよいガス抜きとなる「道徳的パニック」の、もっともらしい原因を探りながら、役者が消えた公の舞台を、実体なき幻影で満たそうとする大衆ジャーナリズムの時代である。

くりかえしを恐れずにいえば、形式上の個人の現状と、事実上の個人――運命をみずから決定し、真の選択ができる個人――になれる見込みのあいだには巨大なギャップがある。そして、このギャップには現代生活を汚染する、有毒な匂いがただよう。これは個人的努力だけでも埋まらないし、自己管理的「生活政治」において手にはいる手段と能力だけでも埋まらない。ギャップを埋めることができるのは、大文字の政治だけだ。問題のギャップは生活政治が大文字の政治とぶつかり、個人的問題が公的言語に翻訳され、その集団的解決が議論され、合意され、実行される公《おおやけ》と私《わたくし》の中間点、公的空間、公共広場《アゴラ》が消滅したことによってあらわれたといっていいだろう。

局面は変わったのだ。それにともなって、批判理論の任務も一八〇度転回した。批判理論のかつての任務は、個人的自立を「公共領域」の侵攻から守ること、非人間的国家の強力な抑圧、官僚制、小官僚制の触手から守ることであった。批判理論のいまの任務は、公共領域を防御すること、別のいい方をすれば、空になりつつある公的空間を改装し、人を呼び戻すことにある。公的空間からは「社会的関心のある市民」が消え、同時に、真の権力が「外部空間」へ流出しているからである。

もはや、「公《おおやけ》」が「私《わたくし》」を占拠しようとしているとはいえない。あべこべに、個人的関心、嗜好、悩みの範疇からすこしでもはずれるものを排除、除外する後者が、前者の領域をおかしている。みずからの運命はみずから決定できると再三再四教えられた結果、人間は個人の枠をこえたもの、個人的能力をこえたものに、(アルフレート・シュッツがいうところの)「さしせまった重要性」を認めなくなった。それらに重要性を認め、それらにしたがって行動することが、市民のトレードマークだったにもかかわらず。

個人にとって、公的空間は個人的な悩みを映す巨大スクリーンにすぎない。悩みは投影されても私的性質を失わず、一方、その拡大のプロセスであらたな集団的特性をえる。公的空間は私的秘密やプライヴァシーを告白する場なのである。個人は、日々、公的空間をガイドに案内されて見物する。そして、生活や仕事を独力で切り盛りするなかで、人間が、例外なく、失敗や後退(願わくは一時的であってもらいたいのだが)をくりかえすのを目撃し、形式上のものであっても、みずからの個人性に満足する。

権力は町や市場、集会所や議会、地方政府や中央政府、市民の手のとどく範囲をはるかにこえて、コンピュータネットワークという非領域的領域へ移った。権力の戦略的鉄則は逃避、回避、不介入であり、理想的環境は不可視性である。「気象変化防止同盟」なるものが非現実的であるならば、権力の動きを予測し、予期しがたい動きの結果を予測することも、非現実的だといえるだろう。

以上のように、公的空間からは公的な問題が消えつつある。個人的悩みと公的問題の出会いと対話の場としての役割を、公的空間は果たしえなくなった。個人化の圧力をうけた結果、個人はしだいに、そして、確実に、市民性の鎧を剝奪され、市民としての能力を没収されはじめている。目下のところ、形式上の個人が事実上の個人（真の自己実現に不可欠な条件を保有する個人）に変身する可能性は皆無に近い。

市民にならずして、形式上の個人は事実上の個人とはなりえない。また、自立した社会なくして、自立した個人は存在しない。そして、自立した社会は意識的、計画的な自己形成をへて成立するのであって、それは構成員の集団的努力によってのみ可能なのである。

「社会」と個人の自立はつねに曖昧な関係にある。社会は個人の敵であると同時に、個人の存立の必須条件でもある。この曖昧さがもたらす利益と危険性のバランスは、現代にいたって大きく変化した。社会は実体なき自立を、実体的自立、真の自己実現能力につくりかえようとする、必死のむなしい努力に必要とされながらも、その努力にふくまれることがない。

簡単にいえば、これが批判理論、さらに一般的には、社会批判の陥った苦悩である。批判理論と社会批判のあらたな課題は、個人化と、権力と政治の遊離によって破壊されたものを復元することにある。別のいい方をすれば、いまはひと気がほとんど絶えた公共広場《アゴラ》を、個人と集団、私的幸福と公的幸福の出会い、討論、交渉の場として設計しなおし、ふたたび人々でいっぱいにすることにある。人間の解放を目的としていた批判理論に、いまできることがあるとするなら、それは形式上の個人と、事実上の個人のあいだにできた深い溝に橋をかけることである。そして市民としての忘れられた素養を再学習し、市民としての失われた能力をとりもどした個人だけが、橋の建設者になれるということでもある。

批判理論再訪

思考へのさしせまった欲求がわれわれを思考させる、とアドルノはいった[12]。人間的であることに不向きな世界のなかで、人間的でありつづける方法を長大なスケールで探訪したあと、アドルノは『否定弁証法』をこの冷たい、しかし、まったく空虚な一節で締めくくった。数百ページにおよぶ考察によっても、神秘は砕かれず、安心は確保されず、なにごとも説明されなかった。人間存在の神秘は、『否定弁証法』を読みおえても、謎のままである。思考することがわれわれを人間にするが、われわれに思考させるのは、そもそも、われわれが人間だからだ。思考は説明されえないが、思考とは、そもそも、説明を要するものではない。思考に正当化はいらないが、そもそも、思考とはいくら正当化しようとしても、正当化できるものではないのだ。

アドルノが何度も指摘したとおり、こうしたジレンマは思想の貧困の結果でも、思想家の恥でもない。事実は逆だろう。アドルノの筆によって、思考へのさしせまった欲求は特権に変えられた。思想は生き残りに汲々とする人間に、わかりづらければわかりづらいほど、人間的であり、また、実利から遠ければ遠いほど、スーパーや株式市場の価格と無関係であればあるほど、人間的価値は高いものとされた。思想の真価を脅やかすのは、市場利益の露骨な追求であり、際限ない消費欲である。アドルノはたとえばつぎのようにのべている。

あらゆる思想はコミュニケーションの法則を逃れえず、誤った場所、誤った了解のうえで語られる思想は、真実性を疑われる……。知識人にとって、犯されざる孤高だけが、連帯を示す方法である……。傍観者も、積極的参加者同様、かかわりあいに巻きこまれていることに変わりはない。傍観の唯一の利点は、かかわりあいを洞察できること、洞察が極小の自由をあたえることである。[13]

「無邪気に行動する人間に……みずからの状況はみえない[14]」、また、現状がみえていないことは、無邪気であることの証拠である。とするならば、洞察が自由への第一歩となるのはあきらかだろう。思想の継続には思想だけが必要なように、無邪気さには無邪気さだけが必要だ。無邪気さは洞察によって邪魔されないかぎり、安泰でありつづける。

解放の展望をひらいてくれる洞察を知らずに生きてきた人間にとって、洞察はまさに「邪魔」なのだ。無邪気さにかかると、激動や危険な状況も、安全な平素の状態にすぎなくなる。また、土台の不安定さへの洞察は、懐疑主義、自信欠如、精神的不安にすぎなくなる。アドルノにとって、洞察にたいする反感のひろがりは、むしろ、好ましいことであったようだ。無邪気な人間の不自由は、思考する人間の自由でもある。それは「絶対的孤高」をつくりあげる。「だれも買わないユニークなものを売りだした人間は、それがかれの本意でなかったとしても、交換から解放されている[15]」。ここから、亡命を交換から解放されるための手段とする見方までは、あと一歩である。亡命者の提供する品物には、だれも手をだしたがらないだろう。「海外に移住したすべての知識人は、例外なく、手足をもがれている」と、アドルノは亡命先のアメリカでのべた。「移住者はまったく理解できない環境に住む」。ならば、アドルノがアメリカで、価値ある著作を発表しないよう、みずからの筆に誓ったのも理解できなくはない。「ヨーロッパにおいて難解をもって名をなすことは、自己利益のためだが、亡命生活における頑固さは、許された救命ボートだ[16]」。思考する者にとっての亡命は、無邪気な者にとっての故郷と同じなのかもしれない。思索者の超然とした生き方が、生き残りに役立つのは、亡命のさいである。

ウパニシャド哲学のドイセン版を読んで、アドルノとホルクハイマーは真・善・美合一を追求する者たち、つまり、「歴史のアウトサイダーたち」の理論体系や実践体系は「厳密さと焦点に欠ける」と厳しく批判した。また、ふたりはつぎのようにものべている。「ウパニシャド哲学が、他の成功した哲学体系とちがうのは、アナーキーの要素である。それは統治や集団性よりも、思想と個人性を重視する[17]」。思想を成功させ、洞窟人のもとにも届けるためには、典雅なヴェーダ的祭式が、ウパニシャドのとりとめのない瞑想といれかわり、冷静で温和なストア学派が、感情的で、傲慢な犬儒学派といれかわり、究極の実践家聖パウロが、美しいまでに非実践的な洗礼者ヨハネといれかわらねばならない。ただ問題は、これらの思想が、世俗的な成功のあとも、解放の力をもちつづけるかどうかだろう。アドルノはこれにたいして憂鬱に答える。「古代宗教、古代哲学が、近代政党や革命同様、払わなければならなかった生き残りの代償は、現実への関与と、思想の支配への変換だった[18]」。

「批判派」の創始者であり、そのもっとも悪名高き思想家であったアドルノの、大きな戦略的ジレンマは、上の一文に克明にものがたられている。良心的にものを考える者は、前門の虎である、純粋だが無力な思想と、後門の狼である、有効だが、腐った支配欲のあいだで進退に窮する。ここに第三の道はない。実践への参加も、実践の拒絶も解決にはならない。実践性は必然的に支配欲に変わる——自由にあらたな制約が加えられる恐怖、理性的倫理基準より結果が優先される功利主義的実践への恐怖、理想的自由が水増しされ、歪曲される恐怖をともなって。実践の拒絶によって、非妥協的純粋性への自己陶酔的欲求は満足させられるかもしれないが、思想は無益で不毛なものになる。ルートヴィヒ・ヴィトゲンシュタインは、哲学は結局なにも変えなかった、と悲しげにいった。人間のおかれた状況の非人間性に反発して生まれた思想も、その状況を人間的にすることはできなかった。思索的生き方と行動的生き方のどちらを選んでも、まったく不愉快な結果にしかならない、というのがこのジレンマの本質である。思想的価値が、汚染から守られれば守られるだけ、生活における重要性は薄くなる。逆に、思想的影響が大きくなればなるほど、改革に動機をあたえ、改革を鼓舞した価値にしたがって改革された生活は、人々の記憶から遠くはなれていく。

アドルノを悩ませた問題には、じつは、長い歴史があって、プラトンの「洞窟への回帰」の叡智と可能性にまでさかのぼる。習慣の暗い洞窟をでて、太陽のあたる外界に滞在し、明瞭で明晰な思索をつづけるあいだ、思想的純粋性の名のもとに、洞窟人とは交渉をもたぬよう、プラトンが哲学者たちにたいして呼びかけたとき、その問題は生起した。問題とは哲学者が思索的遍歴によって獲得した勲章を、洞窟の住人と共有することを望むかどうか、また、望んだとしても、洞窟人がかれらの思想に耳をかし、信頼するかだった。プラトンはコミュニケーションの断絶により、新しい知らせをもたらす者は殺されるだろう、と予想していた。

プラトン的問題のアドルノ版は、異端者の火あぶり、高潔な生活のさきがけたちの毒殺が時代遅れとなった、ポスト啓蒙主義的世界においておこった。このときプラトンの洞窟人は、市民として生まれ変わっていたが、真実や優れた価値をもとめる情熱に欠けるという点では、洞窟人と変わりなかった。また、市民は平和な日常的ルーチンをやぶる主張にも、強固に、また、無骨に抵抗した。しかし、ここではコミュニケーションの断絶が、プラトン時代とは別の結果を生む。プラトンの時代、たんなる空想でしかなかった知識と権力の合体は、他日哲学の自明の前提となり、政治の一般常識となった。真実をにぎったがために殺される時代から、真実をにぎった者が、殺しを許される時代に代わったのだ（実際には、これらふたつの傾向はいつの時代にも存在したわけだが、バランスが劇的に変わったのである）。アドルノの時代、拒絶されてきた真実の使徒たちは、当然、実力に訴えるのに機を逃したりはしなかった。かれらは抵抗を排除し、抵抗する相手を、アメと鞭を使いわけて、真実の道にひきずりこむことによって、支配を達成しようとした。主張の内容を変えることなく、素人にもわかるようなことばをいかに探すか、内容を歪曲したり、薄めたりすることなく、真実をいかにわかりやすく、わかりたいと思わせるよう、いかに魅力的にするか、といったことが思想的悩みとなった。そして、これに新しい悩みが加わる（とりわけ、解放の理想をともなう主張の場合、この悩みは深刻だった）。それは真実に抵抗する者、真実に無関心な者に真実をわからせる媒介とみなされるようになった権力と支配の、否定的影響をいかに最小限にくいとめるかというものである。ふたつの悩みはからみあい、ときとして、混ざり合う――レオ・シュトラウスとアレクサンドル・コジェヴの激しい、結論のでなかった論争のなかで問題になったように。

「哲学とは歴史が生起する場所にありながら、歴史にまったく影響をうけない、永遠不変の秩序の探求だ」、とシュトラウスはくりかえし主張した。永遠にして不変であるものは、普遍性をもつにちがいない。「永遠不変の秩序」の普遍的受容は、「純粋な知識と叡智」のもとでなりたつのであって、意見の調整と妥協をとおしてなりたつのではない。

意見の調整によって到達された合意は、普遍的合意ではありえない。普遍的に受けいれられていると普遍性を主張するような信念はすべて、同じく普遍性を主張する反対の信念を生む。賢くない者に、賢い者が獲得した純粋な知識を分配しても、なんの助けにもならない。分配と、内容の希薄化により、知は、必然的に、意見、偏見、信念に変わってしまうからである……。

シュトラウスもコジェヴも、叡智と「たんなる信念」のあいだのギャップと無関係性は即座に、しかも、自動的に権力と政治の問題につながっていくと考えていたようだ。ふたりの挑発的論客にとって、二種類の知の非両立性は、「叡智の担い手」の支配、管理、政治参加にかかわる問題でもあったし、はっきりいえば、政治の中心的な場である国家と哲学の関係にかかわる問題であった。問題とは、要するに、政治的関与と政治からの完全撤退のいずれを選択するかであり、それぞれの選択肢の利点と、欠点と、危険性をいかに慎重に計算するかだった。

もし哲学者の真の関心事である永遠の秩序が、「歴史にまったく影響をうけない」のだとすれば、歴史を支配する者、つまり、権力者と、哲学の目的のあいだになんらかの関係はあるのだろうか。シュトラウスにかんするかぎり、この問いはたんなる修辞疑問にすぎず、唯一の合理的回答は「否」である。シュトラウスにたいしてコジェヴは、哲学的真実が歴史に影響されないことまでは認めても、歴史を迂回できるとは考えない。哲学的真実はつくられ直すために、歴史と交わることがある――歴史的出入りの、生来の番人である権力者との関係は、哲学者の任務の重要な一部だ。歴史は哲学的成果である。哲学の真実性は、それがうけいれられ、認知されたかどうかによって、哲学者たちのことばをかりれば、体制の血となり肉となったかどうかによって決定される。認知は哲学の最終目標《テロス》であり、真実性の証明である。哲学的行動の対象は哲学者自身、その思想、思索の「内部機能」だけでなく、世界そのもの、最終的には、世界と哲学の調和、あるいは、哲学的真実と相似形の世界の形成にまでおよぶ。政治的「無関心」は、選択肢にはなりえず、「外的世界」だけでなく、哲学自体にたいする裏切りとなる。

世界と接触するには「政治的な橋」をわたらざるをえない。そして、その橋を守る人間は国家の役人以外にいないとすれば、哲学を世界へ無事に入場させるためには、かれらとの接触もさけられない。哲学的真実と現実のあいだのギャップが埋まらなかったとき、国家は、少なくとも、成立初期の段階における国家は、残酷な事実だが、専制的体制をとるほかなかった。専制主義（コジェヴはこの政治体制を道徳的中立の立場から定義することができると主張してゆずらなかった）は、つぎのような場合、例外なくおこるという。

ひと握りの市民（かれらが多数派出身か、少数派出身かはあまり重要ではない）が他の市民に、みずからの思想、行動パターンを、あるいは、このひと握りが自発的に支持する権力側の思想、行動パターンを強要しながら、市民にそれらをうけいれさせるのに成功しなかった場合。また、このひと握りが他の市民と「融和」も「妥協」もすることなく、かれらの考えや欲求（市民らが自発的に容認した他の権威が規定した欲求）を斟酌せず思想、行動パターンをおしつけた場合。

「他者」の考え、欲求の無視が専制を専制的にしているのであるから、一方の側の傲慢な無視と、他方の消極的抵抗という分裂生成の連鎖（グレゴリー・ベイトソンのいい方による）を切ることが大切である。そして、両者がひとつに会して、有益な対話がもてる局面をつくるのが課題である。永遠性、絶対性、普遍的妥当性をあつかう哲学的真実が、この局面を準備するだろう（この点にかんしては、コジェヴとシュトラウスの意見は一致する）。（「たんなる信念」のもたらす局面は、戦場にすぎず、対話のための議場にはならない）。コジェヴは対話が可能だと信じ、シュトラウスはその可能性を否定する。「わたしはソクラテスと人民のあいだに対話が成立するとは信じない」、とシュトラウスはいう。そうした対話に参加するのは哲学者ではなく、真実を人々に届ける道を開拓するより、人々を権力に服従させることに関心のある、「ある種の修辞家」にすぎない。哲学者が修辞家にしてやれるのは、助言がせいぜいで、しかも、その助言が実を結ぶ可能性は、ほとんどゼロに近い。哲学と社会が融和し、ひとつのものになる見込みは、まるでないも同然である(19)。

歴史的に形成された社会生活の現実と、普遍的価値の橋渡しが政治の役割であるとの見方にかんしては、シュトラウスとコジェヴの意見は一致する。重い近代の内側から執筆をつづけていたふたりは、政治と国家的行動の重複を、当然のこととみていた。哲学者のジレンマが、政治的行動を「とるか」、「捨てるか」の選択にあることは、かれらにとって、議論の余地のないところであった。つまり、危険性を知ったうえで、橋渡しの役をになうか、（思想の純粋さを守るため）権力と権力者から距離をおくかが、かれらの選択だった。選択とは、別のことばでいえば、無力でしかない真実をとるか、真実にそむく力をとるかだった。

重い近代は、結局、現実を建築的、園芸的に形成する時代だった。合理的判断にもとづいた現実とは、厳格な品質管理と、厳密な工程にしたがって「建設」されるものであり、なによりもまず、建設が開始されるまえに、設計がなされるものであった。重い近代は製図版と青写真の時代だった――それらは社会的領域の図面化でなく、図面が得意とする明確さと論理性を、領域にあたえることを目的としていた。この時期はまた、理性を法的に現実化しようと望み、理性的行動を誘発するような処置をとり、非理性的行動は考えただけでも危険だと思わせようとした時代だった。すべては法的手続きをふんでおこなわれたのだから、当然、立法者、法的執行機関を無視することは許されなかった。国家との関係、つまり、国家に協力するか、抵抗するかは近代の創世期的ジレンマ、確実に、死活にかかわるジレンマだった。

生活政治批判

国家が理性の全権大使、あるいは、合理的社会の建設者でなくなり、よき社会の事務所から設計図が消え、さまざまな仲介屋、代理人、相談役が、立法者に任されていた任務のほとんどを肩代わりしようとしているいま、解放の手助けを任務とする批判理論家が、この変化を慨嘆したとしても不思議ではない。解放闘争の手段と目標がもろくも崩れただけではない。批判理論を形成する中心的ジレンマ、批判理論が転回する主軸も、この変化とともに失われた。批判理論からは主題がなくなったと感じている者も少なくない。伝統的批判に懸命にしがみついても、言説にテーマがなく、診断に現実味がなく、提案に明確さがないことを示すだけだろう。多くの理論家は経験をつんだ、古い戦闘に固執し、熟知した戦場から、足を踏みいれたことがないあらたな領域、多くの意味で、人跡未踏の地に移動することを好まない。

いま消滅しつつある生活様式をあつかうなかで、批判理論が発展させた形式、手段、政策は、残存する批判理論家の自意識とともに消え去るかもしれない。しかし、批判理論自体が（その需要とともに）、それらと運命をともにすることはないだろう。廃れるのは解放の、現存しない過去の意味であって、解放という目的それ自体ではない。いま問題になっているのは、解放行為そのものではない。解放には批判理論がとりくむべき、あらたな公的局面が生まれている。批判的公共政策がいまだ適用されていない公的課題が、「液化された」近代的状況とともに浮かびあがってきている――とくに、生活の「個人主義化」の幕開けのなかで、さまざまな課題が浮かびあがってきている。

あらたな課題は、前にのべた形式上の個人と事実上の個人のあいだのギャップ、法的に強制された「否定的自由」と、欠落した、あるいは、少なくとも希少な「肯定的自由」のギャップのなかで生じている。新しい状況はイスラエル人に反乱と出エジプトをもたらした、聖書であつかわれた状況に似ていなくもない。ファラオは現場監督に、レンガ製造に使用するわらを供給しないよう命令した……。「人民には自力でわらを集めさせよ。しかし、レンガの生産は減らしてはならない」。監督たちがわらの供給なしにはレンガはつくれないと指摘し、ファラオの要求は理不尽だと批判すると、ファラオは責任を監督たちに向けた。「怠慢なのはおまえたちだ、おまえたちだ」と。現在、怠け者を拷問にかけるよう現場監督に要求するファラオはいない（拷問でさえ、素人が自分で自分にするようになった）。一方、わらを供給しないのは、今日の為政者も同じである。レンガ製造者は、仕事がしっかりできないのは、とりわけ、自分を満足させるような仕事ができないのは、みずからの怠慢のせいだと責められる。

個人生活における自己形成、同じように自己形成された他者との連帯と、連帯の維持といった、人間に課せられた使命は、近代初期より現在まで変わっていない。この使命自体は、批判理論家によっても、疑問視されたことはなかった。理論家が批判的だったのは、割り当てられた仕事を実行する場合の、人間の誠実さ、適性だった。批判理論は自己実現にふさわしい環境を用意するはずだった人たちの、不誠実さと無能を批判した。選択の自由には、あまりに多くの制約がかけられていた。また、近代社会の組織のされ方、運営のされ方には、自由を完全に崩壊させ、選択の自由を強制的に、あるいは、こっそりと単調な均一性に変える恐れのある全体主義的傾向があった。

自由人の立場には、解決のむずかしい矛盾があふれている。たとえば、自力でつくりあげたアイデンティティの矛盾を考えてみるがいい。アイデンティティはそれと認められるだけの堅固さをもたねばならぬ一方、激しく変化する環境に順応して変化する柔軟性ももたねばならない。あるいは、人間同士の協力を考えてみるがいい。協力にはこれまでで最大の期待がかけられている。しかし、協力はほとんど制度化されておらず、ちょっとした重荷にも耐えられない。あるいは、とりもどされた責任の中身は、無関心と抑圧の岩礁をぬって、船を操ることだという実情を考えてみるがいい。あるいは、集団的行動の貧しさを考えてみるがいい。個人の熱意と献身だけに頼っているのが現状であり、目的を達成するためには、より強力な絆が必要とされる。あるいは、私的、個人的な経験を普遍化して、公的課題にふさわしい問題へとつくりなおし、公共政策の項目とすることの、悪名高きむずかしさを考えてみるがいい。

これらはわたしが、いま、とっさに思いついた例にすぎない。批判理論を公共政策の課題とかかわる学問にしようと望む思想家が、どれほど大きな問題に直面しているか、これらからも一目瞭然だろう。「文明的暴君」とでも呼べる啓蒙主義において（近代の政治的実践に体現されている）、結局、問題にされたのは結果――合理的に構成され、運営される社会――だけだった、と批判理論家たちは考えたが、これにはそれなりの訳があった。つまり、個人の意思、欲求、目的、創造力、創造的衝動を生みだし、機能、用途、目的と関係のない意義をつくりあげる創作力は、あまりにも数が多く、むしろ、合理的社会成立の障害とされていたとかれらは考えたのだ。これにたいして批判理論家は、啓蒙主義的近代社会に対抗する社会、つまり、個人の意思、欲求、目的と、その充足がほんとうに重視され、尊重される社会のヴィジョンを提示した。それは人間全体の欲求にさからい、望みを無視して強制される、理想化の策略に抵抗できる社会のヴィジョンでもあった。批判理論家のほとんどに認められ、うけいれられるだろう唯一の「全体性」は、創造的個人、選択の自由を許された個人の行動から生まれる全体性だけだった。

批判理論には、あらゆる権力を疑い、すべての敵を権力側に想定し、自由の後退と挫折の原因をすべて（「大衆文化」論争にみられたように、解放の戦いを勇敢に戦わなくてはならない兵士の勇気の欠如にいたるまで）ひとつの敵に帰すという、アナーキーな要素がかくれていた。危険は「プライヴァシー」、「主観性」、「個別性」の領域に侵入し、占領しようとする「公の」側からおとずれ、打撃もまた、そこから繰りだされる。公的空間の狭隘化、空疎化の危険性、公共領域の私的領域による侵略の危険性が議論されたことは、ほとんどまったくといっていいほどなかった。過小評価され、議論の対象にならなかったこの現象は、いつしか、個人の形式上の自立を事実上の自立に変えるという現代的解放の第一の障害へと変わっていく。

　公権力の存在により、私的自由は不完全なものとなるが、公権力の後退、消滅は法的に認められた自由の事実上の無力化を意味する。近代における解放の歴史をみてみると、前者を避けた結果、後者と衝突したことがよくわかる。アイザヤ・バーリンの用語をかりるなら、「否定的自由」が闘いとられたあと、それを「肯定的自由」――自由選択の幅や自由選択行為自体を規制できる自由――に変速させるギヤが破損した、ということらしい。公権力は、恐れられ憎まれていた抑圧の力を失ったが、同時に、評価されるべき権限もあらかた失ってしまった。解放闘争は終わっていない。闘争を進めるためには、闘争がその歴史のほとんどを費やして破壊し、排除してきたものを、蘇生しなければならない。いま、本物の解放は「公共領域」「公権力」の縮小ではなく、拡大を訴える。逆説的だが、私的自由の拡大に必要なのは、公的領域を私的領域による侵略から守ることだろう。

　批判理論の任務は、解放の途上に山積された、多くの障害に光をあてることにある。このことは、昔もいまも、変わらない。批判理論の今日的任務からして、まず緊急に考察されなければならないのは、以下のようなことだろう。私的問題を公的課題に転換するむずかしさ、私的問題を、個人的関心の総和より大きい公的関心へと凝縮し、圧縮するむずかしさ、「生活政治」という個別化されたユートピアを、ふたたび集団化し、「よき社会」、「正しい社会」の展望をとりもどすことのむずかしさ。大文字の政治の機能が停止し、生活政治にとってかわられたとき、形式上の個人が事実上の個人になろうとする努力のなかで遭遇する数々の課題は、非加算的、非累積的であるとわかった。非加算的、非累積的であるために、こうした課題は、私的苦悩が告白され、公開される場所としての機能をのぞいた、あらゆる機能を公共空間から奪ったのだ。同様に、個人化は一方通行的な現象であったばかりでなく、目的実現に使用した有益な手段を、ことごとく破棄してしまっていた。

新しい受けとり手をもった批判理論が、挑戦しなくてはならない課題はこれである。文明的暴君が世界の応接間や居間から姿を消したとき、ビッグ・ブラザーの亡霊も屋根裏や地下牢から消えた。両者は流動的近代にふさわしく、完全に小型化して、個人の生活政治の矮小な領域に姿を隠したのだ。個人の自立――自立した社会以外では獲得しえない自立――の機会をつかむ努力は、まさに、この領域でなされねばならないし、自立が失われる脅威が発見されるのもここである。生活政治に支配された生活にかわる、別の生活をもとめるなら、まず、生活政治の検証からはじめなくてはならない。

2 個人

同じ場所にいるにはね、ほれ、このとおり、走れるだけ走らなきゃいけないんだよ。
別の場所にいきたければね、二倍のスピードで走らなくちゃだめなんだ。
ルイス・キャロル

オールダス・ハックスリーとジョージ・オーウェルが、それぞれ『すばらしき新世界』と『一九八四年』で、大衆の不安について、つまり、大衆はなにを怖がるか、時代がそのまま進んだとき、未来はどんな恐怖をもたらすかについて、まったくちがった展望を示したのは、ほんの五十年前だった。これを記憶するひとは少ないだろうし、正確に理解している人はさらに少ないだろう。

ふたりの想像力あふれる反ユートピア主義者が鮮明に描きだした世界は、チョークとチーズほどに違っていたのだから、対立は本物だった。オーウェルの近未来は荒廃と貧困、欠乏と困窮の世界であるのにたいして、ハックスリーのは富と浪費、潤沢と飽満の世界だった。当然、オーウェル的世界の住人は、悲しく沈んで、恐怖に怯えているのにたいし、ハックスリーが描写した人間は、気ままで無邪気だった。両者の顕著な相違はこれだけにとどまらず、細部のほとんどあらゆる点において、対照的だといっていい。

しかし、ふたつのヴィジョンのあいだには、共通のなにかがある（共通性なくしては、ふたつの反ユートピアに対話はないし、まして、対立はありえない）。共通するものとは、厳しい統制社会にたいする不安である。私的自由がゼロに、あるいは、お飾りになるだけでなく、そうした自由が、命令に従順、規則に忠実であるよう訓練された人間から、激しく憎まれるようになる不安。また、ひと握りのエリートがすべての糸をあやつり、他の人間が操り人形になる不安である。世界は管理する者と管理される者、設計者と設計にしたがう者に分裂する。設計者は設計図を握りしめてはなさず、設計にしたがう者は設計図をみようともしないし、わかろうともしないし、みてもわからない。そして、厳しい統制社会に、他の社会形態の可能性は存在しない。

人間を待ちうけているのは自由でなく、統制、管理、抑圧であるという将来像において、オーウェルとハックスリーの見方は同じだった。かれらは世界の異なった行く末を予想していたのではない。われわれが無知で、鈍感で、自己満足的で、怠惰で、すべてを自然のなりゆきに任せてしまったときたどるだろう道を、かれらは違ったふうに想像していただけなのだ。

一七六九年、サー・ホレス・マンにあてた手紙のなかで、ホレス・ウォルポールは、「考える人間にとって世界は喜劇であり、感じる人間にとって世界は悲劇である」と書いた。「喜劇的」「悲劇的」の意味は時を経て変わった。オーウェルとハックスリーが未来の悲劇的輪郭を描こうとしたとき、ふたりがともに感じていたのは、世界の二極分裂、つまり、勢力を増し、いよいよ遠い存在になりつつある支配者層と、いよいよ弱体化する被支配者層の、とどまることを知らぬ分裂だった。ふたりの作家にとりついた悪夢は、みずからの生活を律する権限を人間が失うことだった。良い社会、悪い社会にかぎらず、奴隷の存在しない社会を、別の時代の思想家であるアリストテレスやプラトンは想像できなかった。これと同じように、オーウェルやハックスリーは、社会が幸福であろうが、みじめであろうが、管理者、設計者、監督の存在しない社会を想像することができなかった。管理者、設計者、監督の仕事とは、一般人支配のシナリオを共同で書き、演出すること、即興で自分勝手に演じようとする人間を追放し、地下牢に投獄することだった。また、かれらは監視塔、管理机のない世界も想像できなかった。かれらの時代の恐怖、希望、夢は、すべて最高司令部に集中していたのである。

重量資本主義と軽量資本主義

ナイジェル・スリフトならきっと、オーウェルとハックスリーの小説を、「創世記」にたいする「ヨシュア記」になぞらえたであろう(1)(スリフトによれば、言説は「人間に人間としての生き方を教えるメタランゲージ」だという)。「ヨシュア記的言説では、秩序が通常、無秩序が異常であるが、創世記的言説では、無秩序が通常、秩序が異常である」。ヨシュア記的言説の世界は「中央集権的に組織され、固く結束し、侵入不可能な境界の設置に異様にこだわる」(これはケネス・ジョウィットのスリフトによる引用)。

わたしにいわせれば、「秩序」は単調さ、均整、反復を意味する。ある原因が、ある日、ひとつの結果をかならず生むと予測されるとき、その原因が他の結果を生む可能性はほとんどないと予測されるとき、われわれは「秩序ある」という形容詞を使う。ということは、どこかで、だれか(たとえば、役人とか、非人格的絶対存在とか)が、蓋然性に介入し、細工し、それを操作し、予想されない結果がでないよう監視しているにちがいない、ということだろう。

ヨシュア記の秩序ある世界は、厳格に管理されたものである。その世界に存在するものすべては、ある特定の目的に、（ある人間にとっては一時期、ある人間にとっては永遠に）それがなにかはっきりしなかったとしても奉仕する。ヨシュア記の世界には特定の使途、目的をもたないものは存在しない。しかも、使途自体は正式な目的と認められない。目的として認知されるためには、秩序ある全体の維持、永続に貢献するものでなくてはならない。存在の正当化を必要としないのは、秩序だけである。秩序は、いわば、秩序の「自己目的」だからだ。ヨシュア記的世界では、秩序は当然の存在であり、排除はありえない。秩序についてはこの事実だけが知られ、これ以外のことは知られる必要がない。秩序がここにあるのは、神が一度かぎりの天地創造をおこなったとき、神がそこにおいたからだ。あるいは、神の似姿につくられた人間が秩序をそこにおき、世界の設計と、建設と、管理の過程をつうじて、保持しつづけたからだ。神が姿を消して久しいわれわれの時代、つまり、近代において、秩序をつくり、維持する作業は、人間の手に任されているのである。

支配階級の考え方が、社会における支配的考え方となることを発見したのは、カール・マルクスだった（われわれが新しく獲得した言語理解と、それを使った研究にしたがえば、これは冗語法的命題だといえる）。少なくともこの二百年間、世界を支配してきたのは、つまり、可能を不可能から、合理を非合理から、良識を狂気から峻別し、人間生活の軌道内における選択肢を規定し、決定してきたのは、資本主義企業の経営者側だった。支配的言説に内容を供給したのは、かれらの世界観と、その世界観にしたがってつくられては、つくり変えられる世界そのものだった。

最近まで、世界の支配的言説は、ヨシュア記的なものだった。いまは、それが創世記的なものになりつつある。しかし、スリフトがのべたのとは反対に、産業界と学術界、世界の建設者と批判者が、同じ言説を共有するということは、なにも新しい現象ではない。あるいは、新しい、知識に飢えた資本主義（スリフトはこれを「ソフトな資本主義」と呼んだ）だけに特有な現象でもない。二百年のあいだ、学術界が観念的にとらえ、考察し、描出し、解釈してきた対象は、資本主義的想像力、資本主義的実践の沈澱物以外のなにものでもなかった。この間、産業界と学術界の対話は、実際、なりたったことがなかったため、表面上、両者は無関係なようにみえたが、接点がなかったわけではない。接点は、いまと同じように、産業界側が準備したのだ。

ヨシュア記的言説を支え、ヨシュア記的言説に説得力をもたせていた世界には、フォーディズムの世界がある（フォーディズムという用語は、アントニオ・グラムシとアンリ・ドゥ・マンによってはじめて使用されたが、ヘーゲルのミネルヴァの梟の喩えどおり、その用語はフォーディズム的実践が消え、輝きを失ったとき再登場し、一般的に使用されるようになった）。アラン・リピエッツの回顧的記述によれば、絶頂期のフォーディズムは、産業化、蓄積、規制すべてのモデルだった。

> 個人の予想されたとおりの行動と、予想に反した行動を、資本蓄積体制の基準に照らして調整する方法の組み合わせ……
> 産業化のパラダイムには、合理主義プラス、連続的機械化をめざすテイラリズムがふくまれていた。「合理化」は知的労働と肉体労働の切り離しにもとづき……社会的知識は上層部によって体系化さ

れ、設計者によって機械のなかに組みこまれた。二十世紀の初頭、テイラーとテイラリストは、労働者の徹底管理のため、この原理を導入した(2)。

しかし、フォーディズムは生活全体をみおろす壮大な世界観を建てるための、認識論的建設用地でもあった。人間の世界理解は、いつも応用的だ。つまり、それぞれの時代のノー・ハウ、人間ができることと、その普段どおりのやり方を応用して世界理解はなされる。フォーディズム型工場——設計と実施、命令と恭順、自由と服従を細かく分離し、それぞれの対の前者から後者へ、命令がなめらかに伝達される仕組みを確保しながら、前者と後者をしっかり連動させる工場——は、疑いなく、秩序達成を目標とする社会工学の、歴史上最高の成果だといっていい。これなら、フォーディズムが私生活、あるいは、世界的社会慣習の現実を理解するための、象徴的概念枠となったとしても不思議ではない。パーソンズの「価値の中心的な束」が支配する、自己増殖的「社会システム」から、アイデンティティ確立という一生をかけた仕事の指針である、サルトルの「生活プロジェクト」にいたるまで、非常に幅広い社会的ヴィジョンに、フォーディズムは明らかに、あるいは、密かにみてとれる。

まさに、フォーディズムにかかわる制度、フォーディズムの浸透を妨げる障害はないように思われていた。この観点からいえば、オーウェルとハックスリーの対立など、社会主義と資本主義の対立同様、たんなる内輪もめ以上のものではなかったのである。共産主義でさえ、とどのつまり、市場の混乱、偶然性、偶発性の発生が予防できないフォーディズムの欠陥（あるいは、不完全性）を補い、計画の合理性を強化するものでしかなかった。レーニンは「ソヴィエトの権力、管理組織と、もっとも発達した資本主義が、共産主義者によって結びつけられたとき」(3)、社会主義のヴィジョンは完成するといったが、レーニンにとって、「ソヴィエトの管理組織」とは、「もっとも発達した資本主義」を工場だけに限らず、社会生活の全領域にあてはめることだった。

フォーディズムは「重い」「大きい」「非機動的」「固定的」近代の自意識であった。この歴史的段階で、資本と、経営者と、労働者は、よきにつけあしきにつけ、長期間にわたって、あるいは、たぶん永遠に、運命をともにすることとなった——巨大な工場、重機械、大量の労働力にしばられることによって。効果的に機能するにはもちろん、生き残るためには、「根をおろし」、境界をめぐらし、境界を掘割と鉄条網で防御しなければならず、一方、長期間の包囲攻撃にも耐えられるよう、十分な兵糧を保管できる巨大な砦をつくらねばならなかった。重量資本主義は大きさにこだわったが、同じように、強固で不可侵の境界にも執着した。ヘンリー・フォードの天才的才能は、かれの砦である所有工場を守る人間すべてを、砦の内側で手厚く保護し、かれらが脱走したり、敵にまわったりするのを防いだことにあった。ソルボンヌ大学の経済学者、ダニエル・コーエンはつぎのようにいっている。

ある日、ヘンリー・フォードは労働者の賃金を「二倍」にすると決定した。「わが社の社員にも、フォード車が買えるだけの賃金を払いたいから」という、あの有名な（公表された）理由は、事実ではない。フォードの労働者がフォードを購入できたとしても、その売上は売上全体からすれば微々たるものであり、支出賃金の割合のほうがはるかに大きかったからである……。賃上げを敢行した真の理由は、フォードが直面していた、大規模な労働再編成にあった。かれが驚くような賃上

げをおこなったのは、労働力を確保するためだったのである。(4)

労働者を職場につなぎとめ、労働力の流動を抑える、目にみえない鎖こそが、コーエンのいう「フォーディズムの真髄」である。この鎖の切断によってもたらされた、フォーディズム・モデルの衰退と終焉は、生活経験全体にとっても、決定的な分水嶺となった。コーエンはつぎのように分析する。「はじめて就職した会社がマイクロソフトだった場合、その人間が一生をどこで終えるか、だれも想像できない。それがフォードやルノーだった場合、その人間は、ほとんど確実に、同じ会社で労働人生を終えただろう」。

重量資本主義時代の資本は、労働者同様、一か所にとどまって動くことがない。ところが、最近の資本は、機内持ち込み荷物に、携帯電話と携帯パソコンだけをつめて、身軽にとびまわる旅行者のようなものだ。資本は世界のどこにでも立ち寄り、満足をえると長逗留しない。それにくらべれば、労働力の流動性は、いまもそれほど変わってない。しかし、終身雇用は消滅し、労働者は安定した職場をもとめて、むだな努力をかさねているのが実情である。世界の人口の一部は積極的に動きまわるが、それ以外の人間にとって、動くのをやめないのは世界のほうである。立法者と、審判員と、上級裁判所をひとまとめにしたような存在であった世界が姿を変え、トランプカードを胸のうえに伏せて、いかさまの機会をねらうトランププレーヤーのようになったいま、ヨシュア記的言説は空虚な響きしかもたない。

「重量資本主義」号の船客は、船長席にのぼることを許された船員が、船を目的地まで、無事、運航してくれるだろうと信じて疑わない（こうした信頼は賢明だとはかぎらないが）。船客はすべての通路に貼り出された船上規則に細心の注意をはらい、それを破らない。船客が不満を訴えるのは（ときに反乱にまでいたるのは）、目的地までの到着があまりにも遅いか、船客の扱いがあまりにも悪いときだけだ。「軽量資本主義」号という飛行機の操縦席は、恐ろしいことに、もぬけの殻で、乗客はかわりにおいてある、「自動操縦」と書かれた奇妙な黒い箱から、飛行機がどこを飛び、どこに着陸し、飛行場を選択するのがだれで、着陸の安全のために乗客がしなければならないことはなにか、という情報を探しだそうとするのだが、それはみつけることがないだろう。

免許・車アリ

マックス・ウェーバーは官僚制が未来社会の原型となると、自信をもって予想し、官僚制を合理的行動の原初的形態として描いたが、その後の資本主義世界では、かれの予測と反対の現象がおこっている。重量資本主義における経験をもとに、未来像を抽出したウェーバーは、「道具的理性」がやがて勝利すると信じて疑わなかった（「重量」といった形容詞が、資本主義の一時的な特性を描写しているにすぎず、資本主義体制はやがて、他の形容詞によって形容されるだろうと、「鉄の檻」といった用語を発明した人間は、思いもしなかった）。歴史の到達目標地点があきらかで、行動の目的になんの疑念もなく、決定的であるようなとき、人間は関心を目的達成の手段だけに向けるのであって、その意味で、未来は手段にこだわるものになるはずだった。未来の合理主義化は、手段を磨き、調整し、完成させることにあるはずだった。人間の理性は感情的偏りや、その他の非理性的傾向によって侵害されやすい、ということを理解していれば、行動の目的をめぐり対立は終わらないと予想できたはずだ。また、動きをとめない合理主義化がおこす大きなうねりが、対立を生むことにも気づいたはずだ。こうした予測は、社会活動の中心からはずれた周辺にいる、予言者や説教師だけに任されていた。

ウェーバーは目的をめざすためのもうひとつの行動を、価値理性と呼んで区別した。価値理性とは、価値のための価値を、「外的成功と無関係」の価値を追い求める行動のことを意味する。かれは価値理性の例として、近代資本主義が蔑視し、有害ではないにしろ、資本主義の合理的、理性的行動とは無関係だとみなす、倫理、美学、宗教を考えていたようだ。(5) 推測の域をでないが、ウェーバーがさまざまな行動様式の一覧のなかに、価値理性を加えたのは、ボリシェヴィキ革命の鮮烈な衝撃があったからではなかろうか。この革命は目的がすでに決定ずみだという理論を打ち砕き、達成の可能性が低くとも、代償が莫大であっても、人々が理想を崩さず、関心を手段から目的に移したとき、あらたな状況が出現することを人々に教えた。

価値理性という概念が、ウェーバーの歴史観のなかでどのように使われていようが、現在の歴史的流れの内容を把握しようとする人間にとって、それは役にたたない。いまの軽量資本主義は道具的理性の理想形でなくなってしまったが、かといって、ウェーバーのいう「価値理性」的なものでもない。軽量資本主義はウェーバー的価値理性から、何光年も遠くへだたっている。価値が「絶対的に」信じられた時代が、歴史上あったとしても、いまがその時代でないことはあきらかである。重量資本主義から軽量資本主義への移行過程において、最高裁判所（ヨシュア記的言説に不可欠な、中心組織）によってくだされた、追求すべき目的の適否にかんする、上訴不可能な最終審判を、「絶対化」する権限をもった「政治局」の解体がおこったのだ。

最高司令部が失われると（むしろ、多くの司令部が覇を競っていながら、あきらかな勝者がでていない、といったほうがいいかもしれない）、目的設定の問題が再燃し、際限ない躊躇と苦悩の原因をつくり、自信喪失、不確実性の予感、永遠の不安を生む。ゲルハルト・シュルツェによると、これは新しい型の「手段喪失の伝統的不安感にかわる、目的喪失の不安感」だという。[6] あたえられた目的にたいする手段（既存の、あるいは、これから熱くもとめられる）の有効性を、不完全ながら判断しようとする努力は、もはや、重要ではない。重要なのはもちうる手段の数と、その持続的有効性の限界を念頭におき、リスクを計算しながら、手のとどくあたりに（つまり、獲得可能だという意味で）浮遊する、魅力的な目的のどれを優先するかなのである。

あらたな状況では、人間全体の生活、個人の生活のほとんどは、いかなる手段を選択するかでなく、いかなる目標を選択するかの悩みに費やされる。重量資本主義とは対照的に、軽量資本主義は価値執着が強い。「職求む」の欄に掲載される小さな広告の「免許・車アリ」のメッセージ、また、「解決法はみつかったから、つぎは、問題をみつけなければならない」という科学技術研究所、試験所の所長たちのことばは、手段があっても目的がない、新しい生活状況を、象徴的にものがたっている。「われわれになにができるか」という問題が、「しなければならないことをどうやってするか」という問題を圧倒し、すべての行動を支配するようになったのだ。

世界の秩序を管理し、善悪の境界を監視していた最高司令部がみえなくなったいま、世界には可能性の無限の選択肢がある。世界という容器には、追跡すべき機会、失われた機会がいっぱいに詰まっているのである。ひとの一生がどんなに長かろうが、冒険的であろうが、勤勉であろうが、獲得はおろか、探求さえできないほどの選択肢、機会が世界には存在する。この機会の無限性が、最高司令部が消えたあとにできた真空地帯を埋めたのだ。

なるほど、反ユートピアについて、最近ほとんどなにも書かれていないのは当然である。フォーディズム後の、自由な個人からなる「流動的近代」社会には、秩序からはみでる者を処罰する、残忍なビッグ・ブラザーへの恐怖は存在しない。しかし同時に、なすべきこと、もつべきものの選択のさい、それを邪魔する弱い者いじめから、幼い弟を守ってくれる、やさしく、思いやりのある、助けにも頼りにもなる年上の兄貴分も、新しい社会はもたない。よき社会のユートピア像は、こうして描かれなくなった。いま、すべては個人にまかされている。能力をみつけ、できるところまで発展させ、能力が最高に発揮できる目的をさがしだす仕事は個人にまかされる。そしてまた、「予期しない事態を気晴らしと考える」[7]のも、個人の仕事なのである。

好機がつぎつぎにおとずれて、その機会はおとずれるごとに魅惑をまし、「新しい機会は、古い機会の不足を補い、かつ、つぎの機会到来の下地をつくる」[8]世界に生活することは、いかにも心おどる経験であるにちがいない。そうした世界では、あらかじめ決定されたものなどなく、ほとんどすべてが変更可能なのだ。挫折に決定的挫折はなく、災難に致命的災難はないが、勝利に決定的勝利もありえない。無限でありつづけるためには、なにものも化石化され、永遠不変の現実となってはならない。残された機会を、すべて開かれたものとしておくためにも、冒険の可能性の芽をつまないためにも、すべては品質保証期限を明記されたうえで、流動的、流体的でありつづけなければならない。ズビシコ・メローシクトとマシュ・シュクドラーレクがアイデンティティ問題にかんする研究のなかでいっているように、[9] 無限の機会に恵まれて生活することによって、われわれは「自由が万人のものになった」かの、甘い夢に酔いしれることになった。未完成、不完全、未決定状況は、リスクと不安にあふれている。しかし、これと反対の状況は、自由のために開かれているべきものを閉ざしているから、無条件の喜びをもたらさない。

ゲームはさらにつづき、たくさんのことがおき、人生に驚きは多い、といった感覚には心地よい満足感がある。一方、一度なしとげられたもの、獲得されたものも、いつかは壊れ、失われるのではないかという不安には、美食に砂をかみあてたような不快感がある。利点は欠点をともない、欠点は利点をともなう。人生はこの利点と欠点のあいだをぬって航海していくのであり、危険のない、絶対安全な航路を発見したと自慢する人生の船乗りはひとりも存在しないだろう。

可能性にあふれた世界とは、大食漢でさえすべて味見するのがたいへんなほど、美味珍味が並べられたバイキングのようなものである。バイキングの客は消費者のことであり、消費者にとってもっともやっかいで、いらだたしい問題は、優先順位の決定である――どの試されていない選択肢を放棄し、どの選択肢を試されないままにしておくかという、皮肉なまでに贅沢な順位づけ。消費者の苦悩は選択肢の欠如でなく、氾濫からくる。「自分は手段を最大限有効に活用しただろうか」というのが、消費者につきまとう、頭の痛い問題なのだ。消費物資の売り手に関心のある経済学者たちが共同でおこなった研究で、マリーナ・ビアンキはつぎのようにのべている。

消費者の場合、客観的役割は……ゼロである……

目的と手段はあきらかに合致しているが、目的は理性的に選ばれたわけではない……

想像するに、まちがいを犯さないのは、あるいは、まちがいが見破られないのは、会社でなく、消費者のほうだ。(10)

しかし、消費者が過ちを絶対犯さないとしても、消費者が正しいとはかぎらない。行動に過失がないとすれば、行動の良し悪しも決定できないはずで、行動のさまざまな選択肢のなかから、正しいものを選ぶことはできない——選択がなされる前でも、後でも。まちがいを犯す危険性がないということは、幸福でもあり不幸でもある——まちがいを犯さない代償は、永久の不安と、満足のえられない欲望なのであるから、疑わしい喜びなのだ。商品の売り手にとって、これは都合のよい報せ、商売がなりたつ根拠だが、買い手にとっては苦悩継続の理由である。

説明でなく見本を！

フォード主義型重量資本主義は立法、ルーチン設定、管理の世界であり、指導される人間が、他者の定めた目的を、他者の決めたやり方で追求する世界である。とするならば、それはものごとをよく知った権威の世界、事情につうじた指導者、ものごとのよりよい進め方を教えることのできる教師の世界である。

消費者にやさしい軽量資本主義は、立法の権威を排除したわけでも、不必要な存在にしたわけでもなかった。逆に、限りない数の権威を生み、共存させた。その結果、特定の権威が権威の座に長くとどまることはもちろん、「特権的」な地位をえることもなくなった。元来、誤りはひとつだけではないが、事実はひとつであり、事実はそれが唯一絶対であることによって（つまり、事実になりうる他の可能性が、すべて誤りであると断定されたとき）、事実だと判断される。考えてみれば、「限りない数の権威」とは、矛盾したいい方ではないだろうか。複数の権威が存在するとき、権威同士はたがいを打ち消しあうから、それぞれの分野で結果的に最高の権威者となるのは、権威の取捨選択の権限をあたえられた者である。取捨選択する者のおかげで、権威予備軍はやがて権威となっていく。権威はもはや命令しない。取捨選択する者におもねる。そして、かれらは誘惑する。

思えば昔、「指導者」は社会から腐敗、堕落を排除し、「幸福な社会」「公正な社会」を建設しようとしたときの副産物、補足物だった。マーガレット・サッチャーの、あの悪名高き発言、「いわゆる社会というものは存在しない」は、資本主義的性質の変化を敏感に反映したものであり、同時に、彼女自身の信念でもあった。この発言のあと、社会規制と社会保障のネットワークが、解体されていったことからもわかるとおり、彼女みずからが実現をねらった将来像であった。「社会が存在しない」ということは、ユートピアも反ユートピアも存在しないことである。軽量資本主義の教祖《グール》であるピーター・ドラッカーが、「もはや社会による救済はない」とのべたことには、当然、破滅の責任を社会にもとめてはいけないという意味がふくまれていた。救済も破滅もあなた自身がつくりだしたもの、あなただけの問題である――自由人であるあなたが、あなたの生活のなかで、自由にしたことの結果である。

もちろん、事情通と自認する者が少ないわけはなく、事情通のなかの多くは多数の信者をかかえる。そうした「内情に通じた」人間、知識が信頼された人間でさえ、指導者とはなりえない。なりうるのは、せいぜい、助言者だ――指導者と助言者の重大な相違は、前者が信奉の対象であるのにたいして、後者が雇用、ときによって、解雇の対象だということにある。指導者は命令をくだし、規律への服従を要求できるが、助言者は、相手が意見をすすんで聞いてくれることに期待しなければならず、意見を聞いてもらうために助言者は、まず、聞き手の信頼をかちえねばならない。指導者と助言者の相違はこれだけにとどまらない。指導者は私的幸福と「われわれみんなの幸福」、また、(ライト・C・ミルズのいう)私的不安と公的問題のあいだの、いわば、通訳である。これにたいして、助言者はプライヴァシーの閉じられた領域から、一歩でも踏みだすのをためらう。助言者があつかう病《やまい》とその治療法、不安と不安解消法は、すべて私的なものだからだ。助言者の処方箋は生活政治にかかわりはしても、大文字の政治とは無関係だ。処方箋は診断をうけた人間本人が、本人のためにできることにしか触れていない――個人が結集することによって達成されるものには、触れてはいない。

人気の高い自己啓発本のなかでも、とくに記録的な売上を残した(一九八七年に出版されて以来、五百万部が売れている)本で、メロディ・ビーティは読者にむかって、つぎのように警告/助言している。「他人事にかかわれば気が変になるのはあたりまえです。自分自身だけ相手にしていれば、なんでもなく、幸せでいられます」。この本の爆発的人気の秘密は、本の内容をみごとに要約した覚えやすい題名、『共存はご免』によるところが多い。他人の生活の歪みを直そうとすれば、他人と深くかかわることとなり、他人と深くかかわれば、運命――もっと正確にいえば、自由にならないものごと、自由に動かせない人物——の人質となる。われわれがすべきことは、みずからの良心にしたがって、自分の問題だけに集中することである。他人のために働いてもうることは少なく、それどころか、本人にしかできない仕事への集中を妨げる。孤独な人間たちは、それがみずからの意思に反し、良心に反したとしても、「快楽は、結局、権利や義務より確実な手引きである」というサミュエル・バトラーのことばにしたがわざるをえない。上のような助言は、勇気づけ、免罪、青信号として、孤独な人間には甘美に聞こえるはずだ。

「われわれ」という単語は、指導者がもっとも頻繁にもちいる人称代名詞である。一方、助言者にこの代名詞は必要ない。助言者にとって、「われわれ」は「わたし」のたんなる集合体でしかなく、構成要素の合計が合計以上を形成する、エミール・デュルケムの「集団」とは異なるものである。助言治療をうけたあとも、治療をうけた人間が、まえと同じようにひとりぼっちであることに変わりはない。かれらは孤独のなかで強くなる。自力にたよるしかないという直感の正しさが証明され、確信に近いものへ変えられるからだ。個人はこうした確実な証明をうけ、個々に孤立したかたちで強くなる。人間はひとりで行動し、悪い結果は個人が負い、失敗の責任は他者に転嫁せず、すべて本人がひきうけることを、助言は、内容のいかんにかかわらず、前提とする。

助言をうけようとする者の望みは、実例教育にあると気づいた助言者が、助言者としてもっとも成功する。問題の性質が個人的で、解決は個人的努力をもってするしかないのであれば、助言をもとめる人たちが欲する（あるいは欲したがっている）助言は、似かよった問題に直面した人間が、それをどう克服しようとしているかの実例であろう。しかし、かれらが実例を必要とするのには、もっと本質的な理由がある。「不幸せ」の原因を、正確にいえるひとの数のほうが、ただ「不幸せ」と感じているひとの数より少ない、というのがその理由である。「不幸せ」の感覚は、曖昧で、散漫で、とらえどころがなく、その原因は散在する。同じく漠然とした幸せの希求に、現実的な目標をあたえようとするなら、不幸せの感覚が、まず、「具体的」なかたちで実感されなければならない。他者の経験を参考にし、他者の苦難を垣間見ることによって、われわれはみずからの不幸の原因をつきとめ、それにラベルをはり、そして、それを克服するための方策を探そうとする。

『ジェーン・フォンダの体操トレーニング』の画期的人気と、何百万人ものアメリカ人女性がその本から学んだ技術を解説しながら、ヒラリー・ラドナーはつぎのようなことをいっている。

インストラクターは権威的に指導するのでなく、みずからを実例として提示する……体操する人間がもつからだのイメージは、自分自身のものでなく、提示された理想的肉体のそれである。

ジェーン・フォンダはみずからの理念と、彼女の本を読み、教則ビデオをみる女性がしたがうべき具体例について、こう率直にのべている。「わたしは自分のからだを、自分が作ったもの、自分の血であり、内臓であると思いたい。自分のからだは自分の責任なのです[11]」。ここでフォンダはあらゆる女性に向けて、からだをみずからの所有物(自分の血、自分の内臓)、みずからの作品(自分が作ったもの)、そして、なによりも、みずからの責任の対象として扱うようもとめている。ポストモダン的自己愛を持続させ、強化するために、彼女はポストモダン以前の、あるいは、近代的というより前近代的な職人的本能に訴えた。それは作品のできばえを、製作についやした技術、注意、集中の結果以上のものでも、以下のものでもないと感じる本能である。結果がどんなものであっても、賞賛されるのは（あるいは、批判されるのは）本人以外のだれでもない。フォンダの助言の裏側にかくれる教訓は、表向きの教訓ほどではないにしても明確である。肉体には注意と世話が必要なのであって、肉体への怠慢は羞恥と罪悪感を生む。自分のからだが不完全なのは、自分の罪であり恥だから。同時に、罪の赦しは罪を犯した人間だけがおこなえる。

いまの点について、ヒラリー・ラドナーの主張をくりかえすとこうなる。フォンダはこのような趣旨のことをのべながら、けっして権威（立法者、規律設定者、説教師、教師）としてふるまわない。彼女は「みずからを実例として提供」するにすぎない。フォンダは有名で、愛され、羨望と賞賛の的だが、その秘訣がなんであれ、この事実を彼女は実例をもって示すのである。ひきしまった、柔らかい、均整のとれた、永遠に若々しい彼女の肉体が存在するだけで十分である。彼女の本の読者やビデオの愛好家は、フォンダと同じようなからだをもちたいと望むだろう。彼女の肉体は彼女の作品なのであって、他の女性も彼女のように訓練したなら、彼女と同じ肉体がもてるだろう。「ジェーン・フォンダのようになりたい」という夢があるなら、夢のようなジェーン・フォンダを作ったのは、だれあろうジェーン・フォンダ本人だということを忘れてはならない。

もちろん、フォンダの富、名声も、彼女の助言に権威をもたせる根拠となりうる。自分自身を権威としてではなく、たんなる実例として示しているだけだとしても、フォンダはフォンダなのだから、他の実例にはない権威が「自然に」つくのも無理はない。ジェーン・フォンダはある意味で、特殊な例であって、「脚光をあびる」立場を父親からうけついでいただけでなく、肉体を実例として人々に提示するずっと以前から、広く報道されたさまざまな活動をつうじて、自分自身の名声も獲得していた。人々が実例に積極的にしたがうことと、実例となる人物の権威とのあいだに、どんな一般的因果関係がはたらいているか、かならずしも明らかではない。ダニエル・J・ボーステインのユーモアのある、しかし、まじめな見方によれば（『イメージ』一九六二年）、有名人が有名なのは、そのひとの業績とは関係なく、すでに名を知られているからであり、ベストセラーがベストセラーになるのは、すでに売れているのを知って、さらに多くの人がそれを買うからだという。権威は信奉者の数をふやすが、目的が曖昧で、恒常的に不明確である世界にあっては、信奉者の数が権威をつくるのだ。

権威が信奉者をつくるのか、信奉者が権威をつくるのかはおくとして、実例対権威の関係で、現在、より重要で、より必要とされているのは実例のほうである。実際に発言するまえから、その蓄積された権威によって、注目に値する発言をするにちがいないと、人々に思わせるような人物は極端に少なくなった。テレビの数限りないトークショーの椅子を埋めるには、そうした権威の数では足りないにもかかわらず（そして、もっとも人気のある番組に、権威はけっして顔をあらわさないにもかかわらず）、助言に飢えた何百万人もの人間が、毎日のようにトークショーにチャンネルをあわせる。権威が視聴者と似たような境遇にあるとわかったとき、視聴者は権威の提示する実例にふだん以上の注意をかたむけ、その結果、視聴率もすこしはねあがる。しかし、テレビから実例を語りかけてくる人間が、権威でも有名人でもなく、無名であった場合のほうが、実例は効果的で、その意味で、付加価値もある。短い時間、テレビの画面に登場する（実例を語って拍手をあびるが、重要なところは隠し、どうでもいいところに時間を使いすぎたと批判されることもある）、「わたしやあなた」のようなごく「ふつうの」ひとたちは、視聴者と同じ不運な境遇にあって、似たような傷をもち、つらさからの脱出をもとめ、幸せな生活を懸命にさがしている。かれらにもできたことなら、自分にもできるだろう、あるいは、もっとよくできるかもしれないと視聴者は感じる。また、かれらはそうした成功と失敗の両方の実例から、有益ななにかを学ぶ。

トークショー中毒を、人間のゴシップ欲を反映した「低俗趣味」だと批判するのは、侮辱であり、認識の誤りであり、誤解である。手段だけが豊富に存在し、目的があやふやな世界にあって、トークショーは人々の真剣な要求にこたえるという、現実的価値をもっている。なぜならば、視聴者は人生から最良のものをひきだせるのは、本人だけだと知っているからである。また、それをひきだすのに必要な資質は、本人の技術、勇気、忍耐力でしかなく、したがって、同様なことにとりくむ他者の様子を知ることも必要になる。視聴者がまったく気づかない、奇跡的戦略をもった人間がいるかもしれない。視聴者が十分注意をはらわなかった、あるいは、深くまで掘りさげたことのなかった、「内側」の領域を探索してきた人間が、ひょっとしているかもしれないのだ。

トークショーの利点はこれだけではない。前にものべたとおり、不安や不幸せの感覚は、はっきりと名前がつけられないかぎり解決されないが、これは容易な作業ではない。苦悩は私的、個人的なものであるが、「私的言語」を使って感覚に名前をつけても、意味不明でしかないからだ。どんなに私的で、個人的な苦悩であっても、適切に名づけられるためには、選ばれた名前がおおやけに通じるものでなければならず、人々が共有し、理解しうる語彙にふくまれていなければならない。トークショーは、まだ誕生していないが、まもなく誕生するであろう公的言語の公開講座だといっていい。トークショーは

「問題に名前をつける」ために必要な語彙を提供し、多くの人々にも理解できるかたちで、言語化されていないものを言語化する。

　これがトークショーのもっとも大きな利点であるが、利点はこれだけにかぎられない。あまりにも私的であるために、本来なら、他言できない話でも、トークショーは、それを人々に、堂々と、公衆の面前で語らせてしまう——そして、それはみている人々に楽しまれ、認められ、賞賛される。トークショーは個人的問題の公的言説化を認める。それは語りえないことを語らせ、恥を恥でなくし、醜悪な秘密を誇り高い美徳に変える。トークショーは悪霊払いの儀式、しかも、効果の大きな儀式だといってさしつかえないだろう。トークショーのおかげで、われわれはこれまで不名誉だと思い（まちがいはいま気づかれた）、ひた隠しに隠し、ひそかに悩みつづけてきた問題を、おおやけに語ることができるようになった。懺悔が秘密でなくなったいま、告白からえられる慰めには、贖罪以上のものがある。なぜなら、自分自身を恥ずかしく思うことがなくなるからだ。また、他人から白い眼でみられ、恥知らずと叱責され、村八分にされる危険もなくなるからだ。第一、こうした問題はテレビの出演者が、何百万人もの視聴者のまえで、なんのためらいもなく、話しているではないか。かれらの問題も、それに似た自分の問題も、公的議論にむいている。公的議論に付されるのは、私的問題が公的問題に変質したからではない。結局、私的問題はあくまで私的問題として議論の俎上にのぼっているのであり、それをいくら長く討論したとしても、公的問題になることはない。豹をいくらみつめていても、豹の斑点がなくならないのと同じである。私的問題がおおやけにさらされることによって、逆に、その私的性格もより顕著になる。トークショーの出演者は全員、個人的に経験された問題であるかぎり、個人的に処理され、対処され、解決されるべきだと最後には認めるからだ。

社会的影響力のある多くの思想家（とくにユルゲン・ハーバーマス）は、将来、「私的領域」は「公的領域」に侵略され、占拠され、植民地化されるだろうと警告している。オーウェルやハックスリーを触発して、反ユートピア像を書かせた時代の記憶が、まだなまなましく残っているとすれば、その恐怖をことばにあらわしたいと思うのも、無理からぬことだろう。しかし、こうした不安がおこったのは、いま眼前で展開する出来事を、度のあわない眼鏡でみたからではないだろうか。警告とは反対の傾向、私的問題、公表には不適切とされた問題が、公共領域を占領する傾向が一般的となりつつある。

いま、なされているのは、私《わたくし》と公《おおやけ》のゆらぎつづける境界線の再検討ではない。いま、問われているのは、公的領域を私的芝居の公演場所として再定義するには、なにをなすべきかということだろう。マスコミによって流され、社会のあらゆる、または、ほとんどの層にうけいれられた定義にしたがえば、「公共の利益」とは、私的芝居が放映されること、番組をみる権利が公衆に保証されることである。われわれがこうした変化にも驚かなくなり、変化を「自然の」なりゆきと思うようになった社会的条件については、これまでの研究からも明らかだろう。しかし、この変化のもたらした結果は、まだ、十分究明されていない。結果の意味は、一般に思われているより、かなり深いところにあるのかもしれない。

もっとも重要な結果は、政治が崩壊したこと、私的問題の公的課題への（あるいは、公的課題の私的問題への）昇華を目的とした、大文字の政治が崩壊したことにある。昇華させる活動は、現在、完全に停止している。おおやけの場でぶちまけただけでは、私的問題は公的課題に変化しない。大衆の目にさらされたとしても、私的問題は私的でありつづける。さらに、公的な場にひきずりだされることによって、それは、本来、そこにあるべき「非私的課題」から居場所を奪うことになる。いま、一般に「公的課題」とみなされているもの、あるいは、そう解釈されているものは、とどのつまり、公人の個人的問題にすぎない。民主政治の伝統的問題——公人による公務遂行が、国民、あるいは、選挙民の福祉と幸福に、どれほど有益か——は、福祉にたいする集団的責任、幸福な社会、公正な社会などについての公的関心を道連れに、公的な場から姿を消した。

つぎつぎおこる「公的スキャンダル」（公人の私生活における道徳的だらしなさがおおやけにされること）に嫌気がさしたトウニー・ブレアは、「政治はゴシップに堕した」といい（一九九九年一月十一日付け『ガーディアン』の記事による）、政治の異なった部分に関心を向けるよう訴えた。「スキャンダル、ゴシップ、とるにたらない些事ばかりのニュースか、ほんとうに大事なニュースのどちらをとるかだ」[12]。こうした発言に、しかし、わたしは驚きを禁じえない。なぜならこれが一般有権者の動向や、「ほんとうに大事な」世論の本質をさぐるため、毎日のように「フォーカス・チーム」から意見をきく政治家の口からでた発言だからだ。また、重大な事象を処理するブレアの手法が、それ自体、かれの嘆く「政治のゴシップコラム化」の原因となった生活の一部だからだ。

有権者のおかれた生活環境に具体例は必要だが、指導者は必要ない。この環境で人々は、表舞台にたつ人間が、「重大な事象」の処理方法をわかりやすくみせてくれると期待する。結局、生活の失敗は、みずからの責任で、生活の修正はみずからの能力と努力でなされなくてはならない、と人間は毎日のようにいわれつづける。とするならば、「内情に通じて」いるかのようにふるまう人間の主要な、あるいは、唯一の存在理由が、手段の使い方と、努力の仕方の例示であったとしても当然だろう。人間は「内情に通じた」者から、他人は自分の仕事を肩代わりすることはできない、と何度もいわれつづける。ならば、多くの人間の興味をそそり、関心を呼びおこすのが、政治家（その他の有名人）の私的行動だったとしても、驚く必要はあるだろうか。事実、怒った世論のなかにも、「えらい人物」のなかにも、私的犯罪でなく公的犯罪で、ビル・クリントン弾劾を提案した者はひとりもいなかったではないか。「連邦的課題」であった福祉改革を白紙撤回し、個人めがけて襲いかかる運命の気まぐれから個人を守る約束と義務を履行しなかった社会的罪が、大統領にはあったにもかかわらず。

テレビの画面を賑わせ、新聞の見出しを飾る色とりどりの有名人のなかで、政治家の位置はかならずしも高くない。有名人は有名だから有名人だといったブーアスティンなら、きっと「事情通」は事情通だと知られているから事情通なのだとでもいったであろう。スポットライトをあびる場所というのは、それ自体がすでに存在の一形態であり、そこでは映画スターも、サッカーの得点王も、政府の大臣もまったく同等の存在である。スポットライトのあたるひな壇に立つ者全員に、「公的義務として」要請されているのは、大量に消費されるための告白をおこなうこと、私的生活を大衆のまえに暴露すること、他人が本人にかわり私生活を公表したとしても、不平をいわないことなどである。私生活がおおやけにされたとしても、すべての個人的秘密が有益な教訓をふくんでいるというわけではないから、結局、参考にならない、退屈なものと感じられる場合もあるだろう。しかし、失望、期待はずれがあるからといって、告白熱がおとろえたり、告白への待望が消滅したりするわけではない。くりかえすなら、個人が私的問題をどのように同定し、自分の技術と能力でどのように解決するかが、残された唯一の「公的課題」であり、「公的関心」の唯一の対象であるからだ。啓発や指示は自分自身の判断と努力のなかで発見されるものだ、と信じさせられている視聴者や聴取者は、「自分に似た」他人の私生活をのぞきつづける。このときの熱意と期待は、私的苦悩とみじめさが、「知恵をよせあつめ」、「さまざまな人間を結集し」、「共同歩調をとる」ことで、癒され、和らげられると信じて、予言者や伝道者に手本と、指導と、教訓をもとめていた過去のそれと変わるところがない。

中毒となった衝動

実例、助言、指導は中毒となる。求めれば求めるほど必要になり、手に入らないとき、辛さはいよいよひどくなる。中毒は渇きが癒される可能性さえ奪ってしまうから、渇きを抑える手段として、自己破壊的なのだ。

実例、処方箋の魅力はどれも、実際、それらが使用されているあいだだけである。それらは期待どおりの効果をもたらさない——あるいは、期待どおりの効能を発揮したとしても、消費社会の可能性も、魅力的処方箋の数も無限であるため、満足感は長つづきしない。幸福な生活の処方箋、それを実行するための「使用期限」つきの装置は、「もっと新しい、もっと良質な」処方箋のたえまない出現で、価値を維持できず、魅力を失うのもはやい。消費競争のゴールは、走者が走るのより早くさきに遠のくが、走者には遠のく速度についていくだけの筋力も、肺活量もない。ロンドン・マラソンに終わりはあっても、ゴールがつねにさきへ、さきへと遠のいていく消費マラソンに、けっして終わりはない。走りはじめたのはいいものの、走り終えることはないかもしれないのだ。

われわれが中毒しているのは、走りつづけるという行為自体、競争に参加する満足感である――決勝のテープを切った少数の走者にあたえられる栄冠ではない。他に例のないような特別な賞など存在せず、そのかわり、獲得した者がいないために、魅力的、魅惑的にみえる賞が数多く存在する。欲求それ自体が目的、唯一疑問の余地のない目的となった。欲求以外の、取替え可能な目的すべての役割は、走者を走りつづけさせることにある。それは何周か先頭にたってレースをひっぱり、途中で離脱する、好記録をださせるためのペースメーカーのようなものだろう。あるいは、宇宙船の速度をある一定までひきあげると、切り離され、宇宙空間に消えていく補助ロケットのようなものであろう。目標の数があまりにも多く、目標達成の手段の数がまったく追いつかない世界では、手段の量と効率の確保に十分注意していなければならない。競争への参加は、そうした手段のなかでも、もっとも重要な、手段のなかの手段と呼べるものだ。他の手段への信頼性を守り、他の手段への需要を確保するメタ手段。

消費社会の構成員全員が参加する競技の典型は（選択という、やがて中毒に発展する衝動をのぞくすべてが、消費社会においては選択の対象となりうる）、買い物だ。商品をみてまわるあいだ、われわれは競技に参加していることになるのだが、ものを買う場所は、店、スーパー、デパート、ジョージ・リッツァーのいう「消費の殿堂」だけではない。可能性の陳列棚をみわたし、展示品の感触を確かめ、手で触れ、手でつかんで品物を調べ、財布の中身、あるいは、クレジットカード限度額と商品の値段をくらべ、あるものは買い物カートのなかにいれ、あるものは棚にもどすことが「買い物」であったとすれば、われわれは店だけでなく、店の外でも買い物していることになる。われわれは外でも家のなかでも、働いているときも休んでいるときも、寝ているときもおきているときも買い物をしている。われわれがしていることはすべて、その行為につけられた名前がなんであれ、一種の買い物、あるいは、買い物に似たかたちの行動である。われわれの「生活姿勢」を記述する記号はすべて、買い物の記号学から派生したものである。

買い物の対象は食品、靴、車、家具などにかぎられない。生活のための実例と処方箋を貪欲に、いつまでも探しつづけることもまた、買い物の一形態である。幸福の獲得は個人の能力しだいであるが、個人にはその（マイケル・パレンティが指摘するように[13]）能力がなく、あったとしても、本人が考えているほどのものでなく、能力は格段の努力なくしてえられないという二重の教訓に照らすなら、それはもっとも重要な買い物の形態だと考えられる。われわれが競争力を発揮しなければならない状況は多く、そのつど「商品をみてまわる」ような行動が必要となる。われわれは生活の糧をえるための手段、就職のための技能、自分をよくみせるためのイメージづくり、イメージどおりだとひとに思わせる技術、新しい友人のつくり方に、いらなくなった旧い友人の捨て方、注目をひく方策に注目から逃れる方便、愛から最大限の満足をひきだす手法、愛するひとに「依存しない」方法、好きな人間から愛を獲得する方法、愛がうすれ、恋愛から快楽が消えたときに関係を解消するもっとも安価な処置、いざというときのための貯蓄法、稼ぐまえにお金をつかえる便利なやり方、仕事を早くすます能力に、あいた時間を有効につかえる能力、おいしいものの食べ方と、太らないためのダイエット法を、高出力のステレオ・アンプや、もっとも効果的な頭痛薬といった商品をみてまわるように、物色するのである。買い物のリストに際限はない。リストがどんなに長くなっても、買い物をやめることはできない。目的に限りがない世界にあって、もっとも必要とされる能力は、根気強い、買い物上手の能力である。

現在の消費主義は、必要性の満足のことではない――アイデンティティや、自分の「適性」に自信をもつといった、まじめな必要性（これを「人工的」「不自然」「派生的」というひとがいるが、かれらはまちがっている）の満足のことでもない。消費社会をうごかす精神は、具体的必要性でなく、欲望である――必要性にくらべ、一時的で変化しやすく、とらえどころがなく気まぐれな、根本的には自己完結的である欲望、正当化も「理由」もいらない自己発生的、自己推進的欲望。短く、連続的に物象化されるにもかかわらず、欲望の対象として欲望は消えない。それゆえ、他の（物質的、精神的）対象が消えても、欲望の対象としての欲望だけは残ることになる。

非柔軟で、動きのにぶい必要性にくらべれば、欲望の長所はあきらかだが、欲望が消費者の購買意欲にかける制約は、消費物資の供給者にとって、重すぎる負担ともなる。結局、欲望を眠りからさまし、ある一定の温度まで熱くし、適当な方向へ動かすには、時間と努力と、かなりの経済的出費が必要になるからだ。欲望にかりたてられる消費者は、高い費用をかけて「生産」されなくてはならない。消費者生産の費用は、商品の全生産費に深くくいこんでいる――その割合は競争の激化にともなって、縮小するより、増大する。

しかし（消費物資の生産者や取引業者にとっては不運なことに）、現在の消費主義はハーヴィ・ファーガソンが指摘するとおり、「消費者の欲望の操作でなく、希望的幻想の解放からできている」。欲望について、ファーガソンはこう語る。

〔欲望によって〕消費は自己表現、趣味の善し悪しの問題となる。個人は所有物をとおして自己表現する。しかし、たえまなく生産拡大をつづける先進資本主義社会にとって、こうした消費者心理は、たいへん大きな制約であり、究極的には、これとかなり異なった心理にもとづく「経済」へと変化していかざるをえなくなるだろう。欲望にかわって願望が消費の原動力とならねばならない。(14)

空想の自由な飛翔を制限する「堅固な」障害を連続的に排除する一方、「快楽原理」を「現実原理」が規定する大きさに縮小していった物語が、消費主義の歴史だった。十九世紀の経済学者が、「堅固さ」の典型とみなしていた「必要性」——柔軟性に欠け、範囲が定められ、有限な必要性——は放棄された。その後、実現の機会を待つ、「内面的自己」のはかない夢と連動する「流動的」で、拡張性に富む欲望が必要性にとってかわった。そしていま、欲望が放棄される番となった。欲望の有効性は限界に達した。欲望は消費中毒をいまのレヴェルまで高めたが、レヴェルはこれ以上あがらなくなったということである。消費需要を消費物資の供給にあわせるには、さらに強力な、さらに有効な刺激が必要となった。「願望」は永く待ち望まれていた欲望の代替物である。それは快楽原理的解放を完成させ、「現実原理」のなごりを完全に払拭したものである。本来ガス状であったものが、ついに、容器から放出されたのである。もう一度、ファーガソンを引用してみよう。

欲望の出現は比較、虚栄、羨望、自己賞賛によるが、願望の出現はなにものにも支えられていない。購買は偶然で、突発的で、自発的なものである。購買には願望表現と願望実現の両方の性質があり、すべての願望と同じく、不誠実で、幼稚である。(15)

消費者のからだ

わたしは『断片化された生活』（ポリティ・プレス、一九九六年）で、ポストモダン社会の構成員は、生産者としてよりも、まず、消費者として機能していると主張した。生産者と消費者の相違は、決定的である。

生産中心に組織された生活は、特定の標準にしたがってがっちり組み立てられている。生産者には、果たすべき役割の最低限、生きるための最低線が定められている一方、社会的許容範囲内で、つまり、社会的顰蹙、批判、抑圧の対象にならない範囲で、理想を追求できる権利の上限も定められている。この上限をこえた理想の追求は贅沢であり、また、贅沢は罪悪でもある。したがって、生産者の主要な関心は、下限と上限のあいだにおさまるための適応力、また、隣人に遅れをとらない（あるいは、隣人より進みすぎない）ための適応力の保持にある。

一方、消費中心の生活は、標準的規律でなく、誘惑、限りない欲望、変化の激しい願望に支配される。特定の隣人を参考にしても、生活を成功させる起点にはなりえない。消費社会は、全体比較の社会で、しかも、比較に際限はないからだ。贅沢という考えもまた、ほとんど意味がない。なぜならば、きょうの贅沢品をあすの日用品に変え、しかも、「きょう」と「あす」の距離を最短に縮める、つまり、欲望から待ち時間をなくすのが、消費社会だからだ。これといった基準があって、欲しいもののいくつかが必要不可欠なものへ、他のものが「必要のないもの」と分けられるのではない。消費社会には標準への

「適合」をはかる水準がない。消費社会の主要な関心は、「準備をととのえる」姿勢、チャンスを逃さない力量、突然おこる、未知の誘惑にあわせて欲望を発達させる能力である。また、刺激吸収の抑制を必要性に変えることなく、以前より多くのものをとりいれる能力である。

生産社会を構成する人々の遵守しなければならない基準が、健康にあったとするなら、消費社会のそれは体力にあるだろう。健康と体力は、しばしば、類語、あるいは、同義語として使われる。結局、両語ともからだへの配慮、望まれるべきからだの状態、そのために従わなければならない管理体制という概念と関連するからだ。しかしながら、健康と体力を完全な同義語としてとらえるのはまちがっている。それはすべての体力管理が「健康にいい」わけではないという事実からもわかるし、健康の増進を助けるものが、かならずしも体力増進を助けるものではないという事実からもわかるだろう。健康と体力はかなり異なる言説であり、異質の関心をいいあらわす用語である。

生産社会の標準概念はすべて、「標準」と「標準外」を峻別し、明確な境界を設定したが、健康概念もまた例外ではなかった。「健康」は人間の肉体と精神の望まれるべき正常な状態、つまり、(少なくとも理論的には)かなり正確に定義され、価値判断をくだされた状態のことだ。健康とは社会が策定し、割りあてた役割を、継続して遂行できるだけの、人間の肉体状態、精神状態のことをいう。「健康である」とは、たいていの場合、「雇用可能であること」、工場で問題なく就業できること、肉体的、精神的に負担のかかる「作業に」、被雇用者が「耐えられる」ことだ。

一方、体力とは、「非固定的」概念以外のなにものでもない。それは本質からして、規定も、定義もできるものではない。たとえば、「きょう、調子はどうだ」ときかれ、「体力が充実」していると感じれば、「気分はいい」と答えるだろう。体力は、しばしば、こうした状態のことをさす。しかし、体力のあるなしのほんとうの決定は、つねに未来にゆだねられる。「体力がある」というのは、柔軟性、吸収性、適合性があること、未経験の感覚、予想外の感覚にも対応できる準備があることだ。健康は健康であって、健康「以上」の健康も、健康「以下」の健康もないが、体力については、いま「以上」にすることもできる。体力はある一定の身体能力をさすのではなく、(望むらくは無限に) 発達する潜在能力のことをさす。また、「体力」は例外的、非習慣的、変則的状況、とりわけ、予期外の、未知の状況に対処する能力のことをいう。健康が「規範の遵守」であるとするなら、体力とはこれらの規範の破棄、確立した基準の放棄だといえるかもしれない。

体力について、個人差の客観的測定は不可能なのだから、個人間に体力の基準をもうけることもむずかしい。健康と異なり、体力は (外側から観察され、言語化され、伝達されるような状態、事象ではなく、「生きた」経験、「感じられた」経験という意味で) 主観的経験と重なる。「体力充実」の経験を他人のそれと比較するのはもちろん、説明して他人にわかってもらうのは至難の業に近い。主観的状況とはそういうものだ。刺激や快楽は抽象的に把握しえない感情であり、まず、「主観的に」経験してみなければ把握できるものではない。刺激の強さや、深さや、快感が、となりの人のそれとくらべてどうなのか、確実に知ることはできないだろう。体力の増進は、掘ってみなければなにが出るかわからない鉱脈を掘り進むようなもので、しかも、鉱脈にたどりついたかどうか知りうる手段さえなく、まだかまだかと、永遠に掘り進むようなものである。体力増進を核とした生活からは、小さな勝利は期待できるだろうが、最終的勝利は期待できない。

健康維持とは違い、体力の増進に自然の終焉はない。目標が設定されたとしても、際限ない努力の一段階を示すにすぎず、したがって、目標達成によってもたらされる満足も一過性でしかない。生涯にわたる体力増進の努力に休息は存在せず、体力増強達成の祝いはつぎなる段階を前にした、つかのまの安らぎにすぎない。体力増進を追求する者のもちうる唯一の確信は、体力の不十分さと、体力増進継続の必要性だけである。体力増進とは内省、自責、自己卑下、そして、際限ない不安でもある。

健康は（体温や血圧のように、計測され、数値化された）基準によって規定され、「正常」「異常」の明確な識別によって定義されるために、上のような解消不可能な不安とは無縁であるはずだ。また、健康を守るためにしなくてはいけないのはなにか、いかなる状態が「健康」といえるのか、健康が回復し、治療の必要がないと判断されるのはいつかも明白なはずである。そう、理論としては……。

実際、無限の可能性を特徴とする「流体的」近代においては、健康基準をふくむ、あらゆる基準の価値が激しくゆさぶられ、非実体化しつつある。きのうは正常、順調と思われていたものが、きょうは異常でないかと心配となり、加療が必要だと思えてくることもあるだろう。第一に、からだにまったく新しい状況がおこっただけでも、医師にかかる必要があると考えられ、それにあわせて、医学的治療もたえず更新されるようになった。第二に、かつて明瞭だった「病気」の定義が、しだいにぼやけ、曖昧になった。昔であれば、はじめがあり、終わりがある一回性の異常として理解されていた病は、いまや、健康の永遠の付属物、健康の「裏面」、つねに現存する脅威とみなされるようにもなっている。病気への警戒はけっして怠ってはならず、病気とのたたかいは昼夜をたがわず続けられねばならない、と思われるようになった。健康への配慮は、病にたいする永遠の戦いの一部だ。そして、最後に、「健康生活」

はつねに変わらぬものではなくなった。たとえば、「健康な食生活」という概念は、つぎつぎ推奨される食品の効果が確認される前から、変化をはじめる。健康にいい、健康に害がないとされる食物が、その栄養効果のでる前から、長期的には健康に被害をおよぼすと指摘されたりする。病気の治療や予防が、別の疾病を併発させることもある。「医原性」の病が、さらなる医学的治療の必要性を生んだりする。ほとんどすべての治療には危険性がふくまれ、危険性をおかした結果おこったものを治療するため、また別の治療が必要となる。

健康管理全般は、その本質に反し、体力増進と不思議に似かよってきている。継続的であること、完全な満足をみないだろうということ、現在の向かいつつある方向の正しさが確かでないこと、多くの不安を生むことにおいて両者は共通する。

健康管理が体力増進に類似するようになった一方、後者は健康の目安となる計測数値、医療の進歩といった、確実性の根拠となりうるものを、むだではあるが、手にいれようとしている。たとえば、「体力管理」と称しておこなわれている多くのもののうち、非常に一般化した体重管理などはそのひとつだろう。数センチ細くなった胴回り、数十グラムおちた体重は、健康判断にとっての体温測定同様、体力管理の結果をある程度の正確さをもって数値化したものである。もちろん、健康と体力が似ているといっても限度がある。ある一定の数値よりもさらに水銀柱が下がっていく体温計や、下がれば下がるだけ健康の証になるような体温などは想像できないからだ。

現在流行の「体力管理」のモデルにあわせるかのように、健康管理（あるいは、自己管理）の拡大にも火がついたわけだが、イヴァン・イリイチなどは、最近、「健康の追求自体が、病気発生の原因となっている」とさえいっている。診断の対象は人間個人ではない。診断の真の対象が、患者の病気から派生すると予測されるつぎの病気、あるいは、派生の可能性であることがふえてきている。

健康をリスク回避の最良の手段ととらえる傾向は、確実に強くなりつつある。とにかく、からだを鍛えあげ、体力増強をはかる消費社会の住人が、医者に期待し、望むのはリスクの最大限の回避である――そして、医者に失望し、敵意をいだくのは、医者がそれを怠ったときである。テュービンゲンの一人の医者が、妊婦に障害児の生まれる具体的確率を告げず、確率は「高くない」としか伝えなかったがために、有罪に問われたことがあったが、これなどは上の傾向を端的に示す例であろう。(16)

悪霊払い《エクソシズム》の儀式としての買い物

「からだの持ち主」は、獲得不可能ともいえる体力をもとめつつ、定義が曖昧化し、「体力」の意味に近くなった健康にこだわるがゆえに、恐怖と不安にとらわれ、用心深く、慎重になり、節制にもこころがける――こうした態度は消費社会の論理と矛盾し、大問題をひきおこす可能性を秘める。しかし、この結論は正しくない。内なる悪霊を払うには、積極的態度と行動が必要となる――必要なのは内面へのひきこもりや静止ではない。消費社会のほとんどの行動がそうであるように、積極的行動も安くはつかない。積極的行動には消費社会のみが供給しうる、特殊な装置と道具が不可欠である。「自分のからだを敵に包囲された砦」とみる態度は、禁欲、節制、自制に直接結びつかない。そうした態度は積極的消費、なかんずく、商業的「健康」食品の消費を生む。有害な副作用が確認され、市場から回収されるまで、体重を気にかける人たちにもっとも人気のあったのはゼニリンとよばれていた薬で、「たくさん食べて、たくさん減量」というキャッチフレーズで売られていた。バリー・グラスナーの試算によれば、一九八七年の一年だけで、アメリカ人が健康、体力増進に費やした額は、ダイエット食品で七四〇億ドル、ヘルスクラブで五〇億ドル、ビタミン剤で二七億ドル、運動器具で七三八〇億ドルにのぼるという。(17)

人々が「商品をみてまわる」のには、多彩な理由がある。したがって、買い物癖をおこす原因の還元論的説明では、理由をつかみきれないだろう。衝動的買い物癖を、ポストモダン的価値革命の体現と解釈したり、買い物中毒を隠れた物欲と享楽的本性の顕在化として描いてみせたり、また、快楽追求があたかも人生の最大の目標であるかのように訴えて欲望を人工的に（あるいは、巧みに）煽る「商業界の陰謀」の結果ととらえたりしても、それらは、せいぜい、真実のほんの一部しか語ったことにはならない。こうした説明に決定的に欠けているのは、中毒化した買い物癖が、じつは、途切れたことのない激しい不安、自信欠如の不満や焦燥感などとの苦闘からきているという分析である。

多くの人間が同時に同方向に走っているとき、ふたつの問いを投げかけてみる必要がある、といったのはT・H・マーシャルだった。人間はなにを追いかけて走っているのか。人間はなにから逃れて走っているのか。消費者はさわって、見て、聞いて心地よい刺激を追いかけ、スーパーやデパートに陳列された、色とりどりの商品が期待させる味覚の愉しみを追いかけ、また、専門家のカウンセリングからえられるだろう安心を追いかけて走っているのかもしれない。しかし、人々は不安という苦悩からの退路も模索している。人々は、一度でいいから、失敗、怠慢、不注意をおかすかもしれないという不安から解放されたいと望んでいる。そして、人々は一度だけでも、自信と、確信と、信頼を手にいれたいと願っている。そこで、買い物をするとき、人々は商品に神々しい輝きが充溢するのを目撃し、確実性の獲得を予感するのだ。

　買い物癖、買い物中毒には、不安、不信というかたちで、夜な夜な出没する身の毛もよだつ妖怪の、日中おこなわれる悪霊払い《エクソシズム》の儀式という機能がふくまれているにちがいない。この儀式は、まさに、日ごとに実行される。それは、たとえば、スーパーの棚に陳列された商品のほとんどには、「賞味期限」があるからだし、客を商店にひきつけるそもそもの理由である不安を、商品が一度に根こそぎ解消するとまではいかないからだ。あきらかな不完全性、欠陥にもかかわらず、悪霊払いが重要であり、続けられているのは、その不思議な性質のためだろう。悪霊払いが有効で、好ましいのは、実際に妖怪を退治できるからでなく（実際、退治されたことなどめったにない）、儀式の実行自体に意味があるからである。悪霊払いがおこなわれているかぎり、妖怪にもまだ敵が残ることになる。消費者社会では、あらゆることが素人大工的やり方でなされる。だとすれば、買い物以上に、素人大工的悪霊払いの必要条件をそろえたものはないだろう。

買い物の自由、あるいは、そうみえるもの

　現代人の苦悩は、世界を完全に所有しきれなかったことだ、とアルベール・カミュは記している。目的達成の鮮明な瞬間をのぞき、すべての現実は不完全である。行動は人間をするりとすりぬけて、

別の行動のかたちをとり、思いもかけない姿となってもどってきては、人間を判定し、タンタロスが飲もうとした水のように、みつけだせない穴のなかに消えてしまう。

心の内側をのぞきこむとき、だれもがこの事実を発見する。人生をふりかえったとき、われわれの歩んできた一生が世界について教えてくれるのは、このことである。しかし、われわれの周囲については、どうやら、そうでもないようにみえる。他者、とくにわれわれのよく知った他者にかんしては、「かれらを遠くからみると、その存在に、ほんとうはあるはずのない一貫性と統一性があるようにみえてくる」。これは、もちろん、目の錯覚である。距離ゆえに（つまり、われわれの知識の貧困さゆえに）、他者の細部はぼやけ、統一性《ゲシュタルト》に反する要素がなにもみえてこないだけだ。いずれにせよ、われわれには他者の生活を、まるで芸術作品であるかのようにみる傾向がある。そこで、われわれは他者と同じ生活をしようと苦労する。つまり、「あらゆる人間は、自分の生活を芸術作品にしようとする」のである。(18)

人生という粗末な材料を使ってこしらえあげた芸術作品は、「アイデンティティ」と呼ばれる。アイデンティティを云々する場合、われわれは頭のすみで、調和、論理、統一といったもののイメージを、おぼろげに連想しているものだ。みずからの人生の流れに絶望的に欠けているようにみえるのは、こうした要素である。アイデンティティの追求とは、流れをとめ、あるいは、流れの速度をゆるめ、液体を固体化し、非形態に形態をあたえる連続的闘いのことをいう。外見という表皮をめくると、そこはぐずぐずの流体であることを、われわれは必死に否定、あるいは、隠蔽しようとする。われわれは凝視するにたえない光景、うけいれがたい光景から視線をそらすものだ。しかし、アイデンティティによって流動はおさまるどころか、しずまりさえしない。第一、アイデンティティ自体、凝固するまえに溶解してしまう、溶岩の上にのった、かさぶた岩のようなものでしかないのだから。そこで、別のとりくみが試される。手がかり、足がかりになりうるような、固くて持続性があるものに、アイデンティティをとにかく繫留してしまおうという試み。繫留地としての適切さ、永続性の期待は二の次である。ドゥルーズとガタリはこういっている。「欲望は連続した流れと、元来、断片的であり、断片化されている部分的事象をつねに結びつける」[19]。

アイデンティティが固定、確立してみえるのは、それに外側から一瞬眼を向けたときだけだろう。伝記的経験の内面から眺めれば、アイデンティティは脆弱で、傷つきやすく、流動性を暴露する力、形あるものすべてを押し流す破壊的逆流によって、ボロボロにされているようにみえるはずだ。

現実のアイデンティティは空想、夢想という接着剤でのりづけされ、なんとかかたちを保っている。かといって、経験からもわかるとおり、より強力な接着剤――簡単に溶けて消えてしまう空想より粘着力の強い物質――を使うことは、空想、夢想がなくなるのと同じくらい不愉快なことだ。エフラット・ツェエロンがいうように、この場合のもっとも効果的な接着剤はファッションだろう。ファッションは接着剤として、空想ほど強くも、弱くもない。それは「行動に関与することなく……結果の責任を問われることなく、限界まで探求できる方法」だからだ。ツェエロンがいうところによれば、「おとぎ話のなかで、お姫さまにお姫さまとしてのアイデンティティをあたえるのは、魔法の衣装であって、シンデレラを舞踏会に送りだすために、彼女に衣装を着せた妖精はこれを熟知していた」[20]。

アイデンティティのほとんどすべてが一過性的、非固定的であることを考えれば、それを空想的に形成するいちばんの近道は、アイデンティティのスーパーマーケットで「適当なものをみてまわる」こと、消費者の自由として、アイデンティティを選択し、好きな期間だけ所持することだろう。こうして人々は、アイデンティティを意のままに形成し、自由につくりなおす。あるいは、そうしているかにみえる。

消費依存、買い物への普遍的依存が、消費社会においては個人的自由、とくに、他者と異なる自由、「アイデンティティをもつ」自由を獲得するための必須条件となる。いろいろな髪型や髪の色をした女性たちを登場させたあるテレビコマーシャルは、本気で（だが、コマーシャルの本質を知っている、洗練された消費者に向かっては本気ではありませんと、ウィンクしながら）、それらの女性たちの下に「みんなユニーク、みんな個性的、みんなXをつかっています」（Xというのはヘア・コンディショナーの商品名）というキャプションをつけた。大量生産されたひとつの製品が、多様な個性を生む道具となる。「ユニーク」で「個性的」であるはずのアイデンティティが、だれでも買える商品によって形成される。これは降伏によって、独立をえるようなものだ。『エリザベス』という映画で、英国女王となったエリザベス一世は「みずからの性格を変え」、女でなく「先王の跡取りとなり」、廷臣に服従を強制する決心をするとき、髪型を変え、職人によってつくられた白粉をあつくぬり、職人によってつくられた宝石で、新しく頭を飾った。

自由な消費選択に基礎をおく自由、あるいは、大量生産商品の消費によるアイデンティティ形成の自由が、どこまで本物で、どこまで偽物か判断するのはやさしくない。少なくとも、このような自由は、市場の提供する装置や物資なくして成立しない。しかし、これらが供給されたとしても、消費者にゆるされる空想、実験の自由はどれほどのものだろうか。

消費者が依存しているのはまた、購買という行為だけにかぎられない。たとえば、マス・メディアの、集団的にしろ個別的にしろ、大衆の想像力におよぼす、すさまじい影響力を思いおこしてもらいたい。テレビ画面に遍在する「現実より現実的」で強力なイメージは、現実をはかり、評価する尺度、「現実」生活改善の刺激となる。画面にうつる生活のイメージは、現実の生き方を矮小に、そして、あじけなくみせるはずである。現実的でないようにみえるのは、むしろ実際の生活のほうで、テレビのイメージにあわせて生活を変えないかぎり、現実生活の非現実感は変わらない（生活の現実性を完璧にするには、まず、消去や、重ね撮りが簡単にできるビデオテープに、それを「録画」しておくことだ）。クリストファー・ラッシュはつぎのようにのべている。「現代生活は電子的イメージをとおして、徹底的に視覚化されているため、近代以前の活動も、まるで映像として記録され、放映されていたかのように、あるいは、後世の精査にゆだねるため、映像保存されていたかのように錯覚しがちである[21]」。

ラッシュはのちに出版された本で[22]、読者につぎのように語りかけている。「アイデンティティは、古くは、人、物両方にかかわるものだった。両者は現代社会において、固体性、確実性、継続性を失った」。ラッシュは「すべての固体の溶解」という普遍的傾向の主役が、物であると示唆している。なぜなら、物がアイデンティティの象徴であり、また、アイデンティティ獲得の道具でもあって、人間はそれに追随するだけだからだ。エンマ・ロスチャイルドの、あの有名な自動車産業研究に言及しながら、ラッシュはつぎのようにいう。

毎年のモデルチェンジ、性能の向上、製品と社会的ステータスの連結、無限の変化をもとめさせる消費者教育といった、アルフレッド・スローンのマーケティング改革は、ヘンリー・フォードの生産改革とともに、改革の両輪をなす……。両者は冒険、思考の独自性をみとめず、判断力にたいする、極端な場合には、嗜好にたいする自信を、個人から奪ってしまった。だれかから教わったわけではない自分の趣味、好みは、時代遅れのような気がしてきて、趣味や好みを変える必要性を感じるのだ。

アルフレッド・スローンはのちの世界的傾向を、もっとも早い時点でとらえていたひとりだった。今日型の商品生産は、「世界を耐久物資のそれから、すぐに旧式化してしまうよう設計された、使い捨て製品のそれへと変えた」。この変化がもたらした結果については、ジェレミー・シーブルックが鋭く、つぎのように分析している。

資本主義では、商品が人々に届けられるのでなく、人々が商品に届けられる。つまり、人々の性格、感受性を……商品、経験、刺激にあうように、作りかえ、作りなおす……。商品、経験、刺激を売ることだけが、人々の生活に形と意味をあたえる。[23]

不安定なアイデンティティの原材料に、意図的にもろい材料が使用される世界においては、われわれはつねに臨機応変でなくてはならない。とにかく柔軟性と、外的世界の変化にすばやく対処できる適応性を保持しておかねばならない。トマス・マシーセンが指摘しているように、ベンサムとフーコーのパノプティコンの比喩では、権力の機能は、もはや、とらえられなくなってきている。時代はパノプティコン型社会からシノプティコン型社会へと移行している、とマシーセンは主張する。つまり、少数が多数を監視する社会から、多数が少数を監視する社会へと変化しているというのだ。(24) パノプティコン的監視は抑圧的な力を温存したまま、シノプティコン的見世物にとってかわられた。以前なら、強制的に人々は基準に服従させられたが、いまでは、甘言と誘惑が人々に基準を遵守（非常に融通のきく基準を、柔軟な適合力をもって遵守）させる。したがって、基準への服従は外圧によるものでなく、自由意思の発動によるものにみえる。

こうした真実はなんどくりかえし指摘されてもいい。外見、表皮、みかけの裏に隠された内的本質という、「自我のロマン派的概念」の亡骸が、いま、人為的に復活させられつつあるからだ。復活はポール・アトキンソンとデイヴィッド・シルヴァーマンがいみじくも名づけた「インタヴュー社会」（「個人的、私的人格をあきらかにするのに、インタヴューに頼る」）と、大量の社会研究（「自我の個人的真実にたどりつくのに、個人的な物語《ナラティヴ》をさぐり、解剖学的にこまごまと調べ、そこに内的真実の光をみいだそうとする研究」）の共犯による。アトキンソンとシルヴァーマンはこうした行為を、つぎのように批判する。

社会科学は私的物語《ナラティヴ》を収集して、自己をあきらかにするのでなく、伝記的研究の物語《ナラティヴ》をとおして自己性をつくりあげる。
暴露の欲求、欲望の暴露はある種の権威を、その権威が疑問視されているときでも、付与するかのようにみえる。(25)

かれらがいうように、こうした権威はじつに疑わしい。私的物語《ナラティヴ》は、「私的真実を描く」ために、メディアがこしらえた虚構にすぎないことは、多くの研究の証明するところである。本物とされる自己の虚構性は、真実をよそおう見世物——詳しいインタヴューや、トークショーに代表される告白番組などの公開儀式——が隠す。見世物はでたいと身もだえする「内的自我」に出口を供給する。見世物は消費社会版「感情教育」の手段である。これによって「完全に個人的なアイデンティティ」の織り糸である感情があきらかになり、おおやけに認められることになる。

ハーヴィ・ファーガソンは、これをつぎのように言いあらわしている。

ポストモダン世界においては、あらゆる特徴は流動化し、境界は消滅し、すべてが正反対にみえることもある。そして、皮肉にも、ものごとはそれぞれ根本的、本質的に違っているわけではないが、どこか、なんとなく違っていると思われてくる。

こうした世界で、アイデンティティへの関心は、これまでとはまったく異なった光沢をもつようになる。

「アイロニーの時代」は外見が唯一の真実として神聖化される「魅惑の時代」へと変わった……

近代は「正統的」自我の時期から、「皮肉な」自我の時期におよび、「連結的」自我とでも呼ぶべきいまの時期にいたった。「内なる」精神と、社会組織という「外の」形態との関係を、継続的にゆ

るめていくという意味で、連結的なのである……。アイデンティティが揺らぎつづけるのはこのためである。(26)

文化を分析する者の顕微鏡に映されたとき、現状はこのようにみえる。偽物がおおやけに生産されているという図柄はまちがいではないだろう。これを証明する証拠は十分すぎるのだから。しかし、この図柄が真実であるかどうかは、「真実をよそおう見世物」の影響の判断には重要でない。アイデンティティの確立、再確立という人為的必然性とはなにか、必然性が人間の「内面」でいかにとらえられているか、必然性がいかに体験されているかのほうがより重要である。分析者の目に本物と映ろうが、偽物に映ろうが、とにかく、今日の消費社会における自由とは、アイデンティティのゆるい「連結的」形状、「商品をみてまわり」、真の自己を拾い、捨て、「動きまわれる」機会のことである。消費者選択は、いまや、独立の価値をもつにいたった。選ばれたものよりも、選ぶという行為自体が重要で、誉められるか批判されるか、好まれるか嫌われるかは、展示された選択の幅によって決まるのである。

しかし、選択の幅がひろく、あらたな経験の可能性が無限であるかのようにみえたとしても(あるいは、みえるがゆえに)、そうした状況は、選択者の生活にとって、ありがたくもあり、ありがたくもない。こうした生活に危険はつきものだ。選択の自由という、本来、すばらしいはずのもののなかには、不確実性が汚点のように、残りつづけることになる。くわえて(これはたいへん重要なことだが)、買い物中毒の人間の満足と失望は、たんに陳列された品物の幅だけでは決まらない、ということも指摘されるべきだろう。すべての選択肢が現実的であるわけではない。どのくらいの数の選択肢が現実的なのかは、選択される商品の数によって決まるのでなく、選ぶ側の能力によって決まるからだ。

能力が豊かなとき、人々は猛スピードで動く標的についていくため、正しいか、まちがいかわからないが、ものより「優位に立ち」、ものより「先に」いたいと願う。また、危険性や不安定さを低くおさえようともする。そして、不安との戦いが終わるのか、終わらないのか皆目見当のつかないような状況を、豊かな数の選択肢によって忘れようとする。気分をはずませるのは走ること自体であり、疲れても、楽しさは決勝点ではなくコースの上にある。「目標に向かっているときが幸せである」ということわざが、この状況にぴったりあてはまるではないか。目標に到達して、選択の必要がなくなることは、非常にあじけないことで、きょう選択したものも、あすには選択し直されねばならないという状況より、はるかに恐ろしい状況なのだ。望ましいのは欲することで、満たされることではない。

走る熱意は筋肉の弛緩とともにおとろえる――危険、冒険を好む傾向は、能力の低下とともに消滅し、ほんとうに好ましい選択ができる機会も少なくなるだろう。しかしながら、こうした予測には当然反駁もある。走者は多種多彩であり、数も多いのに、コースのほうは多数の走者にたいして一本きりだという反駁。ジェレミー・シーブルックはこう指摘する。

　貧乏人と、金持ちは異なる文化に生きるわけではない。貧乏人は金持ちに利益をもたらすようにできた世界に住んでいる。(27) かれらの貧困は経済が成長しても増大し、景気不振、経済成長停止になればさらに深刻化する。

買い物中毒者・見世物中毒者たちのシノプティコン的社会にあって、貧しい者は眼をそらすことができない。眼をそらす場所さえないからだ。テレビの画面に映しだされた自由が大きければ大きいほど、ショッピングモールの飾り棚からの誘惑が強ければ強いほど、現実の貧しさの実感は拡大され、選択の至福を、一瞬でもいいから味わいたいという欲望は抑えがたくなる。富める者の選択肢が大きければ大きいほど、選択のない生活は、あらゆる人間にとって、耐えられないものとなるのだ。

ひとりで、われわれは買い物する

買い物中毒社会が究極の評価をあたえたのは、消費における選択肢の豊富さ、消費物資を選ぶように生活が選択できる自由だった。これらは逆説的にも、享受者たちより、傍観者たちにより甚大な影響をあたえた。選択の達人である、資産と才能に恵まれたエリートたちの生活様式は、映像化されるなかで決定的な変化をとげる。かれらの生活様式は社会的ヒエラルキーをくだって浸透していくのだが、そのさい、映像的シノプティコン、減少していく資産・能力のふるいにかけられて、一種の戯画、醜悪な代用品と化す。「浸透」によりできあがった生活様式は、もとの生活様式が期待させる満足のほとんどをはぎとられている――潜在的破壊性だけは残して。

生活がおわりのない買い物であるならば、世界は、さしづめ、消費物資が天井まで詰まった倉庫だろう。気をそそる商品が潤沢に提供されたとしても、各商品の欲望充足の潜在能力は、時をへずして枯渇する。金持ちの消費者は幸運で、かれらは資産によって商品化のもたらす不愉快な現象から守られている。かれらは欲しいものを買ったときと同じくらい簡単に、不必要となったものを捨てることができる。急激なおとろえ、欲望に組みこまれた退行、欲望充足のはかなさからも、かれらは守られているのだ。

資産の豊かさは選択の自由を意味するが、同時に、選択の自由がゆるされた生活のもっとも大きな欠陥、つまり、選択失敗による影響からの自由も意味する。たとえば、「肉欲的セックス」「恋愛関係」「自由恋愛」といった人間の性や愛の商品化、消費を、アンソニー・ギデンズは解放の手段、解放ののちにおとずれた幸福の証明――それまで経験したことのなかった自由、自立性――としてとらえた。しかし、富と権力をもつ、流動的エリートたちにさえ、こうした新しい男女関係が、等しく解放だったかどうかは、疑問の残るところだろう。エリートのなかでも、ギデンズの主張がそのままあてはまるのは、性や愛のパートナー同士のうち、より強い、力のある一方だけである。性や愛でさえ、一方は相対的弱者であり、欲望の自由な追求に必要な資産・資質に他方ほど恵まれない。アイデンティティの変化は個人的な出来事かもしれないが、変化には関係の切断、義務の放棄がふくまれる。弱いほうの立場の人間は、変化がおこった場合、選択の機会をあたえられるどころか、相談をうけることもない。

「自由な関係」はこうした「副次的影響」をおよぼすとしても、立場と権力のある者は、慣習的離婚調停、子どもの養育費負担といった制度によって、自由な男女関係につきものの不安から守られる。また、こうした制度によって、「損失を最小限」にとどめる権利、一度おかした罪や過ちのために、一生悔恨の日々をおくらなくてもすむ権利が手にはいるのだとすれば、残る不安がどんなものであったとしても、代償としては高くないだろう。拘束力の弱い新しい婚姻関係、パートナー同士の平等な満足に欠けた「恋愛関係」が、ヒエラルキーをくだって貧しい、弱い立場の人たちの層に「浸透」していったとき、多くのみじめさ、苦しみ、痛みを産みおとし、愛と展望のない生活破壊を残すことになる。

以上を要約すればこうなるだろう。「選択と購買」中心の生活を特徴づける、アイデンティティの流動性と柔軟性は、自由の再分配の手段にはなっても、解放の媒介にはならない。それゆえ、流動性と柔軟性は祝福でもあり、呪いでもある――魅惑的で、待望される一方、忌避され、恐れられるといったふうに、人々に矛盾した反応をひきおこす。それらは一貫性のない、なかば神経症的な感情を生みだす曖昧な価値である。ソルボンヌ大学のイヴ・ミショーは、これについてつぎのようにのべている。「機会が多すぎると、破壊と、断片化と、脱線のおそれが拡大する」(28)。自己同定の作業には、破壊的副作用がともなう。それは心理的葛藤の核となり、非両立的衝動の発生のひきがねとなる。自己同定はすべての人間が例外なくおこなう作業でありながら、結局は、個人がそれぞれ非常に異なった条件のもとでおこなわなければならないがために、それは協力と団結を誘発するような統一的状況よりも、分裂と過酷な競争という状況をつくりだすのである。

3　時間／空間

英国生まれで南アフリカ在住の建築家ジョージ・ヘイゼルドンには夢があった。それはえたいの知れない人間の徘徊する、ぶっそうな通り、貧民街、犯罪多発地区をかかえる現代の一般的な都市とはまったく異なった都市をつくることだった。ヘイゼルドンの夢の都市とは、厚い城壁、小塔、掘割、跳ね橋に囲まれた、中世城壁都市を現代風にハイテク化し、世界の危機や危険からしっかりと守られているものだ。共生を監視し管理したいという個人の要請にあわせてつくられるのがこの都市だ。かれ自身もいうように、夢の都市は、モン・サン・ミッシェルのような修道院に似たものであると同時に、侵入不可能な、難攻不落の砦のようなものでもある。

ヘイゼルドンの青写真をみたものはみな感じるだろうが、「修道院」として想像された箇所は、ラブレーのテレーム、つまり、脱俗し、私《わたくし》を捨て、敬虔に祈りと断食をくりかえす、禁欲主義者たちの隠遁場所ではなく、幸せを唯一の掟として、喜びと、楽しさだけを強制するような都市をモデルとしている。「砦」のほうは本物の砦をモデルにする。ケープタウン近郊の五百エーカーの土地に、ヘイゼルドンがゼロから建設しようとした都市、ヘリテージパークは、他のどんな都市とも趣を異にする――高圧電流のとおったフェンス、カメラで監視され、柵で仕切られた進入路、武装した警備員。

ヘリテージパークで不動産を購入できるだけの余裕があれば、ひとは人生の大部分を、町の門をでた瞬間から待ちうける、騒然とした、手のほどこしようのない、恐ろしく危険な野蛮さと無縁でいられるだろう。店舗、教会、飲食店、遊園地、森林、中央公園、鮭の放された湖、遊び場、ジョギング・コース、運動場、テニスコート、将来、生活習慣の変化にあわせてつくられねばならない施設のための予備地といった、贅沢な生活に必要なものはすべて、ヘリテージパークに備えられている。われわれのほとんどが暮らす都市にたいする、ヘリテージパークの利点を説明して、ヘイゼルドンは率直にこうのべている。

現在の第一課題は安全です。好むと好まざるにかかわらず、安全か否かは、たいへん大きな違いなのです……。わたしが育ったころのロンドンには、まだ、共同体がありました。だれもみんなの顔を知り、なにかあると、ひとはその子のお父さんやお母さんに連絡する共同体だったから、なにも悪いことはできませんでした……。それと同じようなもの、安心してくらせる共同体をここにつくりたいと思います。(1)

ヘリテージパークの本質はこれだろう。ヘリテージパークに家を一軒買うことが、共同体への入場券となる。「共同体」は幸福な社会という古典的ユートピア像のなかから、唯一生き残った概念である。共同生活のよき規則にしたがいながら、よき隣人たちとよき生活を共有しようという夢のうち、忘却からまぬがれたのが、この「共同体」という概念だった。しかし、現実にあわせ、スケールを小さくした、調和を核とするいまのユートピア像は、隣近所以外は視野にいれれない。だとするならば、「共同体」がよいセールスポイントになるのも無理からぬことである。また、土地の開発者であるジョージ・ヘイゼルドンの配布するパンフレットが、共同体に焦点をあて、おいしい飲食店や景色のいいジョギング・コースは他の町にあったとしても、ヘリテージパークのような、共同体という決定的付加価値のついた飲食店、ジョギング・コースは存在しないと力説するのも無理からぬことである。

しかし、この共同体的結束の意味はなにか、注意してもらいたい。ヘイゼルドンが幼年時代をすごしたロンドンのような共同体、そして、南アフリカの処女地にたちあげようと望む共同体は、まず第一に、厳しく監視された領域のことである。そこでは、迷惑をおこし、恨まれた人間は、即座に罰せられ、再教育される――一方、流れ者、放浪者、「部外者」、侵入者は領域にいれられないか、捕まるか、追いかえされる。好意的に記憶された過去の共同体と、現代的模倣のちがいは、ヘイゼルドンの幼年時代の記憶にあるそれが、共同体生活者自身の目、口、手によって自然につくられたのたいして、ヘリテージパークのそれが、隠しテレビカメラや、検問所で証明書を確認し、目立たないように（必要なときは、わざと目立つように）通りを巡回する、何十人もの武装警備員に任せてつくられていることだ。

ヴィクトリア州、法精神医学研究所の精神科医のグループは、最近、「ストーカー被害の虚偽の訴えをおこす人間が増えた結果、被害の規模、深刻さに疑問がわき、公金のむだな支出にもつながっている」と発表した。レポートを書いた精神科医は、「真の被害者に使われるべき」[2]公金が、むだに浪費されている、とものべている。みずからの不幸せ、屈辱的敗北、生活上の欲求不満の原因を、他人の悪意、残酷な策略にもとめようとする人間は跡を絶たない。新しいのは、悪魔、夢魔、悪霊、小鬼、凶眼、いたずらな妖精、魔女にかわって、ストーカーに（徘徊者、侵入者とともに）罪が押しつけられているということだ。「偽の被害者」の出現が、「ストーカー被害の規模と深刻さ」を疑わしくさせているのだとすれば、それは「ストーカー行為」が、われわれ現代人につきまとう遍在的恐怖の代名詞となっているからかもしれない。ストーカーがどこにでもいることは、公然の事実であり、ストーカーの犠牲者になるのではないかという不安はひろく存在する。ストーカー行為の対象になる脅威にあ、や、ま、っ、てとりつかれた人間が、現在、「公金」をむだに支出させているのだとすれば、それはストーカー、徘徊者など――本来いるべきでない場所にはいりこむ劣等な人間たち――を追跡するための公金がすでに準備されているからかもしれない。また、町をストーカーから守ることは、かつて、家屋の悪霊払いがそうであったように、十分価値のある行為とみなされ、ひとを神経質に、臆病に、疑い深くさせる不安や危険から解放する、適切な方法とみられているからかもしれない。

マイク・デイヴィスの『水晶の町』（一九九〇年）を引用しながら、シャロン・ズーキンは、住民の安全への不安や、住人によって選ばれ、あるいは、雇われた警備員の出現ですっかり様変わりした、ロサンジェルスの公共スペースの景観をこう描いている。「ヘリコプターがゲットー地区の空をブンブン旋回し、警官が十代の青少年をギャングであるかのように殴りつけ、金持ちは、恥ずかしくもなく、まるで要塞のような家を買う」。一九六〇年代から七〇年代はじめは、「都市生活の恐怖が習慣化していく、重要な分岐点だった」、とズーキンはいう。

貧困の廃絶、人種的対立の解消、すべての人間の公共制度への組み込みといった州政府の政策を、そのときの有権者やエリートは選択できたはずだった。しかし、かれらは警備を充実させる途をえらび、警備保障産業を肥え太らせたのだ。

「日常的恐怖にあわせた政治」が、ズーキンの呼ぶ「公的文化」のいちばんわかりやすい敵である。「危険な通り」という、血も凍える妖怪の出現によって、人々は公的空間には近寄らず、公的生活の共有に必要な手段や技術には眼も向けなくなった。

刑務所の数をふやし、死刑制度を復活するという「厳罰主義」は、恐怖にあわせた政治ではひろくみられることだ。「全員、刑務所にぶちこめばいい」といった極論を、わたしはバスのなかで聞いたことがある。もうひとつ、恐怖にあわせた政治でひろくみられるのは、公的空間の私有化、武装化で、道路、公園、店舗までも安全な、しかし、同時に不自由な場所にすることである(3)。

内容でなく、注意深く監視された境界によって定義される共同体。雇われた武装警備員による出入りの管理と解釈される「共同体の防衛」。公衆の敵のなかでも、第一にランクされたストーカー。限られた人間だけが近づける、守られた区域へと矮小化された公共の場。共通性をさがすことなく、差異を処罰し、分離する態度。これらは都市生活の発展とともにあらわれた、いくつかの顕著な状況である。

見知らぬ者が見知らぬ者と出会うとき

リチャード・セネットの古典的定義によれば、都市は「見知らぬ者同士が出会う共同社会[4]」である。わたしなりの定義をつけくわえれば、見知らぬ者同士は、あくまで、見知らぬ者という資格で偶然に出会い、出会いがそうであったように、別れも突然おとずれる。見知らぬ者同士は、見知らぬ者にふさわしいかたちで出会う。かれらの出会いと、親戚、友人、知合い同士が会うのとは同じではない。それと比較すれば、見知らぬ者同士の出会いは、さしづめ、非出会い、ということにでもなるだろう。見知らぬ者同士が出会っても、過去とのつながりの感覚はなく、会わずにいたあいだの試練、苦悩について、あるいは、喜び、楽しさについて語らうこともなく、共有する思い出もない。また、共通のよりどころも、進展させる共通性もない。見知らぬ者同士の出会いは、過去のない出会いである。それは、たいてい未来のない出来事（むしろ、未来とは無縁であることが期待され、望まれる）、「つづきのない」物語、その場で完結し、やりのこしても、次回にもちこせない、一回かぎりの偶然である。偶然出会った見知らぬ者同士は、たよれる唯一の支えを、かれらの外見、ことば、しぐさという、細い、巻かれていない編物糸から、みずからの腹から出した糸で編み上げた巣が全世界であるクモのように、編んでいかねばならない。出会いはぶっつけ本番としてくるのであって、まちがいはゆるされず、過ちから学ぶこともできず、やり直しもきかないのだ。

とすれば都市の生活には特殊で、洗練された種類の技術が必要なのであって、そうした技術すべてをセネットは、「市民性」という見出しのもとでまとめている。

　他人からの干渉をうけずに、他人とのつきあいを楽しむ行動。仮面をかぶるのが、市民的であるには不可欠である。仮面をかぶることによって、力、弱さ、個人的感情は切り離され、純粋なひとづきあいができるようになる。市民的であることの目的は、自分に忠実であることの重荷を、他人に押しつけないことである[5]

この目的は、当然、双方向的に追求されることが望ましい。他人への干渉をさけ、不必要な重荷を他人に課さない努力は、他人の側でも同じ自制をみずからに加えないかぎり成立しない。市民性は言語と同じく、「私的」ではありえない。それは個人が習得し、個人が実践することかもしれないが、それ以前に、社会環境の要素のひとつであった。そもそも、都市環境自体が市民的でないとすれば、居住者が市民的となるための、むずかしい技術を習得しようとすることもないだろう。

しかし、都市的環境が「市民的」であるとは、また、市民的であろうとする個人の態度に適した環境とは、いったいどんなものなのだろうか。なによりもまず、公的ペルソナとして、人々が共有できる空間をそなえた環境のことである——仮面のとりはずし、「自分自身のさらけだし」、「自己表出」、内的感情の吐露、思想や夢や悩みの告白が、勧められ、教唆され、強制されたりすることのない空間をそなえた環境。また、共通利益が個人的利益の総計をこえる環境、個人的努力を積みあげただけでは達成できない目的を共有する環境、個人的関心や欲望をすべて記録したリストより、さらに長い、項目の多い問題リストをかかえる環境のことである。したがって、「公的仮面をかぶる」とは、殻のなかに閉じこもり、他者との交流やかかわりから身をひく孤立主義や、「真の自我」の隠蔽主義ではなく、社会参加、共同参与といった行為のことだ。

現在、都市には「公的空間」と呼ばれるものが無数に存在する。種類、規模はさまざまだとしても、これらのほとんどはふたつの範疇に分類されるだろう。どちらの範疇も、公的空間の理想とは大きくへだたり、それぞれ矛盾しながらも、相互補完的なふたつの傾向をもっている。

フランソワ・ミッテランは（個人としての欠点、大統領としての欠陥と、大統領職自体の威厳、栄誉を切り離し、かれの在任時代の記念碑とするために）ラ・デファンスとよばれる巨大な広場を発案し、建設させた。ラ・デファンスは公的空間であるが、「市民的」都市空間とは呼べないふたつの範疇のうち、一番目の範疇の特徴をすべて体現しているといっていいだろう。ラ・デファンスをおとずれた者はだれも、親近感が欠けている印象をうける。見渡せるものすべては、畏敬の念をもよおさせるかもしれないが、長くいたいという気持ちにはさせない。だだっぴろい、もののない広場をぐるりとかこむ、奇想天外な建築物は、みられるためのものであって、とどまるためのものではない。上から下まで反射ガラスをはられた建物には、窓も、広場につうじる扉もないようにみえる。建物は、巧妙にも、面している広場に背をむけている。これらの建物は傲慢に、鈍感にうつる。鈍感であるから傲慢なのであって、これらふたつは補足的、相互補完的な特質である。広場の均質で単調ながらんどう感を、打ち消すどころか和らげてくれるものなどなにもない。休むベンチも、照りつける太陽をさえぎり、涼しい木陰をつくる木立もない。（たしかに、広場のいちばん奥には、幾何学状に配置されたベンチがある。それらは広場の平らな地面から、数フィートもりあがった舞台のような台の上にのっている。したがって、座り、休む行為は、見物以外の用事があってやってきた人たちすべての、見世物となるだろう。）ときおり、地下鉄の単調な時刻表にあわせて、用事のある人たちが、アリのような隊列をなして、地下から這いだしてきては、広場をかこむ（あるいは、包囲する）光輝く怪物と、地下鉄駅の出口を結ぶ石の歩道を足早によこぎり、視界から消えていく。そして、つぎの地下鉄が到着するまでのあいだ、広場はふたたび空っぽになる。

公的でありながら、非市民的である空間の、ふたつ目の範疇は、消費者のための空間、あるいは、むしろ、都市生活者を消費者に変身させる空間のことである。リサ・ウーシターロによれば、「消費者はなんの社会的交渉もたずして、音楽会場や展覧会場、観光地、スポーツ競技会場、ショッピングモール、カフェテリアといった、消費空間を共有する」[6]という。こうした場所では、行動 action はおこっても、相互関与 *inter-action* はおこらない。似たような行動をとる人間の物理的空間の共有は、行動に重要性をくわえ、「数による承認」と意味をあたえ、行動を疑問の余地を残さぬまで徹底的に正当化する。しかしながら、人間同士の相互関与は、個人のおこなう行動にとって、有益どころか、障害、邪魔でしかない。また、相互関与は買い物の楽しみになにひとつ貢献せず、目的追求への集中もさまたげる。

目的とは消費であり、消費は完全な私的娯楽、私的にのみ経験される感動だ。ジョージ・リッツァーの「消費の殿堂」を埋めつくす人々は、会衆でなく群集であり、軍隊でなく群れであり、有機的全体でなくたんなる総数である。アルチュセールのあの印象的ないい方をかりるなら、そうした空間に入る者は、入り口で個人かどうかの「審問」をうけ、連帯心を保留するか破棄するか、忠誠心を棚上げするか放棄するかの選択を迫られる。

混雑した場所では避けられない出会いは、目的にとっての障害でしかない。出会いは短く、表面的でなければならない。関係は出会った者の望み以上に、浅くてもいけないし、深くてもいけない。空間はこの原則を破るような人間からしっかりと守られている——あらゆる闖入者、おせっかい、やかまし屋、消費者や買い物客のすばらしい隔離状況に干渉するでしゃばりから。適切に管理され、厳しく監視され、厳重に警備された消費の殿堂は、物乞い、浮浪者、ストーカーといった人間とは無縁の、秩序の離れ小島であるか、少なくとも、そうあることが想定され、期待される場所である。人々がこうした場所に足をはこぶのは、会話を楽しみたいからでも、つきあいを楽しみたいからでもない。仲間がほしければ（あるいは、仲間がいてもかまわないならば）、人々は、カタツムリが家を背負うように、自分から仲間をつれてくるだろう。

嘔吐的空間、食人的空間、非空間、空虚な空間

消費の殿堂でおこることと、「殿堂の外」で展開する日常生活のリズムや傾向は、ほとんど、あるいは、まったく無関係だ。ショッピングモールにいくと、「よそにきた」という印象が強い(7)。バフチン的カーニヴァルでも「空間的トリップ」は経験されるが、これと消費の場にでかけることは同じではない。買い物のトリップにおいては、空間的移動が目的の第一であって、時間的移動は二の次である。

カーニヴァルは都市の変身、もっと正確にいうなら、ありふれた日常から都市が変身する幕間劇である。カーニヴァルは毎年、定期的におこなわれるが、期日は厳格に定められている。期間中、ふだん手

のとどくところにありながら、みることも、さわることもできない、日常的現実の「裏側」があきらかにされる。以前、カーニヴァルでみたという記憶があっても、カーニヴァルでまたみられるかもしれないという予感があっても、日常生活の「裏側」をあきらかにすることの意味が、完全に失われることはない。

消費の殿堂へのトリップは、バフチン的カーニヴァルとは様相を異にする。消費空間にトリップするとは、別世界に拉致されることであって、よく知られた世界が、魔法にかかったように、眼のまえで、みるみる姿を変えることではない。消費の殿堂が高速道路の出口近くの、市外でなく、市内に建てられたとしても、かつての「近所の雑貨屋」的なものと違い、都市の一部になることはありえない。それは一時的に姿を変えたふつうの世界でなく、「異次元」の世界だからだ。「異次元」的世界が成立するのは、カーニヴァルの場合のように、支配的規則が逆転、否定、ないし、停止されるときでなく、日常では獲得しがたい存在様式、ごくひと握りの人間にしか経験できないような存在様式が陳列されるときだ。

リッツァーの「殿堂」という比喩は、いいえて妙である。買い物／消費の空間は、まさに巡礼者を呼ぶ神殿のようなもので、毎年、地元の庶民が一堂に会する教区のカーニヴァルのようなものではない。カーニヴァルは現実のつらさは見かけほどでなく、つらい現実も変化可能であることを庶民に提示する。一方、消費の殿堂は単調で、堅牢な、日々の現実の姿しか映しださない。消費の殿堂とは、ミシェル・フーコーの「船」、「自己完結した存在でありながら、同時に、無限の大海原に身をまかせた、漂う空間、場所でない場所」(8)である。「無限性に身をゆだねる」ことができるのは、はるか母港をはなれて漂っているからだ。

毎日使用されたり、あるいは、使用されなかったりする場所とちがい、自己完結的な「場所でない場所」は、純化された空間でもある。それは混乱、汚染の要因、清潔さ、透明性をこわす原因ともなりうる多様性、差異をきれいに払拭したという意味での純化ではない。買い物／消費空間の魅力は、感覚的刺激の色彩豊かな、万華鏡的多様性によるところが大きい。しかし、買い物／消費空間内部の差異は、外部の差異とちがい、飼いならされ、除菌され、危険性がとりのぞかれ、安全宣言されたものばかりだ、ということもできる。こうして差異は不安なく楽しまれる。冒険につきものの危険性が一度とりのぞかれれば、純粋で、一点のくもりもない喜びだけが残る。買い物／消費空間は、「ほんとうの現実」ではえられないもの、つまり、ほぼ完全に均衡のとれた自由と安全を提供してくれるのだ。

外では手にいれようとしても手にはいらない、帰属意識、共同体の一員たる実感のようなものを、殿堂の内側で、買い物客／消費者はみつけだそうとしているのかもしれない。セネットもいうように、差異の欠如、「われわれみな同じ」という感覚、「みな同じ気持ちだから話しあう必要はない」という前提こそが、生活状況が多様化し、多義化するなかで重要性をます、「共同体」の意義なのであり、魅力なのである。「共同体」は「実生活」ではほとんどおこりえないような連帯感、「われわれみな同じ」といった同質性にもとづく連帯感獲得のための近道だ、といえるかもしれない。あるいは、獲得、維持の努力を要さない、予定された連帯感、目標ではなく「既存の事実」としての連帯感、成立の努力がなされる以前から、すでにあたえられた連帯感への近道、といえるかもしれない。セネット自身はつぎのように説明している。

共同体的連帯のイメージができあがるときには、人間同士なんの関与もなくてすむ状況が念頭におかれる……。共同体的連帯の神話を意図的に利用、あるいは、隠れみのにして、現代人は卑怯にも人間同士の関与を避けようとする……。共同体のイメージからは、「われわれ」のひととなりの衝突はもちろん、それらの違いは完全に排除されている。共同体的連帯の神話は、浄化の儀式でもあるのだ。(9)

しかし、問題は「アイデンティティ共有の感覚は……偽物」ということだろう。これが事実だとすれば、消費の殿堂を設計、管理、あるいは、経営する者はすべて、一流の偽造者、巧妙なペテン師であることになる。かれらの手口は、印象がすべてである。詮索をゆるさず、詮索されたとしても、反応しない。

殿堂でイメージは現実に変わる。ショッピングモールの通路をうめた群衆は、そこで差異（もう少し正確にいうなら、対立を生み、他者の他者性をうきぼりにし、調整を必要とするような重大な差異）のない、想像された理想的「共同体」を知覚する。したがって、理想的共同体は、取引、交渉、思いやり、理解、妥協をいっさい必要としない。殿堂のなかのすべての人間は、すれちがうすべての人たちが、同じ理由でそこをおとずれ、同じ魅力、同じ動機にうごかされ、支配されていると信じて疑わないだろう。「殿堂のなか」には、同一の目的と手段、同一の価値と行動の論理をもった、信者たちの真の共同体が形成される。結局、「消費空間」にでかけることは、失われた、どこかよそにいってしまった共同体をさがす航海である。数分であろうが、数時間であろうが、買い物をつづけるあいだ、ひとは「自分のような他人」、同じ宗派の信徒、仲間の信者とともに存在する。他人の他者性は、ここに存在しないわけではないが、人々の視界からうまく隠され、意識からはずされている。この空間は宗教的崇拝の場、想像された共同体だけがもつ純粋さ、清潔さをもつよう仕組まれている。

現代最高の文化人類学者、クロード・レヴィ゠ストロースは『悲しき熱帯』のなかで、他者の他者性に対処する方法が、人間にはふたつしかなかったとのべている。ひとつが嘔吐的方法であり、もうひとつが食人的方法である。

前者は根本的に異端とみえる他者を、体外にだし、他者との物理的接触、会話、社交、あらゆる種類の商取引、親交、婚姻を完全に禁止する方法である。「嘔吐的」方法のもっとも極端な例は、投獄、追放、殺害であった。空間的隔離、ゲットーの設定、空間的接近、空間共有の制限は、これのもうすこし賢く、洗練された例であった。

第二の方法は異物の、いわゆる、「非異物化」にあった。つまり、異質な肉体、異質な精神を「摂取」し「食いつく」し、新陳代謝にかけることによって、食べた人間の肉体と同一化してしまうことにあった。これにも人食いから、文化強制、地方的慣習、地方暦、地方的信仰、方言、「偏見」、「迷信」の撲滅運動にいたるまで、多様な形態があった。第一の方法が他者の追放による抹殺を目的とするのにたいして、第二の方法は他者性の帳消しによる抹殺を目的とする。

レヴィ゠ストロースの二分法が、「公的でありながら市民的でない」空間の二分法と、みごとに共鳴していたとしても、驚くにはあたらないだろう。パリのラ・デファンスは（スティーヴン・フラスティによれば、新しい都市改良計画のなかでも、評価の高い、非常に多くの「禁止空間」とならんで）[10]、「嘔吐的」方法の芸術化であり、「消費空間」は「食人的」方法の応用である。両者は、それぞれのやり方で、同じことに挑戦している。都市に生活するかぎり、見知らぬ人間と会う確率はたかく、これへの対処が、両者の挑戦なのだ。もし、市民的習慣が欠落しているか、十分発達していないか、しっかり定着していないのであるとすれば、対処には特別な「動力つきの」対策が必要となるだろう。二種類の「公的でありながら市民的でない」都市空間は、市民的能力の致命的欠落のおとし児である。両空間とも市民的能力の欠如が有害な結果をもたらす可能性に対応したものだった。しかし、対応は失われた市民的能力を研究し、回復させようというものではなく、それを都市生活に無意味で、不必要なものにしようというものだった。

これらふたつの対応のほかに、いま、いたるところにみられるものを、三番目の対応としてあげねばならないだろう。これはジョルジュ・ベンコが、マルク・オジェーにならって、「非空間」（さらに、ガローのいい方をかりれば、「不特定の町」[11]）と呼んだものである。「非空間」は、公的であっても市民的でない第一の空間と、いくつか特性を共有する。両者とも「定着」とは無縁で、植民も、同化もできない空間である。しかし、ラ・デファンスが通過と即刻の退去を唯一の目的とし、接近を制限し、迂回を勧める「立ち入り禁止区域」であるとしたなら、非空間は部外者の逗留、ときには、長逗留を許しながら、かれらをたんなる「物理的存在」、ほとんど無の社会的存在に変え、「通過者」としての特異な自我性を帳消しに、なしくずしに、無効にするような空間である。非空間に一時的にとどまる者は多様であり、おのおの個別の習慣と希望をもっている。しかし、ここでは、滞在中、そうした独自の習慣と希望は意義を失う。どんな差異があっても、部外者は行動の一定の指針にしたがわなくてはならない。いかなる言語を話そうとも、いかなる言語を日常生活の手段としようとも、だれでも読める行動を均一にする規則がここにはある。「非空間」ではさまざまなことがなされ、さまざまなことがなされる必要があるが、そこを真に居心地よく感じる者はない。にもかかわらず、かれらはまるで居心地がいいかのようにふるまう責任があると感じている。「非空間」は「アイデンティティ、関係、歴史の象徴的表現手段をもたない空間であって、実例としては空港、高速道路、個性のないホテルの部屋、公共交通機関などがあげられるが……歴史上、こうしたものがこれほど巨大な空間を占拠したことは一度もなかった」。

習得に時間のかかる、洗練された市民性は、非空間ではもとめられない。公的行動の規範が、二、三の簡単でわかりやすい指示にまとめられているからだ。こうした単純化があるため、非空間は市民性の学校にはなりえない。昨今、こうした場所が「非常に大きなスペースを占拠」し、これまでで最大の公的空間を占拠し、みずからの形態にあわせて変えたために、現代人が市民性を習得する機会は激減していたといっていい。

差異は吐きだされるか、食べられるか、遠ざけられるかするだろうし、それぞれの方法にはそれが実践される特定の場所がある。しかし、差異をみえなくする、あるいは、隠す方法もあるだろう。これが「空虚な空間」においてとられる方法である。この用語を考案したイェージィ・コチャトキェーヴィチとモニカ・コステーラは、空虚な空間をつぎのように定義する。

……なんの意味づけもなされない場所。そこは塀や壁で物理的に分離されていなくてもよい。そこは立ち入り禁止にしなくとも、みえないためにだれも入れない空虚な空間である。

もし……意味づけが、パターン化し理解し、驚きを一掃する行為のことをいうのだとしたら、空虚な空間の経験は意味づけされえない(12)。

空虚な空間とは、なによりも、意味を欠く空間のことだ。空っぽだから意味がないというのではない。そもそも意味をもたず、意味をもつことさえ期待されず、そして、空虚だと（もっと正確にいえば、みえないと）思われているから意味がないのだ。そうした意味を拒否した空間では、差異の処理問題など生まれようはずもない。処理するような相手がいないのだから。空虚な空間における差異の扱われ方は、部外者の影響を抑制、排除するために、他の空間が考案した扱い方より、はるかに徹底したものである。

コチャトキェーヴィチとコステーラがあげた空虚な空間は、取得されえない場所であり、また、設計、管理する者でさえ、取得したいとも、しようとも思わない場所のことである。重要な空間が建設されたあとに、とり残された空間といいかえてもいいだろう。この幽霊のような存在は、建設された美しい建築物と、きちんとした分類を拒む世界の乱雑さのあいだの、巨大なギャップに誕生する。空虚な空間は建築の青写真にはいらなかった余分な場所、都市計画のヴィジョンから忘れられた周辺だけとはかぎらない。実際、空虚な空間の多くは、たんなる邪魔とだけはいいきれず、つぎのプロセスに不可欠な材料、多種多様な利用者が共有する空間地図となる。

ある講演旅行のおり（目的地は人口の多い、市街地が広大にひろがる、にぎやかな南欧の都市だった）、教養があって、豊かで、夫婦ともども専門職についた地元の名士のお嬢さんで、大学の講師をしている若い女性が、飛行場まで出迎えにきてくれた。そのとき彼女は、ホテルにつくには、つねに渋滞の激しい中心街の大通りをとおらなくてはならないので、時間がかかってたいへんな思いをするかもしれないとわたしにいった。彼女のいうとおりで、結局、ホテルにつくまで二時間近くかかってしまった。帰国の日も彼女はわたしを空港まで、車でおくるといってくれた。その町での運転はたいへんだし、来た日のこともあったので、彼女の親切と好意には感謝して、タクシーに乗ることにした。このとき、空港までは十分もかからなかった。粗野で、あきらかに怠惰な人間、ぼろをきた不潔な子どもたちにあふれた、さえない、みすぼらしい、荒れたスラムの曲がりくねった裏道を、タクシーの運転手は抜けたからだ。わたしを案内してくれた女性が、市の中心を走る道路は迂回できないといったのは、嘘ではないだろう。彼女が生まれ、育った町の、彼女なりの心の地図にしたがうかぎり、彼女は本気で、正直だった。彼女の地図には、タクシーがわたしを乗せて通った、「危ない地域」の醜い通りは記載されていないのだ。わたしの案内人の心の地図では、本来、書きこまれていなければならない場所が、ただたんに、空虚な場所とされているのである。

他の都市同様、この都市も多くの人口をかかえ、それぞれひとりひとりが頭のなかに、そのひとなりの都市地図をもっている。それぞれの地図には、場所はひとつひとつちがうけれど、空虚な空間がある。さまざまな人たちの移動をたすける地図は同じものではない。町のある部分を意味のない、そして、意味づけのできない地区として、割愛しなければ、おのおのの地図は「意味をもたない」。そうした場所を削除することによって、残りの場所が意味であふれ、輝きだすのだ。

見るひとの目、都市をいきかうひとの足、車の車輪に知られていない場所がある。空虚な空間とは、それぞれが足を踏みいれない場所、道に迷って不安に感じるだろう場所、ひとの影に驚き、いくらかの恐れをいだくだろう場所をいうのである。

見知らぬ人に話しかけるな

くりかえしを恐れずにいうなら、市民的であることの要点は、見知らぬ者と関係をもつにあたって、変わった点をかれらの欠陥と考えないこと、変わった点をなくすよう、あるいは、見知らぬ者を見知らぬ者たらしめている特徴を矯正するよう、圧力をかけないことにある。一方、前節でのべた四つの範疇に代表されるような、「公的でありながら市民的でない」場所の共通の特徴は、相互関与を不要のものとみるところにある。空間の共有という、ひと同士の物理的接近は避けられないとしても、意味ある出会い、会話、交際などという「絆」は、なくてすむかもしれない。見知らぬ人間との出会いは回避できないとしても、少なくとも、かれらとのつきあいは避けられるだろう。ヴィクトリア朝時代の子どもたちが注意されたのと同じように、見知らぬ人間の姿をみても、話しかけられないように、話しかけられても、話を聞かないようにしなければならない。肝心なのは、見知らぬ人間のいうことを、自分とは無関係と思うこと、自分ができること、しなくてはならないこと、したいと望むことのどれとも、無関係だと思うことである。

こうした方法は中途半端な、次善の解決策、無害な必要悪でしかない。「公的でありながら市民的でない場所」は、見知らぬ者とのかかわり、危険な交渉、面倒な意思疎通、緊張する取引、いらだたしい妥協とは無縁だ。とはいっても、見知らぬ者と会わずにすむというわけではない。ここは、むしろ、見知らぬ者同士の出会いを前提とし、この前提にしたがって設計され、使用される。すべての治療が病気に効くわけでないことは、周知の事実だろう。完全な治療体制といったものは、あったとしても、非常にまれである。免疫性を生命体に植えこむことによって、治療が無用になるとすれば、どんなにすばらしいことだろう。同じように、見知らぬ者との関係が完全に断絶できれば、かれらの存在感をゼロにするどんなに複雑な手法より、はるかに安全、確実なはずだ。

一見、すぐれてみえる解決法には、リスクがともなう。免疫構造の操作は、危険な作業で、他の疾病発生の原因となることも考えられる。それ自体が病原体となることさえ考えられる。さらに、ひとつの疾病にたいする免疫性を生命体がもっても、他の疾病にたいしてほとんど無防備であることに変わりはない。免疫構造の操作は、ほとんどの場合、激しい副作用をともなう。実際、多くの医学的介入が、医原的な疾病、つまり、医学的介入に起因する、治癒されるべき疾病よりも、少なからず重い病を発生させるといわれる。

リチャード・セネットはつぎのように指摘する。

法と秩序の回復の叫び声がもっとも大きくなるのは、都市のなかで、共同体が孤立したときである……

この二十年をみるかぎり、アメリカでは都市の発展にともない、比較的均質な少数民族居住地域がいくつも生まれた。その結果、アウトサイダーにたいする恐怖が拡散し、それら少数民族共同体が孤立したのだった。[13]

差異を享受し、差異から利益を生む能力はもちろん、差異と共存する能力さえ、簡単には、また、自然には獲得されない。差異と共存する能力は、すべての技量同様、獲得に手間と鍛錬を要する。一方、人間の多様性、分類／整理からはみでた曖昧さにむきあう能力の欠如は、永遠に、自己増殖をつづける。つよい均一性への希求から、差異解消へ有効な努力がなされると、見知らぬ者との共存は不安を助長する。かれらの差異はますます脅威と感じられ、差異が生みだす不安はますます激しくなるかのように思われるのだ。都市特有の多様性から逃れ、共同体的均質性、単調さ、反復性のなかに避難所をもとめようとする試みは、自発的だが、同時に、自滅的でもある。差異にたいする反動が、自然と強まっていくものでないとすれば、これは気にしなくともいいだろう。しかし、均質性への要求が極端になればなるほど、「門におしよせた見知らぬ者」にたいする恐怖感はつのる。見知らぬ者が危険をもたらすという伝統的発想は、自己実現的である。見知らぬ者の存在と、みずからの自信のなさは自然と混同される。最初は憶測にすぎなかったものが、何重にも証明された真実となり、ついには、自明の理となる。

こうした状況からは悪循環が生まれた。共通の利益と目標を見知らぬ者ともわかちあう技術は、めったに使用されなくなり、また、完全なかたちで修得されることもなくなった。「共通の幸せ」も（「幸福な社会」は当然）曖昧で、うさんくさく、非論理的なものと、疑いの目でみられるようになった。こういった状況のもとで、共通の利益を基礎にした交渉的合意によってではなく、共通のアイデンティティによって安定をみいだすことが、もっとも合理的な、いや、もっとも効果的なものごとの進め方として浮上したのだ。共通の利益、なかでも話し合いによって発見される共通の利益は、アイデンティティへの執着、アイデンティティ汚染にたいする防衛本能によって、非現実的、空想的なものと扱われた。そして、共通利益追求の意思さえ否定されてしまった。シャロン・ズーキンは結果として生じた苦悩をまとめて、「だれもどうやって他人に話していいかわからなくなった」といっている。

さらにズーキンは「共通の目標という理想が枯渇したことによって、文化の魅力が増大した」とも指摘している。「アメリカ的使い方にしたがえば、文化とはなによりも『民族性』をさし、ひるがえって、民族性とは「社会のなかにみずからの居場所《ニッチ》をみつける」(14)行為をとおして形成される。みずからの居場所をみつけるとは、まず、領土的分離、また、分離空間への帰属権の獲得をいう。分離された空間は守られねばならず、また、守るだけの価値をもつのは、分離されているからだ。あるいは、「同じ」アイデンティティをもつ者だけをいれ、他者をいれない、防衛された境界に囲まれているからだ。他者の均質性に対抗し、領土的分離をおこなう場合、「民族性」は、他のいかなる想像された「アイデンティティ」より有効である。

他のつくられたアイデンティティとは異なり、民族性には深い思い入れが含まれている。人間とその民族性の結びつきは、権利と義務のあらゆる取引、契約に優先する、神によって決められた裂くことのできない理想の関係である。いい方をかえれば、民族性の象徴である同一性は、他律的であるということだ。人類の努力の所産でも、また、当然、現世代がつくりだしたものでもない。「だれもどうやって他人に話していいかわからない」、多様性にあふれた、恐ろしい空間から、「だれもみな同じ」で、しゃべるのも簡単、しゃべる必要もない「安全な居場所《ニッチ》」へ逃げこみたいとき、逃げこむ先の第一候補は、当然、民族性であって、他のどんなつくられたアイデンティティでもない。また、他のつくられた共同体も、当然、競うように「社会的居場所《ニッチ》」をもとめて、論理性などそっちのけで、民族性の誇りとする特性にもとづいて、みずからの根幹、伝統、共同の過去、共通の未来を発明しようとする。共同体が発明したいともっとも願うのは、固有のユニークな文化である。ほんとうの、あるいは、偽物のユニークさによって、共同体は「独特の価値」をえる。

共同体論の復活を、生き残っていた性癖、本能の一時的発作だろうと考えるのはまちがいだ。また、近代化がさらに進むにつれて、おそかれ早かれ消滅するだろう、とたかをくくるのもまちがいだろう。そして、共同体論を理性の一時的機能停止――「公的選択」の合理性とはあわない、残念だが避けられない、非合理性の実例――と退けるのも、同じく、まちがいだ。各社会環境にはそれぞれの合理性があり、その合理的生活戦略には、それぞれ、独自の意味をつぎこむ。とするならば、共同体論も「公的空間」や、その政治的危機にたいする理性的反応の一形態であるはずだ。

政治の領域は公衆の面前での告白、私生活の公開、個人的美徳・欠陥の公的詮索へと縮んでしまった。また、政治とはなにか、いかにあるべきかという問題についての関心は、公的人間の信頼性にたいする関心にとってかわられた。そして、公正な、よき社会への展望は、政治的言説から完全に抜け落ちた。こうした状況のもと、人々が「行動より、情緒や感情で有権者に訴える政治家たちのたんなる傍観者」（セネットはすでに二十年前からこう観察していた(15)）に堕したとしても当然だろう。問題は傍観者が有名人と同じように政治家にも、おもしろい見世物の提供以上のことを期待しなくなったことだ。政治という見世物は、利益よりアイデンティティのほうが大切だと、執拗に強調する宣伝行為、また、あなたになにができるかより、あなたがだれなのかのほうが重要だと思わせる継続的訓練のための行為になってしまった。上の人間から下の人間まで、ほんとうの自分の開示が公的関係、公的生活の内容となりつつある。利益を動力としてきた船が沈没したとき、船から投げだされた者がかならずすがろうとするのは、アイデンティティというわらであるにちがいない。セネットものべているように、やがて、「共同体維持が目的に変わり、帰属しない者を一掃するのが、共同体の任務となる」。「交渉の拒絶、アウトサイダーの継続的一掃」に、いかなる理由づけも必要ない。

「他者」、差異、異質性を切り離そうとする努力、意思疎通、交渉、共同参加の必要性を排除する意思は、社会的絆の弱さ、流動性から生じる実存的不安への予想された反動だった。たしかに、排除思想は個人の安全にかかわる脅威を、「異質な実体」の侵入の結果だととらえ、脅威から解放された安全な状態を純粋性だと考えたがる傾向、汚れと汚れの浄化にたいする現代の異様なこだわりにうまく合っていたといえる。口や鼻から、からだのなかに侵入する異物に神経質になることと、近所にこっそりと移り住む部外者・外国人を恐れることとは、同じ認識枠でのできごとである。そして、両者はともに「異物(あるいは、部外者・外国人)の組織からの排除」を望む。

この望みは民族分離政策、「外国人」の流入対策というかたちに収斂し、凝縮される。ジョルジュ・ベンコは、これについて、つぎのようにいっている。[16]

他者のなかの、より他者的な他者が外国人だ。他者を他者として認識できないので、ひとを外国人として排斥するのは、社会が病んでいることの証拠である。

たしかに病《やまい》かもしれない。しかし、これは信頼にたる、安定した意義の欠落した世界に、意義を回復しようとむだな努力をくりかえす心の病ではなく、政治的病の原因となる公的空間の病だ。公的空間は対話・交渉技術が衰微し、参加と関与が逃避、不干渉とすりかわるという病に犯されている。

「見知らぬ人に話しかけるな」という、子どもを心配する親が、子どもたちにあたえていた注意は、いまや、おとなたちの教訓となった。しかも、この教訓にあわせて話しかけたくない人間を、見知らぬ者と定義できるように、生活の現実全体は組み替えられる。実存的不安の根幹には手がつけられず、国民の不安の解消にも着手できない政府は、このような傾向を歓迎し、積極的に発展させようとする。「他者性」のもっともわかりやすく、代表的な例は団結した「移民」集団で、方向性を失い、ばらばらとなった不安な個人をまとめあげて、かつての「民族的共同体」を思いおこさせるようなものを形成する。現代の政府にできること、政府が実際おこなっているのがこれである。

ジョージ・ヘイゼルドンのヘリテージパークでは、道を歩く人々同士が、自然には話せるようになった。毒にも薬にもならない、また、なんの義務もともなわない紋切り型の会話や挨拶をのぞいて、そこの人々に話すことはないだろうから、話が自然にできるのである。ヘリテージパークの夢のように汚れのない共同体は、連帯と絆の崩壊という代償をともなって建設された。

時間の歴史としての近代

わたしが子どものとき（それははるか昔のことであったけれど）、「ここからあそこまでの距離はどのくらい」ときかれて、「一時間くらい、はやく歩けば、一時間以内かな」と答えることはまれでなかった。わたしの子ども時代よりも、はるか昔の答えは、たぶん、「いま出発すれば、昼ごろにはつくだろう」、あるいは、「日暮れまえにつきたいなら、いま出たほうがいいよ」、というものであったにちがいない。今日でもときおり、同じような答えを聞くことがあるかもしれない。しかし、そうした答えのまえには、かならず、「車で?」、「歩いて?」といった、具体的な質問があるはずである。

「近い」や「すぐ」が同じ意味で使われていたように、「遠い」と「長い」も、かつて、ほとんど同じ意味で使われていた。歩くにしても、耕作するにしても、収穫するにしても、一定の距離の移動、一定時間の作業のたいへんさ、易しさを形容するのが、「近い」「すぐ」、「遠い」「長い」であった。「時間」と「空間」の意味を説明せよと強くせまられたとしたら、当時の人たちは、ある一定時間内に移動できる距離が「空間」であり、移動にかかるのが「時間」であると答えたかもしれない。しかし、つよくせまられなければ、定義などしようとも思わなかったろう。なぜ、定義などしなければいけないのか。かれらは日々の生活に定着したほとんどのことがらを、定義なしでもよく理解していた。そもそも、たずねられなければ、定義する理由もなかった。能力の限界のなかで作業する、人間、牛、馬といった「生き物」にかんするかぎり、「空間」、「時間」のいま風の理解のされ方は、当時としては、たんに不十分であったばかりか、不正確でもあったはずだ。ひとりひとりの足は同じではない。しかしながら、それぞれの差は筋肉くらいで、作業能力上、決定的なものとはなっていなかった。

古代オリンピックの時代、コース記録やオリンピック記録、いわんや、記録の更新などに興味をもつ者はひとりもいなかった。記録という考え、人間の動く能力の差を評価する態度が生まれたのは、人間や動物の筋力に頼らない力が発明され、使用されるようになってからだ。長い生き物中心の時代、時間以前の歴史に終止符がうたれ、時間の歴史がはじまったのもこのときだった。時間の歴史は近代とともにはじまった。近代は、まさに、時間の歴史以外のなにものでもないといえるだろう。近代とは、時間が歴史をもちはじめた時代なのである。

人間の生活・労働のなかで、ほとんど同一のものとして扱われてきた空間と時間がなぜ分離し、遊離するにいたったか、その理由を歴史書でひもとけば、哲学者、科学者といった、理性の御旗をかかげた、勇猛果敢な騎士たちの偉大な発見にまでさかのぼるだろう。天文学者は天体間の距離と、天体移動の速度をはかり、ニュートンは速度変化と「物体」が通過する距離との正確な関係を測定し、その結果は丹念に数値化された。これらは測定のうちでも、客観的にして、もっとも抽象的なものである。また、カントは空間と時間を別個の、完全に独立した人間的状況にかんする、ふたつの認識範疇ととらえていた科学者に、多大な影響をうけた。「永遠の相の下で」思考するのが哲学の根本であったとしても、哲学的、科学的思考、普遍的真実発見をもとめる経験主義に「認識論的基礎」を提供するのは、永遠性、無限性のうちの、人間にも把握できる有限の部分である。じつは、この制約をきちんと理解しているかどうかによって、偉大な思想家と、非論理的夢想家、神話作家、詩人、空想家はわかれる。時間、空間の絶対性が哲学者の目に突然とびこんできたということは、人間的行動の範囲と能力に、このとき、なにかがおこったからだ。

この「なにか」とは、人間や馬の足よりもはやく動くことのできる乗り物の発明であったと想像される。人馬とちがい、乗り物のスピードは時につれて速くなり、われわれをより遠くまで、より速く運んでくれるようになった。人間や、動物以外の輸送手段があらわれたとき、移動にかかる時間は、距離の属性、柔軟性のない「生き物《ウエット・ウエア》」の属性ではなくなった。時間は輸送技術の属性となったのである。時間は人間が発明し、製作し、獲得し、使用し、管理する「機械《ハードウエア》」の問題であって、能力に絶望的な限界のある「生き物」、人間が操作できない、気まぐれで、予測不可能な風力、水力の問題ではない。同じ意味で、時間は陸や海の不動性、不変性とは無関係の問題である。時間は変化させ、操作することができるというのが、空間とのちがいである。時空の関係で動的なのは、時間のほうなのだ。

ベンジャミン・フランクリンが「時は金なり」と、高らかに宣言したことは、よく知られている。かれが自信をもってこう宣言できたのは、このときまでに、人間は「道具をつくる動物」だと定義されていたからだ。つづく二百年の経験を要約するかのように、一九六一年、ジョン・フィッツジェラルド・ケネディは、アメリカ国民にむかって「時間を安楽椅子としてでなく、道具として使いなさい」と語った。時間が金に変わるのは、空間の克服において（距離の短縮、「距離」から障害、人間的野心の限界という意味を排除すると）、時間が主要な道具（あるいは、武器）として使用された場合である。時間で武装した人間は、空間の克服を目標として設定し、目標達成にむけ、真剣に努力することができるようになった。

かつて国王は廷臣より快適に旅行できたろうし、男爵は農奴より不便なく旅行できたろうが、国王も男爵も、廷臣や農奴よりはやく移動することはできなかった。生き物にたよった移動は時間的平等を生み、機械による移動は差異をもたらす。こうした差異は（筋肉の差から生じる差異とちがい）、これが能率の基準、さらなる差異を生む原因となるまえは、人間的行動の結果で、より意味深い、より明確な意味をもっていた。蒸気機関があらわれ、そして、内燃機関があらわれたとき、生き物的平等は失われた。

ある人々は、他の人々より、目的地にずっとはやく着けるようになった。また、追跡から逃げることも、追いつかれ、止められることから逃れることもできるようになった。高速で動ける者はより大きな領域を獲得し、支配し、測量し、監視することができるだろうし、また、競争相手を排除し、邪魔物を領域にいれないこともできるだろう。

近代の開始を人間の行動の変化にもとめる場合、その切り口はさまざまだろう。しかし、時間の空間からの解放、時間の人間的創造力、技術力への従属、空間征服、領土拡大の手段としての時間の利用をもって、近代の開始とするのも悪くない。近代は加速と領土征服の星のもとに生まれ、これらの星は近代の性格、行動、運命にかんするありとあらゆる情報をふくむ星座を形成した。星座のかたちを読みとれるのは、専門の社会学者であって、想像力ゆたかな占星術師ではない。

これ以降、時間と空間の関係は、運命的、静止的なものでなく、一時的、経過的、動的なものとなった。高速機械の発明は「空間の征服」につながった。加速された動きはより広い空間の獲得につながり、空間拡大の唯一の手段となった。おこなわれているゲームの名前は空間拡張で、これには空間が賭けられていた。空間が賞金であり、賞金を獲得するための道具が時間だった。より大きな賞金を手にいれるには、道具の改良が必要である。事実、マックス・ウェーバーのいうように、「非生産的」、非活動的に使われる時間を排除し、業務達成の高速化を目的とする「道具的理性」は、近代文明の中心原理だった。道具的理性は行動の、方法でなく効率を第一に考え、空間をびっしり物で埋めつくし、一定の時間で埋めることのできる空間を拡大するための理性である。空間の近代的征服がはじまろうとしていたとき、デカルトは将来をみこして、物質的存在を「広がるもの《レス・エクステンサ》」と定義し、存在を空間性と同一視した（ロブ・シールズがいみじくものべたとおり、デカルトのあの有名なコギトの一節は、「我、空間を占有す、ゆえに、我あり」と変えられたとしても、デカルトの意図をたいしてよじ曲げたことにはならない(17)。空間征服の動きがにぶくなり、終わりに近づいたころ、過去をふりかえってミシェル・ド・セルトーは、権力の源は領域、境界をめぐるものにあったとのべた。(ティム・クロスウェルはド・セルトーの見方を、つぎのようにまとめている。「強者の武器は……分類、線引き、区分で、強者はそうしてできた図式のもつ正確性・確実性に依存していた(18)」。ここにでてくる武器が、すべて空間に関連していることに注意してほしい。)強者と弱者は地図のように色分けされ、完璧に防衛され、支配された領域をもつか、侵入の危機にさらされた、境界の書き換え、地図のぬりなおしが頻繁におこる領域しかもたないかによって決定される、といってもいいすぎではないだろう。少なくとも、近代史の大部分において、それは事実だった。

重い近代から軽い近代へ

いま終わりを迎えつつある歴史的時期を、他にこれといった名前もみあたらないので、ハードウェアの時代、あるいは、重い近代と読みかえることにしよう。重い近代とは、規模にこだわった時代、「大きいことはいいことだ」の時代、「大きさは力、量は成功の秘訣」の時代をさす。それは、また、取り扱いがやっかいな重機械、広大な床面積をもち、長大な壁で囲まれ、大量の労働者がはたらく工場、重厚な機関車と巨大な遠洋航海船などに代表される、ハードウェアの時代でもあった。空間の制覇、つまり、もてるかぎりの物をかかえこみ、それに所有物の印をつけ、あるいは、「立ち入り禁止」の立て札をたてることが究極の目標だった。領土、土地の所有は、近代人最大の強迫観念で、土地の獲得は近代人の最大の欲望であった。一方、境界の防衛は拡散、増殖した近代的執着のなかでもっとも強い。

重い近代とは領土制圧の時代にあたっていた。富と権力は土地に根をおろし、また、鉄鉱石の鉱床や石炭層のように、地下にどっしり横たわる蓄積だった。帝国は地球の隅々にまで領土を拡大し、同等か、同等以上の勢力をもつ他の帝国以外、領土的進出にたちはだかる存在をもたなかった。しのぎをけずる帝国の領有地にはさまれた土地は、所有者のない中間地帯、あるいは、空疎な空間とみなされた。空疎な空間は挑戦の対象であり、怠惰への警告であった（「自然に空白はない」、と主張する当時の大衆科学は、時代の雰囲気を的確につたえている）。地図にない未知の島や群島、発見と植民をまつ陸地、未踏破にして所有者のない大陸の奥地、光があたるのを待つ、知られざる「闇の奥」といった「真空地帯」が、地球に存在することは、さらに不快で、耐えられないことだった。勇敢な探検家は、ヴァルター・ベンヤミンの「船乗りの話」にでてくる英雄の近代版であり、子どもには夢、おとなには郷愁をさそった。船出には熱烈な見送りをうけ、帰港には数々の名誉が待ちうける探検隊は、未踏査の山脈、湖、丘陵めざして、つぎつぎとジャングル、森林、永久凍土帯にわけいった。近代の楽園は、ジェイムズ・ヒルトンのシャングリラのように、まだ拓かれていない道の果てのどこかに、ひとを寄せつけない山岳地帯や死の砂漠をこえたどこかに、「未発見」の場所として存在すると考えられていた。冒険と幸福、富と権力は地理的概念であり、場所にしばられ、移動、移転ができない「土地資産」と結びついたものだった。土地資産には、不可侵の壁、厳重な検問、二四時間体制の警備、所在地の非公開が不可欠だった（第二次世界大戦中、最高の秘密とされて隠されていたのは、一九四二年に東京にたいする残酷な空襲にむかうことになっていた飛行機の基地の所在地であり、「シャングリラ」というあだ名がつけられていた)。

機械設備の大きさや質から生まれる富や権力は、停滞的であり、移動がむずかしく、扱いづらい。鉄とコンクリートからなり、量や重さで測定されるそれらは、はっきりと「形象化」され、固定的である。富や権力は占有領域の拡大によって成長し、領域の防衛によって維持された。領域は富や権力の温床であると同時に、砦であり、牢獄でもあった。もっとも大きな羨望をあつめ、模倣されることがもっとも多かった温床・砦・牢獄、ジェネラル・モータースのミシガン「ウィロー・ラン」工場を、ダニエル・ベルはつぎのように描写している。(19) 工場の敷地は、四百メートル掛ける一千メートルの四角形だった。車両生産に必要なすべての資材は、ひとつの屋根のした、巨大なかごのなかに集められた。ここでの力、支配の論理は、「工場内」と「工場外」の厳密な区別、境界の厳格な保持によって担保されていた。そして、力と支配の論理は一本化され、大きさの論理というかたちをとり、大きければ大きいほど効率的であるという法則にしたがうようになった。重い近代において、進歩は規模の拡大のことであり、空間的拡張のことであった。

時間の規則性が守られるかぎり、場所の全体性は変化せず、均質性も変化しない(規則的時間を「測定的」と呼ぶにあたって、ベルはそれを重要な道具として思いえがいていたのだろう)。

空間を征服するためには、時間は柔軟で、適応力がなければならず、なによりも、「空間をのみこむ」速さにおいて、収縮可能でなくてはならない。世界を八十日間で一周できるのは夢だったかもしれないが、八日間で一周できたとしたら、なおよいだろう。飛行機による英国海峡、ついで、大西洋の横断は進歩の一里塚だった。しかし、征服された空間に砦を築き、服従をしき、植民するのに必要なのは、頑強で、画一的で、硬直した時間の規則性だった。ようするに、同じ長さに切られ、順番にならべられ、単調に流れていく時間が必要だったのだ。支配されたとき、空間ははじめて「所有」される。そして、この場合の支配とは、なによりもまず、「時間をしたがえる」こと、そして、時間の内的ダイナミズム、つまり、時間の均質性と等位性を自由に操れるようになることをいう。未発見のナイル川の源流に、だれよりもはやく到達することは快挙だろう。しかし、列車が時刻表に定められた時間よりはやく走ってしまったり、組立工場に部品の一部だけがさきに配達されたりするのは、重い近代にとって悪夢でしかない。

規則化された時間は、有刺鉄線、割れたガラスをうめこんだレンガ塀、侵入を防ぎ、外へ出る自由を制限する厳重に警備された門と連動する。重い近代に、人為的につくられた合理性のモデルとして、もっとも歓迎され、もっともひんぱんに採用された「フォード主義的工場」は、資本と労働が直接顔をあわせる場であり、両者が「死がともに分かつまで」と、永遠の婚姻を約束する場でもあった。それは便宜結婚、あるいは、必要にせまられた結婚で、恋愛結婚ではなかったが、結婚は「永遠に」（もちろん、このことばの意味は、個人個人の生活でさまざまであるが）つづくはずで、実際、つづくことも少なかった。婚姻は、基本的に、一夫一婦制でなければならなかった。また、離婚は問題外であった。配偶者同士、別れることはできず、一方だけで生きてゆくことはできなかったからだ。

規則化された時間は労働者を動けないようしばりつけるが、他方で、工場となっている巨大な建物、重い機械・設備、そして最後になったが、非常に重要な、しばられた労働者は資本を「呪縛」する。資本も労働者も、あえて動こうとはしないし、また、動くこともできない。簡単に離婚がゆるされるという安全弁がとりつけられていない結婚がみなそうであるように、資本と労働の結婚生活に騒動はたえず、憎悪は拡大し、派手さこそないが、そのぶん、執拗で陰湿な塹壕戦が、日々、戦われる。ローマ時代の平民は都市を離れられなかったが、離れられないのは貴族も同じだった。両者を土地にとどめておくのに、メネニアス・アグリッパの雄弁は必要なかった。確執の激しさ、永続性は運命の共有がなにを意味するか、その鮮烈な証明である。工場労働の判でおしたような時間の流れと、モルタルとレンガでできた工場の塀は、労働者、資本両者から移動性をうばうことにおいて効果的だった。しかし、ソフトウェア資本主義、「軽い」近代の到来によって、事態は一変する。ソルボンヌ大学の経済学者、ダニエル・コーエンはこのことについて、簡潔にこうのべている。「はじめての就職先がマイクロソフトだったならば、キャリアをどこで終えるか、想像もつかないだろう。一方、かつてフォードやルノーに入社したひとは、最後まで同じ会社で働くと確信していたにちがいない[20]」。

ここでの「キャリア」ということばの使われ方は、はたして正しいだろうか。キャリアから連想されるのは、アメリカの大学でよく使われる「専任含み《テニュアー・トラック》」のようなもので、就職の条件や、入社規定、あるいは、将来展望の程度の明確さだろう。「キャリアがたどる道」は、空間と時間の協調によって決定される傾向にある。マイクロソフトでは、「流れにあわせて変身を可能にする、柔軟な組織形態の維持」が管理職の関心であり、また、「多層性、複雑さ、動きの速さのため、『曖昧』で『不鮮明』で『可塑的[21]』」とみられる傾向の強くなった世界における、「より高次元の順応性」の確保が、事業体の任務だと考えられている。マイクロソフトのような会社の従業員、こうした会社を分析する人たち、あるいは、模倣する人たちは、永続的構造、とりわけ、労働者の終身雇用期間にあわせて形成された構造に、反旗をひるがえしたことになる。そうした状況では、キャリアといった概念は、不明瞭で、完全に時代遅れでしかない。

しかし、これは揚げ足取りなのかもしれない。ことばづかいはともかく、コーエンの比較は近代の分水嶺的変化をつかみ、実存的状況への影響を的確に指摘したものであって、評価すべきはこの点にある。この変化にともない、重要性を失ったのは、一見、時間のようにみえるが、無意味になったのは、むしろ、空間のほうだった。高速移動のソフトウェア世界では、空間の移動に、文字どおり、「時間がかからない」し、「遠いところ」と「すぐそこ」の差もない。空間は行動の結果の限界とはなりえず、ほとんどの、あるいは、すべての重要性を失う。空間は軍事専門家がよく使う、「戦略的価値」を喪失したのだ。

「他の価値を放棄することによって」獲得された価値だけに価値がある、また、「獲得のためになされたまわり道」が価値を付与する、とみていたのはゲオルク・ジンメルである。ジンメルは「価値の崇拝《フェティシズム》」について、つぎのようにいう。ものには本来「値段だけの価値しかない」が、異常な主客転倒がおこって、ものには「価値だけの値段がついている」と考えられるにいたった。価値をえるにあっては、のりこえなければならない障害があり、価値を価値たらしめているのは、「価値をえるためになされる努力の密度」である。(22) もし、どこにいくにも、時間がかからない、あるいは、時間を「犠牲にしなくてもいい」のだとするならば、すべての場所からジンメル的価値は剝奪されるだろう。距離が電子信号の速度によって測定されるようになると、時間はジャック・デリダ的に、「×で消されねばならなくなる。「同時に」ということばは、非常に敏捷な動き、非常に短い時間をさすというが、実際には、事象に時間的要素がないことを、また同様に、価値判断に時間的要素がないことをさす。時間はもはや「獲得するためになされたまわり道」にかかるものではなく、ゆえに、空間の付加価値たりえないのだ。

ハードウェアの時代、重い近代、マックス・ウェーバーのいい方では道具的理性の時代、時間は価値の獲得、すなわち、空間の獲得を最大限にするため、賢く節約され管理されるべき手段であった。一方、ソフトウェアの時代である軽い近代においては、価値獲得の手段である時間の効率化は極限をきわめ、このとき皮肉にも、すべての目的において、すべての価値が均等化されることとなった。疑問符は手段から、目的へと移った。すべての空間に、まったく同じ時間で到着できるとするならば（時間は「かからない」のだから）、特権的な場所も、「特別な価値」をもった場所も消滅せざるをえない。あらゆる空間へ、いつでも行けるとするならば、そこへある決まった時間までに行かなくてはならない理由はないし、そこに行くための資格をえる心配をしなくてもよい。行きたいところに、いつでも行けるとわかっているなら、行きたいところにくりかえし行く必要も、一生有効の切符を買うために、むだ金をつかう必要もないだろう。どこにでも簡単に行け、興味や「時流」にあわせて、場所をかえることも簡単なのだから、空間の維持・管理、土地の管理・耕作に、永遠の支出をつづける理由はないのである。

存在の魅力ある軽さ

ソフトウェア世界において、瞬間へと短縮された非実質的時間は、瑣末的な時間でもある。「瞬間性」とは、なにかが「その場で」、間髪をいれずにおこなわれる場合だが、同時に、興味が即座に枯渇し、消滅することでもある。はじまりと終わりをわけていた時間的距離は、縮むか、あるいは、完全に消滅したかのいずれかである。かつて、時間の経過をくぎり、時間の「使われた価値」を計測するために使用されていた時間的距離は、もはや、意味をなさなくなった。意味というものは、元来、反語的に対立する意味がないと成立しないものだ。時間的距離には、広がりのない点である、「瞬間」という意味しかなくなってしまった。瞬間の集積でしかない時間は、「われわれの知っている」時間と同じなのだろうか。「このとき、この瞬間」といういい方は、少なくともいくつかの決定的な点で自己撞着的だ。空間から価値を奪ったあと、時間は自爆したのだろうか。空間は自己破壊にむけて突進する時間の、たんなる最初の犠牲者だったのか。

　これまでのべてきた、現在、歴史の究極的傾向のように思われているものは、時間の歴史の入り口的状況であるにすぎない。目的地へ到着するのにかかる時間が、どんなにゼロに近づいたとしても、まだ完全にゼロであるわけではない。非常に強力な計算機をそなえた最新の技術といえども、真の「瞬間性」を獲得するにはいたっていない。論理的にいえば、次段階としてくるべき空間的価値の消滅も、完全には到来しておらず、また、人間が重さから完全に解放され、絶対的変性と柔軟性を獲得するような段階にも達していない。しかし、軽い近代が究極の状況にむけて進んでいることは、まちがいないだろう。ここでより大切なのは、この究極の状況が永遠に追求されつつも（あるいは、追求されるから）、けっして完全なかたちでは獲得されえない理想となったこと、しかし、あらたな標準として、社会のあらゆる臓器、組織、細胞に浸透したことだ。ミラン・クンデラは「存在の耐えられない軽さ」を、現代的悲劇の中核をなすものとして描ききった。木をとびこえる男爵、からだのない騎士など、完全に自由な

（自由とは、だれにもつかまらない、しっぽをつかませない、逃げるのがうまい、だれにもさわらせないという意味の自由をさす）人物を創作したイタロ・カルヴィーノは、軽さと速度（両方！）を、文学の解放機能の究極のかたちだととらえていた。

もう三十年以上前に（その古典的『官僚主義的現象』のなかで）、ミシェル・クロジェは支配者（あらゆる種類の）の資格は、不確実性の核心にかぎりなく近づくことにあるとみた。かれの判断はいまでも十分通用する。みずからは行動を標準にしばらせず、予想外の行動をしながら、他者の行動は基準にしたがって規制する（あるいは、ルーチン化し、単調で、明白なくりかえしとする）人間が支配者となる。手をしばられていない人間は、手をしばられた人間を支配する。前者の自由は、後者の不自由の主たる原因となる一方、後者の不自由は、前者の自由の支えとなる。

時代が重い近代から軽い近代に変わっても、上の点に、なんの変化もなかった。しかし、枠組みは変わらなかったが、内容は変わった。「不確実性の核心に近づくこと」とは、瞬間性に近づくことに集約され、一本化したのだ。すばやく移動し、行動できる人間、動きの瞬間性にもっとも近づいた人間が支配者となった。一方、すばやく移動できない人間、さらに目立ったところでは、意図的に動くことのできない人間は、支配される側にまわった。どこか「よそへ」逃避し、撤退していける能力、そのスピードを自由に操る能力を確保する一方、逃げまわる人間の動きをとめ、つかまえる能力を被支配者から奪うことが支配力の源泉である。現在、支配をめぐる戦闘は、加速という武器で武装した軍隊と、ひきのばしという武器で武装した軍隊のあいだで戦われている。

さまざまな歴史形態をとってきた社会区分には、永続的で確固とした基礎がいくつかあると考えられる。瞬間性を獲得できる確率、予測不能に対処できる確率、つまり、自由の確率は、現在、社会的区分を決定する基礎のなかでもっとも重要なものである。農奴が土地にしばられて農耕をつづける世界で、男爵たちが木をとびこえられるとしたら、それは自由への確実な処方箋だった。今日、農奴の末裔たちを土地にしばりつけておけるのは、現代版の男爵たちが、木をとびこえるのと同じような行動ができるからだ。また、逆に、現代版男爵たちがとべるのは、農奴の末裔たちが移動を禁止され、土地に釘づけにされているからだ。農奴たちがどんなにみじめで、そして、哀れであろうが、だれひとり蜂起しようとしないし、したとしても、蜂起の対象のすばやい動きに、到底ついていくことはできない。重い近代は、資本と労働力を、だれも逃げだすことのできない、鉄の檻にいれていたのだ。

軽い近代は資本と労働の片方だけを檻から解放した。「堅固な」近代は、資本と労働が共同歩調をとった時代だった。それにたいして、「流体的」近代は、離脱、乖離、逃避、そして、むだな追跡の時代だといえる。そして、逃げるのがもっとも上手な者、気づかれず自由に動ける者が、「流体的」近代の支配者となった。

カール・ポランニーは（一九四四年に出版された『偉大なる変化――現代の政治・経済的起源』において）、労働を「商品」とみなす論理の虚構性を主張し、この虚構にもとづいた社会構造を白日のもとにさらけだした。労働が商品ではない（少なくとも、他の商品と同じような意味で）のは、労働と労働者は切り離して売り買いできないからだ、というのがポランニーの指摘である。ポランニーのいう労働とは、まさに、肉体的労働、つまり、血のかよう実際の労働者を、物理的に動かさなければできない労働のことである。人間を労働者として雇用し、採用する場合、労働とともに労働者の肉体も雇いいれなければならず、労働者の肉体の緩慢さは、雇用者の自由への制約となる。労働を管理し、計画にそって運用するためには、労働者を管理し、監督しなければならない。また、作業過程を管理するには、作業員を管理しなければならない。こうした条件のもとで、資本と労働はたがいにむきあい、よかれあしかれ、共同歩調をとることになった。結果としては、確執もあったが、同時に、互いをうけいれあうようにもなった。辛辣な非難、激しい闘争、相互嫌悪はあったが、同時に、ぎりぎりの妥協による、双方が、ある程度、満足できる共生のためのルールを模索することにおいては真剣そのものだった。革命の勃発と福祉国家の成立は、当初まったく予想されていなかったが、しかし、結局、不可避的であったのであり、これらは資本と労働の分離が選択肢としてありえないような状況から生まれたといえる。

われわれは、いま、「偉大な変化」を経験しているが、そのもっとも顕著な変化のひとつは、ポランニーが当然と考えていた状況と正反対の現象の出現である。その現象とは、資本の主要な栄養素、栄養源となる人間の労働が、「非肉体化」したことだ。パノプティコンのような、図体の大きい、不器用でぎこちない訓練・監視施設は、もはや、不要となった。労働はパノプティコンから出獄したが、ここでもっとも重要なのは、資本も施設の運営にかかる、莫大な費用と重荷から解放されたことである。資本は、資本を地面にしばりつけていた義務、自己再生産、自己拡大をつづけるため、搾取する労働者との直接関係を保つ義務から解き放たれたのだ。

ソフトウェア時代の非肉体化した労働は、もはや資本をしばらず、資本を非地域的で、変化に富む、移ろいやすいものへと変えた。労働の非肉体化は、資本の無重力化を意味する。資本と労働の相互依存は、資本の側から一方的に破棄された。資本は労働に依存しなくなったが、単独では不完全である労働は、能力発揮に、なお、資本の助けを必要としていた。資本は利ざやの大きな短期投資にたより、新しい投資の機会、投資のパートナーがかならずあらわれると信じて世界を回遊する。資本の不確実性をわれわれに実感させる最大の要因が、そのすばやさ、身軽さである。また、今日型支配の原型、社会区分の主要な決定要素となっているのが、すばやさ、身軽さである。

大きさと規模は資産から債務へと変わる。巨大なオフィス・ビルのかわりに、熱気球の操縦室を好む資本家にとって、浮力以上に有益で、重宝すべき資産はない。不可欠な荷物だけを積み、絶対必要な乗組員以外は地上に残すことで、浮揚力は最高となる。気球のバランスをとるための重しのなかで、もっとも邪魔なのは、多数の従業員の管理、監督という仕事である。新しく加わる責任や義務によって、仕事はたえず膨らんでいく。重い資本主義の時代、「経営科学」の焦点は、「労働力」を囲いこむこと、定着を強制すること、予定どおりに働かすことであったが、軽い資本主義の時代になると、経営の中心課題は、「労働力」の削減、移動へうつった。永遠の婚姻関係は、短い逢瀬へと変わったのである。べつのいい方をすれば、レモンジュースを飲むのに、わざわざ、レモンの木を植えることから始めるようなことをしなくなったのである。

美容整形の脂肪の吸い出しのようなことが、経営術の重要な戦略となった。スリム化、縮小、廃止、閉鎖、生産性の低さゆえの売却が、この新しい経営哲学の応用である。また、労力と時間をかけて管理するより、生き残りをかけて競わせる諸策も、同じ経営哲学の応用である。

気のはやい専門家は、「大きいこと」は「非効率」と同義だとまでいうようになった。しかし、一般論としてみたとき、この意見には誤りがある。規模縮小は、実際、合併をともなうこともあるからだ。

この分野の名手は、規模縮小の展望をたてるために、合併を交渉し、あるいは、強制するといわれているが、一方では、「資産を徹底的に削り」「骨と皮ばかり」にすることが、合併計画の成功に欠かせない条件だともいわれている。合併と縮小は矛盾しない。それどころか、両者はたがいを規定し、支え、補強する。これは一見、逆説に聞こえるかもしれない。しかし、ミシェル・クロジェの原理を「新しく、改良して」応用すれば、矛盾は一瞬にして氷解する。合併と規模縮小戦略が重なったとき、資本と金融能力は空間を自由に、すばやくかけまわりはじめ、移動範囲も地球規模に拡大され、労働者から交渉力、紛争をおこす力をうばい、労働を固定し、労働者の手をがんじがらめにしばれるようになる。

身がひきしまって、浮揚力のある、脱出奇術名人型の資本は、口実と逃避、長期間の関与をともなわない短期的取引と、一時的な関係、「撤退」条項をつねに選択肢として残す方法を、支配の主要な手段にしているが、合併はこうした資本に援護射撃をおこなっているようにみえる。資本が操作できるものの幅はますます大きくなっている——姿をくらます隠れ家の数と、変身の母体と、労働力を支配する力と、規模縮小のさまざまな過程で労働者に生じる悲劇を、費用をかけずに解決する能力を手にいれた。これが、すでに打撃をうけ、あるいは、これから打撃をうけるだろうと不安がる人たちにたいする、現在の支配のかたちである。アメリカ経営者協会が依頼した調査から、われわれはつぎのようなことを知ることができる。「さまざまな事業縮小による締めつけの結果、労働者の士気と動機づけは、急激に低下している。生きのびた労働者も、解雇された労働者との競争に勝ったと喜ぶどころか、首切りの斧が自分にもふりかかる不安に怯えている[23]」。

生き残り競争は労働者だけに、もっと一般的にいえば、変化した時間と空間の関係を受動的にうけとる側だけにかぎられた運命ではない。軽い近代の生き残り競争は、ダイエットとスリム化をつづける企業の、上から下まで浸透している。管理職は雇用者数の削減をはかり、役員たちは役員たちで、株式市場で注目され、株主総会で信任投票をえ、リストラ完了時に多額の退職金を獲得するため、役員職の削減をはからねばならない。一度はじまると、「スリム化」はみずから勢いをつけていく。そして、この傾向が自力で加速するにつれて、もともとの動機である効率性の増大は急速に忘れられていく（それはマックス・ウェーバーの完璧な実業家が、仕事をつづけていくにしたがって、カルヴァンの「悔い改めよ」という説教を必要としなくなったのと同じである）。追いつかれる、おいてきぼりをくう、競争にやぶれる、事業に失敗するという不安があるかぎり、合併と規模縮小は惰性的につづく。合併・規模縮小のゲームは、ますます自己目的化し、ゲームからえられる報いは、ますます自己報償的なものになってきている。また、ゲームに参加しつづけることが報いなのだとすれば、そのゲームに目的はいらないだろう。

瞬間生活

リチャード・セネットは何年間にもわたって、ダヴォスで毎年開かれる上流階級、権力者の世界的集まりを観察してきた。ダヴォスへの旅行に使われたお金と時間は、すばらしい成果となってかえってきたようだ。セネットはこうした冒険から、現在、世界の檜舞台で活躍する人々の、本音と性格をあらわす、驚き唖然とするような事実と逸話を数多くもちかえった。かれの報告(24)を読めば、セネットがビル・ゲイツの人格、行動、ひろく一般に知られてもいる生活信条に、特別興味をひかれた様子がわかる。セネットはこういっている。ゲイツには「所有にたいするこだわりがないようだ。かれの製品はすさまじい勢いで登場し、すさまじい勢いで消えていく。一方、ロックフェラーは、石油採掘装置や建築物や機械や鉄道を、長期間保有したいと望んでやまなかった」。ゲイツは「ひとつの職業で自分を腐らせるより、可能性のネットワークのなかにいたい」と、しばしば公言している。セネットをもっとも感心させたのは、「みずからつくりあげた人気製品がいつなくなってもいい」と、平気な顔で、率直に、また、自慢げに語るゲイツの姿であったらしい。ゲイツは「混乱のなかで成功する」事業家のようにみえる。自分の創作物をふくめ、なんにたいしても愛着や、執着（とくに、感傷的なそれ）をもたないよう、注意をはらう。かれが誤った道の選択を恐れないのは、同じ道だけを長く歩むことはありえず、つねに引き返したり、道をかえる準備をしているからだ。現実的選択の幅がひろがることはあっても、ゲイツの生活軌道に集積、蓄積されるものはなにもない。軌道は機関車が通りすぎるとすぐさまとりはずされ、道に残された足跡は消され、集められたものはすばやく投棄され、すぐに忘れさられる。

アンソニー・フルーはウディ・アレンが演じる人物のことばを、このように引用している。「業績で後世に名を残してもしょうがない。死なないで後世に残りたい」[25]。しかし、永遠の命とは、実際のところ、人間はかならず死ぬという前提の一部にすぎない。したがって、「死なない」というのは（業績で後世に名を残すことにかかわる選択肢として）、永遠の命の選択というより、カルペ・ディエム《いまを楽しめ》的生き方の選択、永遠存在に興味がないことの宣言でしかない。永遠存在への無関心は、永遠性を概念から経験の一形態へと変質させ、消費の対象へと変える。いま、この瞬間の生き方が、「永遠の経験」に変わるのだ。「無限」という概念が生きているとしても、それは体験の深さ、強烈さの尺度として生きているにすぎない。

永遠存在の夢が去った場所へ、刺激の無限の可能性がすべりこんできたといってもいい。瞬間性は（空間の抵抗をはねかえし、ものの物質性をゼロにすることによって）、各瞬間の容量を無限大にする。無限の容量とは、どんなに短く、「つかのまの」ものであっても、瞬間からしぼりとれるものに限界のないことを意味する。

「長期間」といういい方は、いまでも惰性で使われることがあるが、意味を失った空疎な抜け殻にすぎない。時間同様、無限が瞬間的で、その場で使いはたされ、ただちに処分されるべきものであったとするなら、「長い時間」をかけても、瞬間が提供する以上のものは提供できないことになろう。また、「長いあいだ」考えても、得られるものは少ないことになろう。「堅固な」近代は、永遠存在を主要な動機づけ、行動原理としていたが、「流体的」近代に、永遠存在が機能を発揮できる余地は残っていない。「短期」が「長期」にとってかわり、瞬間性が究極の理想となった。時間を無限の容量をもつ器にする一方で、流体的近代は継続性を軽視し、無価値化し、解体していったといえる。

二十年前、マイケル・トンプソンは、永続性と一過性の区別がたどった複雑な歴史にかんする先駆的研究をおこない、その成果を一冊の本にまとめた(26)。「永続的な」ものとは、長いあいだ保持されるべきもののことであり、永遠性という抽象的で、とらえがたい概念の具体的象徴であった。実際、永遠のイメージは、「永続的なもの」のもつ、想像され、つくられた古さからなっているといってよい。特別な価値があり、望まれても「当然」で、疑問の余地も、議論の余地もまったくない至上の価値を有する永遠性を、永続的なものは連想させるがゆえに、大切にされ、欲せられたのだ。「永続的なもの」の対極に位置するのは、消費の過程で使いきられ、使い捨てられ、消滅する「一時的な」ものである。トンプソンはつぎのように指摘する。「社会の頂点近くにいる人たちは……みずからの所有だけが永続し、他者の所有は永続しない状況を維持したいと考える……。こうしておけば、かれらに負けはない」。「みずからの所有だけを永続させる」という望みは、当然、「社会の頂点近くにいる人たち」全員に共通する願望だと、トンプソンは考えた。あるいは、所有を永続させ、所有物を蓄積、保管し、盗みや強奪にたいして保険をかけ、独占する能力がそうした人たちを「頂点近く」に押しあげたとさえ考えていた。

こうした考えに真実性（少なくとも、信憑性）があったのは、堅固な近代の現実においてであった。流体的近代の到来によって、信憑性はもろくも崩れたといっていいだろう。今日、人間を頂点にのぼらせ、頂点の人間の特権となったのは、永続性の時間枠を短縮し、「長期的なもの」を無視し、一過性の操作に集中し、使い捨てを同じような使い捨てで補い、物を簡単に廃棄する、ビル・ゲイツ型の能力である。改良版がでているのにもかかわらず、同じものを「消費期限」をこえて長いあいだ使いつづけなくてはならない状況は、まるで貧しさの兆候であるかのように思われるようになった。可能性の無限の拡大によって、時間の無限性が魅力を失ったとき、永続性も魅力を失い、財産から負債へと変わった。あるいは、かつて、「永続性」と「一過性」がせめぎあっていた境界線からは、警備隊と境界建設軍がひとりのこらず撤退してしまったと想像したほうが、真相に近いかもしれない。

永遠性の価値の低下は文化的変動ももたらし、文化史上の一大転換点となった。重い近代から軽い近代へ、堅牢な近代から流体的近代への移行は、新石器革命以来最大の出来事とされてきた、資本主義と近代の到来をしのぐ変化となるかもしれない。人類の歴史において、文化的仕事・作品の役割は、無常ではかない人間の生活、行動の殻から永遠性の種をとりだし、蓄積し、一過性から永続性を、不連続性から連続性を魔術的に呼びおこすことであった。また、人類不滅のために、生者必滅の限界を超克することでもあった。こうした仕事や作品の需要は、昨今、あきらかに減少しているといわざるをえない。需要の減少がいかなる結果を生みだすか、いまの段階で予測することはむずかしい。なぜならば、学び、参考にできるような前例がないからである。

新しく出現した時間の瞬間性は、人間の共生形態を激しく変化させた。とりわけ、人間の集団的事象とのかかわり方（あるいは、場合によっては、かかわりをもたない方法）、そして、ある事象を集団的なことがらにする（あるいは、場合によっては、しない）、方法の変化はいちじるしかった。

政治学の分野で、目下、流行となっている「公的選択理論」は、この新しい進展を的確にふまえたものである（しかし、新しい習慣が、人間の想像力を刺激するときによくおこることだが、「公的選択理論」は比較的最近の現象を、人間的状況にかんする、「過去の学説」がみおとし、無視し、誤解していた、永遠の真実であるかのように一般化する）。新政治理論流行の火つけ役として有名なゴードン・タロックによれば、「公的選択理論は有権者を顧客のように、政治家を実業家のように考えることからはじめる」という。こうしたアプローチの仕方の値打ちに疑問をもつレイフ・リューインは、「公的選択理論」派は、「政治的人間を……近視眼的原始人であるかのように描いている」と辛辣に批判した。リューイン自身は、「公的選択理論」をまったくの誤りだと考えている。公的選択理論は「人類が『あすを発見』し、長期的計画をたてることを学ぶ以前」の、穴居生活時代においては正しかったかもしれないが、有権者も政治家もそろって、だれでもが「次の日、また顔をあわせる」と知り、したがって、信用が「もっとも大事な宝」となった現在では、完全な誤りであるというのだ[27]（さらにつけくわえるなら、信用をどの政治家に分配するかが、有権者の主要な武器になったという）。「公的選択理論」批判の支えとして、リューインは実証主義に訴え、有権者は懐事情によってでなく、国家の全体的な状況をみて投票行動を決定する傾向にあることを例示してみせる。リューインはこれを予想どおりの結果だという。しかし、わたしはこれをインタヴューをうけた有権者が、期待されていた答えを、あるいは、適切だと思われる答えをのべただけの結果だとみる。実際の行動と、行動の説明のあいだに、ひどい隔たりがあることを認めるなら、「公的選択理論」派の主張も（その普遍的妥当性はべつにして）、即座に否定できないだろう。「実証的データ」を鵜呑みにする習慣にとらわれていなかったために、かれらの理論は特別の洞察力をもちえたともいえる。

むかし、原始人が「あすを発見した」のは事実である。しかし、歴史は学習の積み重ねであると同時に、忘却の積み重ねであって、記憶が恣意的であることはだれでも知っている。たしかに、われわれはあすまた会うと思っているかもしれない。しかし、あす会わないかもしれないし、あるいは、あす会う「自分たち」は、まえに会ったときの「自分たち」と違っているかもしれない。もし、このとおりだとしたら、信用と信頼性は、はたして、財産なのだろうか、負債なのだろうか。

リューインはジャン＝ジャック・ルソーの鹿狩りの逸話に言及する。それによれば、人間が「あすを発見する」以前、猟師は鹿が森からあらわれるのを辛抱強く待つうち、近くを走りまわるウサギをとりたいという欲望にまけて、共同でしとめられる鹿のほうが、ウサギより肉の量がはるかに大きいのにかかわらず、ウサギのほうをとったという。それはそのとおりだったろう。しかし、今日でも、鹿があらわれるまでのあいだ、一糸乱れぬ行動をする猟師の集団はまれで、共同作業の成果を信じて、鹿だけをひたすら待ちつづける猟師がいたとするならば、その猟師は、結局、大きな失望と空腹だけを経験することになる。鹿をとるためには罠を使い、狩人たちが集団としてかたまり、連帯する必要があったのにくらべ、個人がちょうど食べられるくらいのウサギは、種類、数とも多く、撃って、皮をはいで、料理するにも時間がかからない。こうしたウサギのもたらす利益に気づくのも、かつて、「あすをみつけた」ことと同じ大きさの意味をもつ発見であった。

瞬間性時代の「理性的選択」は、満足を追求しながら結果を回避する、とりわけ、結果にともなう責任を回避することをいう。きょう充足したとしても、それはあすの充足の機会を担保にいれて、借りだしたものにすぎない。継続性は財産から負債にかわったが、同じことは大規模なもの、堅固なもの、重厚なもの、つまり、動きを妨害し制限するものすべてにあてはまった。所有者の権力と財力の象徴だった巨大な工場と肥満体は、その役割を終えた。それらは加速のつぎの段階での敗北を予感させ、また、不能の兆候ともみられるようになった。贅肉のないからだと俊敏性、身軽な服装にスニーカー、携帯電話（「つねに連絡をとりあう」必要のある、遊牧民のために発明された）、もちはこび便利な、あるいは、使い捨ての所持品が、瞬間性の時代における主要な文化的象徴である。重さと大きさ、それらの原因とされている肥満（文字どおり、または、比喩的な）は、継続性と同じ運命をたどった。そうしたものはわれわれがつねに注意しておかなければならない、また、抵抗しつづけなければならない危険性なのであって、なによりもまず、近づくべきものではないのだ。

永遠性に無関心で、永続性を避ける文化は想像しづらいだろう。同様に、行動の結果に無関心で、他者にあたえた影響の責任を避ける文化も想像しがたい。瞬間性の到来とともに、人類の文化と倫理は、生活にかんするこれまでの習慣と知識のほとんどが役にたたない、地図にない、未踏の領域にはいった。

そんな測量も踏査もされていない領域へ突入していった。ギー・ドゥボールの有名なことばに、「ひとは父親よりも、時代に似る」というものがある。現代人は「過去を忘れ、未来を信じない」現在を生きている点において、かれらの父親や母親に似ない。[28]過去の記憶と未来にたいする信頼は、これまで、一過性と継続性、人間的行動の道徳性と非道徳性、責任と無責任のあいだの文化的、道徳的橋梁を支える脚柱だったのだ。

4 仕事

わたしがこの三十年間すごしてきたリーズの市庁舎は、肩をそびやかすような野心と、産業革命のリーダーとしての自負をみごとに象徴する壮大な建造物だ。十九世紀なかごろの崇高で贅沢で重厚なこの石造建築物は、様式を模倣するパルテノンやエジプトの神殿と同じく、永遠に存続するよう意図されている。市庁舎の目玉は大集会堂にあり、かつてそこに集まった市民たちはリーズの、ひいては、大英帝国繁栄のためにとるべき道を、定期的に議論し、決定した。大集会堂の天井には、金と紫の字で、こうした道を歩む者への教訓が刻まれている。「正直は最良の政策」、「法と秩序」といった、神聖な、そして、確信と自信にみちあふれたブルジョア的倫理のなかで、ひときわ注意をひくのは、単刀直入にして短い「前進」という二文字である。市庁舎をいまおとずれる人たちはともかくとして、この条項をくわえた市の長老たちにとって、このことばの意味はあまりにも明確だったろう。「前に進むこと」という「進歩」の意味を、尋ねなおす必要はまったく感じていなかったはずだ。かれらは「前進」と「後退」の違いを、しっかり心得ていた。かれらはみずから前進を実践していたのだから、違いを知っていると確信をもって主張できた。「前進」の横には、「労働はすべてに勝利する」という別のモットーが、金と紫のラテン語で彫られている。「前進」は目標で、労働は到達するための乗り物だった。市庁舎建造を依頼した市の長老たちは、目標達成の日まで、乗り物の軌道の上にいると信じていたにちがいない。

一九一六年五月二十五日、ヘンリー・フォードは『シカゴ・トリビューン』の記者にむかって、つぎのようにいっている。

歴史なんてたわ言ですよ。伝統などもいらないでしょう。みんな、現在のなかで生きたがっているんだし、価値のある歴史は、いまこの瞬間つくられている歴史だけでしょう。

フォードは他の人がいうのをためらうことを、単刀直入にいうことで有名だった。前進を「歴史の仕事」と思うな。前進は現在に生きる、われわれの仕事なのだ。重要なのは、まだできあがっていないが、いま作られつつある歴史、これから作られることになっている歴史、つまり未来だけだ。未来については、実利主義、現実主義のもうひとりのアメリカ人、アンブロウズ・ビアースが、フォードの発言にさかのぼること十年前、『悪魔の辞典』でつぎのようにいっている。未来とは「事業が栄え、友人が誠実になり、幸福が確実となる時代のことをいう」。

近代的自信は未来にたいする人類の永遠の好奇心に、新しい一ページを加えた。近代型ユートピアはたんなる予言でも、怠惰な夢でもない。望みはかならず実現できる、そして、実現できるだろうという信念、あるいは、決意が近代的ユートピアである。生産者の世界では、未来が生産物と同じに、つまり、考案され、企画され、製作されたものと同じにみられた。未来は仕事が生産するものであり、仕事はあらゆる生産の源である。一九六七年になっても、ダニエル・ベルはまだこのようにのべていた。

今日、あらゆる社会は経済成長、生活水準向上のため（強調―Z・B）、社会変化の策定、誘導、管理を意識的におこなっている。現在と過去の研究の決定的違いは、前者が特定の社会政策の目的にあわせておこなわれていることにある。さらに、現在の研究は現実的選択肢、代案、信頼性のある基礎を提供する新しい方法論によってなりたっている(1)……

ピエール・ブルデューは最近、未来を支配するためには、現在を征服しなければならないとのべたが(2)、フォードが同じことをいったとしてもおかしくなかった。現在を支配すれば、未来における事業成功の自信が生まれ、過去を無視できる。これをできる人間だけが、過去の歴史を「たわ言」、別のいい方におきかえるなら、「無意味」「空自慢」「欺瞞」として扱うことができる。あるいは、少なくとも、そうしたくだらないものには眼を向けないでいることができる。進歩は歴史を高揚させ、歴史に気品をあたえたりしない。「進歩」とは歴史に意味がなくなったという信念と、歴史を無意味なままにしておきたいという決意を、外に公表することである。

歴史の進歩と信頼

「進歩」は歴史の質でなく、現在への自信をあらわすという点が肝心なのだ。進歩のもっとも深い、たぶん、唯一の意味は、密接に関連するふたつの信念からなる――「時間はわれわれの側にある」という信念と、われわれは「ものごとを実現できる」という信念。ふたつの信念はともに生き、ともに滅びる――ものごとを実現する力が、人間の行動に定着し、確立されるまで生きつづける。アラン・ペイルフィットは「社会の構成員同士の信頼と、将来の共有物すべてにたいする自信が、カナーンの砂漠を緑野に変える力の源泉となる」とのべている(3)。進歩概念の「本質」について、われわれがいいたい、あるいは、聞きたいと思っていることは他にもあるだろう。しかし、信頼、自信を存在論的にみてみたいという気持ちとしては理解できるが、それらは誤解をまねきやすい、むだな努力にすぎない。

歴史とはよりよい生活、より大きな幸福への歩みだったのか。ほんとうにそうだったのか、また、どうしてそうだとわかるのか。幸福への歩みだったというわれわれは、そのとき生きていなかったではないか。そのときの人たちは、いま、生きていない。それならば、だれと比較してそういえるのか。過去の恐ろしさから逃げるように、未来へ押されていっているにしても(ベンヤミンが解釈したクレーの絵における歴史の天使のように)、あるいは、「繁栄」の希望に魅了され、未来へと急いでいるにしても(劇的であるより楽観的な、ホイッグ的歴史観のように)、どちらの見方をとるかの判断「材料」は、記憶と想像力しかない。そして、どちらの見方をとるかは、われわれに自信があるか、ないかによって決まる。そして、唯一の「証拠」となるのは、記憶と想像力によって導きだされたものなのだ。変える力に自信をもつ人間に、「進歩」はあたりまえだろう。ことがらが手に負えないと感じている人間に、進歩という考えはおこらないだろうし、かれらはことばを耳にしただけでも、ばかばかしく思うにちがいない。これらふたつの見方のあいだに、共通項をみいだすことはできない。ヘンリー・フォードであったら、運動についていったのと同じことを、進歩についてもいっただろう。「運動なんてたわ言だ。健康なら運動の必要もないし、病気ならば運動などしない」。

進歩を確信させる唯一の理由、「現在をつかみきっている」という自信が、現在、ゆらいでいるのはあきらかだ。そして、ゆらいだ原因をつきとめるのも、むずかしくはない。

第一に、「世界を前進させる」主体のあきらかな欠如。流体的近代の緊急だが、答えのみつからない問題は、「なにがなされるべきか」（世界をよりよく、より幸福にするために）でなく、「だれがなすか」である。ところで、つい最近まで「不可侵の境界にたいする非理性的なほどの執着をともなって、われわれの世界観を形成し、世界を求心的にまとめあげ、組織」していたヨシュア記的言説が、崩壊しつつあるといったのは、ケネス・ジョウィット[4]だった。ヨシュア記的言説の世界において、行為の主体が疑われるのはまれだった。結局、ヨシュア記的言説の世界とは、行為の強力な主体と行動の余波／影響の完全な接続をいう。このイメージはフォード主義的工場や、秩序の策定と敷衍をしっかりおこなう主権国家のような、堅固さ、確実さ、頑強さを内容とする認識論的基礎をもっていた。

進歩にたいする自信の基盤には、今日、あきらかな亀裂と、分裂と、慢性的な崩壊現象がみられる。基盤のもっとも強力で、疑念の余地のない要素でさえ、信頼性とともにその中身を急速に失いつつある。近代国家の疲弊ほど痛切に感じとられるものはないだろう。国民の尻をたたき、働かせた力、ものごとを実現する力は、目的と目的遂行の主体を決定していた政治から剝奪されたのだ。政治の行為主体は、いまでも、「流体的近代」が出現した場所に、しばりつけられるように位置しているが、その間、権力はかれらの手のとどくところから、はるかに遠くまで流れさってしまった。現在の時代状況は、空高くとぶ飛行機の操縦席にだれもいないのに似ているといえよう。ギー・ドゥボールをふたたび引用するな

ら、「管制室は摩訶不思議な場所で、指導者も、明確なイデオロギーもない」ということになる。(5)

第二に、世界のあり方を改善するだけの力が、かりにあたえられたとしても、行為の主体にはなすべきことがわからないという状況。過去二百年のあいだ、さまざまな色と絵筆でイメージされてきた幸福な社会は、夢のまた夢か、(こうした社会が実現されたと宣言された場合でも)居住不能の場所でしかないことがわかった。あらゆる社会計画は幸福とともに、不幸も生みだした。これは破産したマルクス主義、隆盛を謳歌する経済自由主義の両方に、同程度あてはまるといえよう。(自由放任主義国家の熱烈な支持者を自認するピーター・ドラッカーでさえ、一九八九年、つぎのように指摘している。「自由放任主義でさえ『社会による救済』を約束している。利益獲得の障害を個人からすべてをとりのぞけば、完璧な、あるいは、少なくとも最良の社会が形成される」と。こんな虚勢をはるから、信用できなくなるのだ。)それではほかの社会計画はどうか。たとえば、「いかなる思想がアウシュヴィッツ全体を止揚し……普遍的解放をもたらすか」という、フランソワ・リオタールの発した質問に答えはでていないし、これからもでないだろう。ヨシュア記的言説の盛りはすぎた。人為的社会のこれまでのヴィジョンは悪臭を放ち、これからのヴィジョンには先天的なうさん臭さが漂う。幸福な社会をさがすでもなく、住んでいる社会のなにがおちつきなく走らせるのか見当もつかず、道しるべのない旅を、いま、われわれは闇雲に旅しているのだろう。「社会による救済はなく……わずか二十年まえリンドン・ベインズ・ジョンソンがのべた、『偉大な社会』のようなものを標榜する者がいたとしたら、笑い者になるしかない」(6)というピーター・ドラッカーの判断は、われわれの時代のムードをあますところなく伝えている。

問題はかならず「解決され」、生活はつねに向上し、改善されていくだろうという近代の進歩信仰は、完全に終息したわけではないし、すぐに終息しそうにもみえない。近代は「つくられる」生活以外の生活を知らない。近代人の生活は所与のものでなく作業、しかも、まだ終わっていない、不断の努力と注意を必要とする作業である。「流体的」近代、「軽い」資本主義時代の人間をとりまく状況は、このような生活の近代的特徴をさらにいっそうきわだたせたものである。進歩は完成の段階（おこなわれたものが、それ以上の変更を必要としない段階）へ到達するまでの、一時的な経過でも、暫定的できごとでもなくなり、果てしない、永遠の挑戦、永遠のプロセスとなった。この永遠の挑戦とプロセスが、現代人の「生きつづける」意味なのだ。

もし、現代的進歩があまりにもみなれない形をしているので、現代にほんとうに進歩はあるのかと疑われるのは、進歩の意味が他の近代的要素同様、極度に「個人化」したためだ。別のいい方をすれば、進歩が規制緩和され、民営化されたのだ。現実を改善してさしあげましょうという申し出は多彩であり、特定の改善策がはたして改善といえるのかどうかの判断は、自由意思、自由競争にまかされているために、進歩の規制緩和が必要となる。また、改善は集団でなく、個人によっておこなわれるため、進歩が民営化されるのである。不満から抜けだし、欲求をより高次元で充足したいなら、それぞれの機知、知力・体力、勤勉さを、個人のレヴェルで使わざるをえない。ウルリッヒ・ベックは、現在われわれが生きている危険社会について、瞠目すべき研究をおこなったが、それを以下のようにのべている。

みずからを（物質的存続のための）生活設計、行動決定の中心とする個人主義的な存在形態、存在状況が続々と生まれる傾向にある……。実際、われわれはみずからの社会的アイデンティティを選択せねばならず、同時に、選択にともなうリスクも背負わねばならない……いま、個人ひとりひとりが、生活世界における社会性の生産ユニットとなる。(7)

しかし、種の運命であろうが、個人的目標であろうが、進歩の可能性は、規制緩和と民営化のまえとまったく変わらない。また、未来を設計するためには、現実にしがみつく必要があるという、ピエール・ブルデューのいった状況も変わっていない。唯一の変化は、しがみつくべき現実が、個々人の現実となりはじめたことである。多くの、たぶん、大部分の現代人は、よくいえば、現実の掌握があやふやで、悪くいえば、現実をまったくとらえきれていない。深刻な不確実性は、個人生活のあらゆる断面、たとえば、生活費の獲得や恋愛・交友関係、職業的・文化的アイデンティティ、公共の場における自己表現や健康・体力、価値の追求やその手段に浸透している。われわれはこうした不確実性をふまえた、普遍的柔軟性の世界に生きている。信頼が安全に停泊できる港はまれで、信頼は嵐をしのぐ避難港をさがし、いたずらに海原をさまよう。われわれは苦い経験からつぎのようなことを学んだ。どんなに入念に、どんなに綿密に計画をねっても、予想どおりの結果は期待できないというたちの悪い傾向。「秩序に組み込む」ため、どんなに真剣に努力しても、さらなる混乱と混沌と混迷しか生まれないという皮肉。不確実性と偶発性をとりのぞくための苦労も、偶然性にたよったゲームにすぎないという事実。

科学は科学らしく、こうした歴史的経験によって出現した時代の気配をすばやく察知し、混沌や終末的大災害にかんする理論をまきちらした。かつて、科学は「神は偶然にたよらない」という信仰、世界は法則により決定されているという信念によって動かされていた。決定法則の目録を作成すれば、人間が闇のなかで手探りすることも、行動や目標を誤ることもなくなると科学は信じていた。しかし、その後、現代科学は方向転換し、世界の非決定性、偶然の巨大な役割、秩序や均衡の例外性を認めるにいたった。また、科学者は科学者らしく、科学的に処理された情報を、それらが最初に直感された時点や、人間的問題や人間的行動の世界の知恵に差し戻している。たとえば、科学に触発された現代哲学について書かれたダヴィード・リュエルの論文は、よく読まれて、影響力もつよい。リュエルによれば、「決定論的秩序は、偶然の無秩序を生む」という。

経済学論文には……立法者と政府行政官僚の役割が、共同体にもっとも好ましい均衡を発見し、執行することにあるかのように書かれている。しかし、物理学におけるカオス理論からもわかるとおり、ある種の力学的状況は、均衡を生むどころか、混乱し、予測不可能な発展を一時的に生じさせる。したがって、立法者と政府行政官僚は、最高の均衡をえるための決定が、ときとして破滅的結果をもたらす、予想外の激しい変動を生む可能性に直面せざるをえない(8)。

仕事を近代最高の価値に高めたさまざまな理由のうち、もっともあきらかなものは、形なきものに形を、はかないものに永続性をあたえる、仕事のもつ驚くべき、いや、魔術的力だった。混沌を秩序に、不確実性を確実性に変えるためには、未来を包囲し、制圧し、征服しなければならず、それが近代的野心でもあった。そして、仕事はその魔術性ゆえに、当然ながら、近代的野心から重要な、あるいは、決定的な役割を付与されることとなった。仕事の価値、そして、仕事のもたらす利益は少なくない。たとえば、富の拡大、貧困の除去がその例である。しかし、仕事のあらゆる利点に通底するものは、秩序形成、人類にみずからの運命を決定させる歴史的行動への貢献だった。

このように了解されるとするならば、歴史形成において「仕事」とは、好むと好まざるとにかかわらず、人類全体が従事しなければならない行動であることがわかるだろう。また、「仕事」がこのように定義されるとするならば、人類のあらゆる構成員が例外なく参加しなくてはならない、共同の努力であることがわかるだろう。そして、以下はすべて、上記のことがらから派生した結果である。仕事に従事するのが「自然の状態」で、従事しないのは異常だと考えること。貧困、貧窮、没落、堕落の原因は、その自然の状態を離れたことにあると考えること。種全体の前進にたいしておこなわれた貢献の度合いによって、人間を評価すること。自己の道徳的向上と社会全体の倫理水準の向上をもたらすすべての行動のなかで、仕事を最高のものと考えること。

不確実性が不変の状態となったとき、あるいは、そうみられるようになったとき、世界内存在は法に規定された行動、法を遵守する行動、そして、論理と一貫性をもった行動の一連の蓄積であるとはみられなくなった。世界内存在は「存在をつつむ世界」までもが参加したトランプでもしているかのように、手札を伏せて隠そうとする。どんなゲームでもそうだが、先の展開は変わりやすく、定まらず、気まぐれで、先が読めるのは数手先までである。

人間の努力に完成の日がなく、また、努力が確実に結実する見込みもないなら、目標にむかって長期的、永続的に働きながら、「総合的」秩序を、コツコツ築いていくことには、ほとんど意味がないようにみえる。いま現在、足元がおぼつかないのであれば、未来を計画にふくめることはむずかしい。「未来」と名づけられた時間は短縮され、生活全体は短いエピソードに分割され、一度に扱えるのは、ひとつのエピソードだけになった。連続性は、もはや、進歩の特性ではない。進歩の属性であった蓄積と長期性は、エピソードごとに異なるような要請にとってかわられた。エピソードそれぞれの利点は、つぎのエピソードがあらわれるまでに、完全に使いきられなければならない。柔軟性を原則とする生活では、生活戦略、生活設計は短期的でなければならないからだ。

迷路のイメージが、未来や、われわれの行く末にたいする考え方全体を、ひそかに支配しているといったのは、ジャック・アタリである。これが鏡に映った文明の現代的状況なのだ。人間的状況の象徴としての迷路は、遊牧民から定住民につたえられた。その後、数千年たって、定住民はようやくその迷路的運命に挑戦するのに十分な自信と勇気を獲得した。アタリによれば、「すべてのヨーロッパ語において、迷路という語彙は人工的複雑さ、無益な暗さ、歪曲した制度といった意味をもち、『明瞭さ』は論理という意味をもつ」という。

定住民がなしとげたことは、壁をガラス張りにし、曲がりくねった路地をまっすぐにし、標識をつけ、暗い回廊に灯りをつけたことだった。かれらは曲がるべき角と、避けるべき道を記した案内書と指示を、将来のさすらい人のために残した。かれらがこうしたのは、迷路がかれらの手できちんと管理されていると確認するためだった。ところが、やがて、行き交う足跡がみえづらくなり、曲がりくねった道がさらに曲がりくねり、新しい行き止まりが加わり、標識が混乱するにしたがって、迷路は迷路らしさを回復した。そこで定住民たちは、「非自主的遊牧民」に変身し、定住の歴史的歩みがはじまったころにうけついだ伝言をおくればせながら思いかえし、そのなかでも「将来に必要な叡智」となりえるかもしれない内容を、必死にとりもどそうとしはじめたのである。こうして迷路は、いまいちど、人間のおかれた状況の中心的イメージとなった。そして、迷路は「いかなる法則も反映していない道の配置を意味するようになった。純粋理性の敗北である偶然と驚きが迷路を支配する」(9)。

極端に迷路的な世界のなかでは、人間の労働は、他のあらゆる生活要素同様、複数の自閉的エピソードへと分割されていく。また、他のあらゆる人間的行動と同様に、労働者がみずからの計画にそった行動をとりつづけることはむずかしく、たぶん、不可能になっている。労働は秩序の樹立と未来の掌握をめざす世界から流出し、ゲームの領域へと移動したかのようにみえる。仕事は一手か二手先までしか読めない、下手なプレーヤーがたてる作戦のようなものになった。問題は個々の作戦がもたらす目先の結果である。結果はその場で使えるものでなくてはならない。世界には遠すぎる橋、つまり、近くにくるまで渡ることを考えたくないと思う橋や、渡ることなどないだろうと思う橋がたくさんあるように思われている。障害はひとつひとつ、順番に解決されることになる——それぞれには利益と損失の個別のバランスがあるから、ひとつひとつ別々に。生活の道は歩いていっても、まっすぐな道にはならず、今回、正しい曲がり角を曲がりえたとしても、将来、正しく角を曲がれる保証はない。

仕事の性格は完全に変わった。仕事は一回かぎりの行為に堕落し、目先のものを目的とし、目先の目的に触発されるのと同時に呪縛されるものとなった。また、それは形づくるのでなく、形づくられるものに、計画と構想の産物でなく、偶然の結果となった。他人の電源にはいりこんで、エネルギーを盗むのは、あちこち探して盗むのにエネルギーを使うからだというハッカー行為と仕事のあいだには、妙な似かよりがあるようにみえてならない。

人類の普遍的グランド・デザインや、一生をかけた天職という概念からはっきり切り離された仕事は、いまや、「暇つぶし」とでもいったほうがいいだろう。運命論的な意匠を剝奪され、形而上的支柱をはずされた仕事は、重厚な資本主義、堅固な近代を支配していた価値の星雲のなかでわりあてられていた確固とした位置をも失ったのである。仕事はもはや自己、アイデンティティ、生活設計の足場にはなりえない。それは社会の倫理的基礎とも、個人生活の道徳的機軸ともみられなくなった。

仕事の倫理的価値が失われたあとには、数々の審美的価値がもちこまれた。仕事の満足は個人が自分自身によってもたらすもので、未来世代の幸福、国益、人類への実質的、あるいは、仮定的貢献によって生まれるものではない。自分のしている仕事が重要であり、公共の利益となると断言できるだけの自信や権利をもつ人間はほんのひと握りにすぎない。仕事が人間の「品性をたかめ」、人々を「よりよい人間」に向上させるとはほとんど期待されなくなり、仕事は賞賛と賛美の対象からはずれた。仕事の価値は仕事をする人間にとって楽しいか、愉快かによって判断され、生産者、製作者としての倫理的、プロメテウス的使命の達成感でなく、消費者、刺激の追求者、経験の収集者としての、審美的欲求の満足度によって判断される。

労働の発生と衰退

オックスフォード英語大辞典に記載された記録によれば、「必要な物質を共同体に供給するためにおこなわれる肉体的努力」という意味で、労働ということばがはじめて使われたのは、一七七六年だったという。これに「労働者、工員の総体」という新しい意味がくわわったのは百年後で、その直後には、双方の意味を結びつけ、その結びつきに政治的意味をもたせた、労働組合あるいはそれと類似した団体という定義がくわわった。労働ということばの使われ方には、「労働の三面体的」構造がはっきりとあらわれている。仕事（つまり、「肉体的、精神的労苦」）の意義、仕事する者たちによる階級形成、そして、この階級にねざした政治という三者のあいだには、密接な連関（運命を共有するがゆえの語義的接近）がある——別ないい方をすれば、富の源、社会的幸福の主要な源とみなされる物理的労働と、労働運動の自己主張のあいだには密接な関係がある。両者は同時におこり、同時に倒れる。

文明を最盛期に達した段階で比較してみれば、富や収入のレヴェルに差はないというのが、おおかたの経済史研究者の一致する意見である（たとえば、ポール・ベロックの試算を参照されたい）[10]。紀元後一世紀のローマの富と、十一世紀中国の富と、十七世紀インドの富のレヴェルは、おそらく、産業革命にさしかかりつつあったヨーロッパのそれと大差なかったろう。ある推定によると、十八世紀ヨーロッパの一人あたりの個人所得は、同じ時期のインド、アフリカ、中国とくらべて、約三十パーセント高いだけにすぎないという。この比率が完全に変わるのに、百年もかからなかった。すでに一八七〇年の段階で、産業化されたヨーロッパ諸国における一人あたりの個人所得は、世界のもっとも貧しい国の十一倍に達していた。その後百年間のあいだに、この数字は五倍はねあがり、一九九五年には五十倍となった。ソルボンヌ大学の経済学者ダニエル・コーエンは「あえていうなら、国家間の不平等現象は最近のことであり、この二百年のあいだのことだ」といっている[11]。労働を富の源とみる考えも最近二百年間でおこり、この考えから生まれ、この考えに導かれる政治もこの二百年間でおこった。

あらたに出現した世界的不平等と、それにともなう自信と優越感は、前例のない、劇的なものだった。あらたな状況を理解し、知的に吸収するためには、新しい概念と認識上の枠組みが必要だった。新しい概念や枠組みは、あらたに誕生した政治経済学によって供給されることとなったが、他方で、この政治経済学は産業革命初期までの、ヨーロッパ近代に付随してきた重農主義的、商業中心主義的思想にかわるものとなった。

新概念の形成は、はじめ、スコットランドでおこったが、これはたんなる「偶然」ではない。スコットランドは産業の大変動のうねりの内側でもあったし、外側でもあった。また、産業革命とかかわりをもちながらも、一歩距離をおき、産業の地殻変動の震源地となった国とは、物理的にも心理的にも間近でありながら、初期には、その経済的、文化的影響から自由だった。「中心」でさかんな傾向は、「周辺」へと一時的に追いやられた地域で、真っ先に発見され、もっとも明瞭に認知されるというのがふつうである。文明の中心からやや離れた周辺地域は、ものごとを明白にみすえるのにちょうどいい近さであり、それらを「客観化」し、知覚を概念へと凝縮し、昇華するのに、ちょうどいい遠さだといえる。それゆえ、富は仕事に由来し、労働は富の主要な、いや、たぶん、唯一の源であるという信条が、スコットランドからでてきたとしても、偶然ではなかった。

これよりずっと後になって、カール・マルクスの考察を時代にあわせようとしながら、カール・ポランニーは、あらたな産業秩序を生んだ「大変革」の出発点を、労働と生活の分離にみいだした。この一過性のできごとも、じつは、包括的変化の一部をなしていたという。生産と交換は生活様式全体にかかわることをやめ、結果的に、労働がたんなる商品と考えられ、また、商品として扱われる道がひらかれたのだという。[12] 労働能力とその保有者の移動は自由になり、別のさまざまな（「よりよい」、つまり、効率的で有益な）用途にも使われだし、異なった（「よりよい」、つまり、効率的で有益な）組織の一部に属するのも可能になったが、これも労働と生活の分離によるものである。生産行動と生活行動一般が切り離されたおかげで、「肉体的、精神的」活動は独立した現象、あるいは、物として扱うのがふさわしい存在、つまり、物質といっしょに「取り扱われ」、動かされ、集められ、離される存在になった。

こうした分離がおこらなかったならば、労働という考えが「本来」属すべき「全体」から、心理的に切り離されることはなかったろうし、自己充足的独立存在へと凝縮されることもなかっただろう。富の前近代的見方で想定されている、耕作し、収穫する人間をもふくむ「土地」は、そうした全体にあたるものだ。新しい産業秩序と、産業社会の到来をつげた概念網は、ともに英国で誕生した。当時の英国は隣国と違って、小作農がなく、土地、労働、富の自然な関係が崩壊していたことにあった。農夫はまず、移動と利用がいつでも可能な労働力とみせるため、みずからを仕事のない、非定住の、「領主をもたない」人間を装わなければならなかった。

こうした現象をまのあたりにした者のなかでも、とりわけ思弁的傾向のつよい人間には、多くの人が仕事を失い、根無し草的に生活する新しい状態は、労働の解放のように映ったかもしれない。あるいは、人間の能力全体が、息もつまる地方的束縛、慣性の力、世襲による停滞から解放された、心おどる瞬間とみえたかもしれない。しかし、労働が「自然の束縛」から解放されても、労働者がだれにも所有されず、自由に漂泊できる時間は長くつづかなかった。また、みずからの行方を自由に、自主的に、自律的に決定することなど、とうていできなかった。解放前の労働が属していた「伝統的生活様式」は解体され、機能を停止したが、かわって、新しい秩序が導入された。このとき導入されたのは、あらかじめ計画された秩序、「構築された」秩序であって、以前と違うのは、それが目的もなく蛇行する運命の沈澱物でも、歴史的過ちの蓄積物でもなく、理性的思考と行動の産物であるという点である。労働が富の鉱脈だとわかったとき、鉱脈の発掘、開発、採掘を、以前にまして効率的におこなうことが、理性の役割となった。

近代の高揚した精神を十分吸いこんだ思想家（とくに、カール・マルクス）は、主として、旧秩序は意図的に爆破されたととらえていた。爆薬は「堅固なものを溶かし、神聖なものを汚す」と誓う資本によって仕掛けられた。しかし、懐疑派で、世の興奮に同調しない、ド・トクヴィルのような人間は、旧秩序は爆破されたのでなく、自滅したとみる。過去にさかのぼり、ド・トクヴィルのような人たちは、アンシャン・レジームのまっただなかに運命の種をめざとく発見している（時間をへてから推測し、暴露するのはやさしい）。かれらにとって、新しい時代の主人公たちの高ぶった、自信たっぷりの行動は、さしづめ、すでに死体となったものを蹴飛ばしているようなものでしかなかった。あるいは、旧秩序が延命のむだな努力のために使った特効薬とまったく同じものを、さらなる熱意と一途さで服用しているようにしかみえなかった。しかし、新体制の展望と、新支配者の意図とのあいだに、結局、対立はあらわれなかった。すでに崩壊していた旧秩序は、より弱点の少ない、より現実的な秩序と交替したのである。堅固だったものが溶けてできた空白は、あらたな堅固さで埋められねばならない。また、水上に漂うものは、以前よりしっかりと接岸させられねばならない。同じことを最近流行のいい方でいえば、「はずされた disembedded」ものは、おそかれ早かれ、「入れ替え re-embedded」られねばならないということだろう。

旧態依然たる地方的／共同体的桎梏をやぶり、保守固陋の慣習、慣習法に宣戦布告し、中間権力を突破し粉砕する——これらから生まれたのは、「新時代」の陶酔状態だった。「堅固なものを溶かす」のは、鉄鉱石を溶かして鉄柱をつくるのと同じだった。溶かされて液状となった現実は、新しい鋳型に流しこまれ、みずからが掘った溝を液体として流れるままにされていたとしたなら、えられるはずもなかった形があたえられた。どんなに野心的な夢でも、人間の思考、発見、発明、計画、行動の力でかなうように思われた。幸福な社会、つまり、幸福な人々からなる社会が実現していなかったとしても、遠からず実現する可能性は、思考する人たちの設計図の上では予想され、かれらが描きだした幸福な社会の輪郭は、行動する人間たちの事務所や司令室で、十分具体化されていたのである。思考する人間、行動する人間は、新しい秩序の確立に、労力をおしまなかった。秩序ある慣習をつくりあげる過程で、新しい自由は使われた。なにごとも予測不能の気まぐれや、偶然にまかされることは許されなかった。そして、改善、効率化、利益の向上を望めるならば、なにごとにも現状維持は許されなかった。

新秩序においてばらばらにみえる目標も、やがてはひとまとめにされるだろうし、沈没を防ぐために捨てられた船荷、難破船から流れでた浮き荷、難破して海原を漂う漂流物も、やがては回収され、陸揚げされることになるだろう。新秩序は耐久性を必要とするので、大きく堅牢でなければならず、石造りか、鋼鉄製がふさわしい。大きいことは美しく、大きいことは合理的である。「大きさ」は権力、野心、勇気の象徴だ。産業中心の新秩序が建設された場所には、力と野心を誇示する記念碑が点在する。記念碑は不滅であるかもしれないし、そうでないかもしれないが、少なくとも不滅にみえるようにつくられている。たとえば、大型機械と大量の機械工がつまった巨大工場、縦横にはりめぐらされた運河、橋、鉄道のネットワーク、永遠性の祈願と、崇拝者の永遠の栄光のために建立された古代の神殿をまねた、荘重な鉄道駅などである。

「歴史はたわ言」で、「伝統など必要なく」、「われわれは現在を生きたがり、価値ある歴史は、いまこの瞬間作られている歴史」だと宣言した当のヘンリー・フォードは、ある日、フォードの社員に自社製の車を買ってほしいと説明して、社員の給料を倍に増額した。この説明をまともにとってはならない。フォードの社員が購入した車からあがる利益は、フォード全体の販売収益からみると、スズメの涙で、給与の倍増はフォードの生産コストに重くはねかえった。例外的手段がとられたほんとうの目的は、フォードが労働の流動性に歯止めをかけたかったからだ。かれは雇用する社員が、生涯フォードにとどまるよう望んだのであり、従業員の養成や訓練に投資した資金が、かれらの在職期間中に回収されることを望んだのである。こうした望みを実現するために、フォードは従業員を非流動化し、かれらの労働力が完全に使いつくされるまで、かれらをつなぎとめておかなければならなかった。フォードの富と権力が、雇用された労働者と労働力に依存していたのと同じように、労働者は雇用、労働力の売却において、フォードに完全に依存させられねばならなかった。

フォードは他の人間が小声でしかささやけなかった思想を、大声で語ったといえる。フォードは同じ苦悩をもちながら、それを雄弁に語れなかった人たちの代弁者だった、といったほうがいいかもしれない。堅固な近代、重い資本主義に特徴的な思想、行動を、フォードの名前で形容してもかまわないだろう。ヘンリー・フォードのつくりあげた、新しい合理的秩序は、時代の普遍的スタンダードとなった。

そして、このフォード的秩序は、他の企業家が確立しようとしても、なかなか確立できない理想的秩序だった。理想とは資本と労働を、赤い糸で結ばれた男女のように、人の力をこえた力で結びつけることだった。

堅固な近代は、資本と労働が相互依存の原理で、密接に連動しあう重厚な資本主義の時代でもあった。労働者は生活のため雇用に依存し、資本は生産と成長のため労働者に依存した。しかも、両者は同じ住所に共存し、住所変更は不可能だった。工場の巨大な壁が、監獄のように、両者を囲い込み、閉じ込めていたのである。資本と労働は、豊かなときも貧しいときも、健康なときも病んだときも、死がふたりを分かつまで、けっして離れてはならなかった。工場は両者の共同の生息地であり、同時に、塹壕戦がたたかわれる戦場であり、希望と夢のふるさとであった。

資本と労働をひきあわせ、結びつけたのは、売り買いの取引だった。それゆえ、生き残るためには、それぞれ、取引をおこなえるだけの体力が必要だった。資本家は労働を買う資金をもたねばならない。一方、労働者は雇用者を失望させず、かれらに余計な支出をさせないだけの健康と、強さと、鋭敏さと、魅力をもつ必要がある。両者には相手を健康な状態にたもっておく、それぞれの理由があったのである。したがって、資本と労働の「再商品化」が、政治と、最大の政治組織である国家の、主要な関心、あるいは、任務となっても、なんら不思議ではなかった。資本家に労働を買うだけの体力があるか、賃金が資本家を圧迫していないか、国家は監視をおこたらない。失業者はほんとうの意味での「労働予備軍」であるから、景気のよいときも悪いときも、いざというときにそなえて、失業者として確保されていなければならない。その意味で、福祉国家は「自由主義、保守主義を超越」したものだといえるだろう。

社会福祉という屋台骨がなければ、成長はおろか、資本、労働両者は存続さえあやういのである。

福祉国家は一時しのぎだとみていた人たちがあった。不幸や災難にたいする集団保険である社会福祉によって、被保険者が底力をやしない、大胆にも、危険にかける勇気を獲得して、いわゆる、「ひとり立ち」をおこなうと、福祉国家は役割を終えるだろうというのだ。さらに懐疑的な人たちは、福祉国家を集団が資金調達し、運営する公衆衛生維持装置だとみていた。それは資本主義的活動が社会的廃棄物を出しつづけ、再利用の意思も資金もないかぎり（つまり、長期間にわたって）、作動しつづける浄化と治癒の装置だというのだ。しかし、福祉国家は変則性を矯正し、社会的ノルマからの逸脱を防止し、逸脱がおこってもその影響を最小限におさえる、そのための仕掛けだと一般的には理解されている。疑問視されることのほとんどない、この場合の社会的ノルマとは、資本と労働の直接連動であり、重要でむずかしい社会問題をこの連動の枠内で解決することである。

若い見習い工としてフォードに就職した者は、ほとんど確実に、人生を同じ会社で終えると思っていたはずだ。重い資本主義における時間軸は長い。労働者の時間軸は、同じ会社ですごす一生と、永遠ではないかもしれないが、少なくとも労働者の一生より長くつづくだろう、会社の存続期間からなりたっている。一方、資本家にとって、家族の一生をこえて存続しつづけるだろう「家産」とは、かれらが相続し、建設し、財産につけくわえた、過去から未来にわたって蓄積された工場の数である。

手短にいえばこうである。「長期的」精神構造は、労働の買い手と売り手は、長期間、実際には永遠に、密接に結びついて離れないという経験からでてくる期待に等しい。また、買い手と売り手の共存形態を、うけいれられる範囲でさがしだすのは、同じ団地にすむ住人が、管理規定をつくって秩序を維持するのと同じで、「全員の利益」となるという経験からでてくる期待に等しい。われわれがこれを経験から学ぶまでに、数十年、いや、百年以上の月日が流れた。それは「固体化」の長い、曲がりくねった過程が終了しかけたときにおこったといえる。リチャード・セネットは最近の研究で、資本主義時代特有の無秩序が、「大労働組合、福祉国家、巨大企業」の合同作用によって解消され、相対的安定の時代にはいったのは、第二次世界大戦以降のことだったという見解をだしている(13)。

問題の「相対的安定」の底に、永遠の争いがよこたわっていたのも事実だった。争いのもとは、この相対的安定であって、ルイス・コウザーが指摘するように、争いをひきおこすことこそ、相対的安定の逆説的「機能」だった。衝突、戦い、それにつづく調停によって、対立者同士のつながりは強化される。なぜなら、どちらも単独では存在できず、両者の生き残りは、うけいれ可能な解決策が、みいだせるかどうかにかかっているからである。共存のルールづくりが、交渉、対立、対決の、そして、停戦、妥協の要因となるにあたって、対立する当事者はたがいの存在を認めあわざるをえない。労働組合は個人としては無力な労働者をまとめあげることで、交渉能力を獲得する。そして、障害でしかなかった就業規則を労働者の権利に変え、雇用者の理不尽な命令にたいする抑制手段とすることにも、ときとしては成功した。この相互依存があったからこそ、資本主義的工場にはじめてかりだされた元職人がもっとも嫌悪した非人間的時間割も（E・P・トンプソンはかれらの抵抗を鮮明に記録している）、あるいはあの悪名たかきフレデリック・テイラーの時間計測に代表される「一歩進んだ、新しい」管理も、そして、セネットのいう、「大企業の成長のため、経営者によって実行される抑圧と支配」でさえ、「労働者が自分たちの要求をつきつけ、権力を獲得するための前提に変えた」のである。セネットは「反復作業は卑しいものかもしれないが、労働者を守るものでもあったし、反復作業は労働者を腐らせたかもしれないが、生命を形成するものでもあった」とのべている。(14)

状況は一変し、多面的変化の主要な中身は、「長期的」精神構造にとってかわった「短期的」精神構造となった。「死がふたりを分かつまで」つづくような結婚は、もはや時代遅れもはなはだしく、希少価値がつくほどになった。パートナー同士が長く関係をつづけることもなくなったのだ。統計によると、まずまずの教育をうけたアメリカ人は、生涯に平均して十一回も職をかえるというし、いまの世代の働き手が退職の時期を迎えるころまでに、この回数は増えてはいても、減っていることはないだろう。「柔軟性」は現在の代表的スローガンであって、柔軟性が労働市場にあてはめられたとき、「われわれが慣れ親しんできたかたちの雇用」も終焉を迎えるはずである。柔軟性がもたらすのは、短期契約型、契約更新型の雇用、あるいは、契約のない雇用であり、いつ廃止になるかもわからない、安定しない地位である。こうして、働き手の生活は不安であふれかえるものとなるのだ。

結婚から同居へ

記憶に残るかぎり、働き手の生活が安定したことはなく、こうした状況になにひとつ目新しいものはない、という反論もあるだろう。しかしながら、いまの不安定さはその深刻さにおいて前例がない。ひとの生活や未来をだいなしにするかもしれない災難は、人々の連帯や、団結では、あるいは、集団によって討議され、合意され、執行される対策でははねかえし、打ち砕くことができなくなっている。また、災難はだれかれのみさかいなく襲ってくる。しかも、犠牲者は不可解な論理で、あるいは、不条理に選びだされ、そのたびに気まぐれな一撃があびせかけられるのだから、襲われるのはだれで、救われるのはだれか知るよしもない。現代の不安定さは、個別化を進める、強い力であるといえよう。連帯でなく分断をもたらしながらも、だれがどのように分断され、犠牲となるか予測できないのであるから、「共通の利益」などという考えは、たんに漠然とした、実質的価値のないものとなる。

いまこの時代の恐怖、不安、不満は、たったひとりで、耐えられねばならない。これらが蓄積され、「共通の大義」へと集約されることはないし、明確な、かたちある主張に変えられることもない。共通利益を守る立場が合理的戦略だった事実は過去のものとして去り、労働者階級を守る戦闘的組織づくりとは違った、べつの生活戦略が必要となった。労働環境の変化の犠牲者、あるいは、犠牲者になるのではないかと恐れる人間が、よくいうのは次のようなことだと、ピエール・ブルデューは指摘する。「労働の規制緩和、臨時雇用の増加のなかで生まれてきた新しいかたちの搾取に対処するには、旧来型の組合運動では不十分である」。昨今の変化は「過去の連帯基盤」を破壊し、結果として「失望感、闘争精神の喪失、政治参加の衰退」を生んだ、というのがブルデューの説である。(15)

雇用は短く不安定、将来への確実な展望は消滅し、雇用はエピソード的なものになった。そして、昇進と解雇をめぐるゲームの、ほとんどすべての規則は否定されるか、ゲームの途中で変更された。こうなると、相手にたいする忠誠心、献身が芽をだし、根をはる可能性はほとんどなくなる。長期的相互依存の時代と違って、新しい時代には、共同作業の叡智に真剣に興味をもつ動機はほとんどみあたらない。雇用の場は共生のための規則を、忍耐強く、苦労しながらさがす共同生活の場ではなくなった。それはむしろ、数日間をすごし、快適でなければ、あるいは、満足がいかなければいつでも出ていけるキャンプ場のようなものとなった。マーク・グラノヴェッターはいまの時代を「弱い絆」の時代と呼び、セネットは「長期的関係より、一時的連携が有益な」時代と呼んだ。[16]

　現在のような「液体化」し、「流動」し、分散し、散乱し、規制解除された近代となっても、資本と労働の関係の完全な崩壊、分断がおころうとしているわけではない。しかし、この時代には、資本と労働のつながりをゆるめるような、軽い、浮遊する資本主義が生まれる。これを結婚生活と同居の違いにたとえてみたい。同居には同居は一時的なことであり、同居の理由や望みが消えれば、いつでも関係は解消できるという前提があって、同居にふさわしい態度というものもある。同じ屋根の下に住むことは双方向的合意と、相互依存がなければなりたたないが、同居の解消は一方的であってかまわない。たとえば、関係する一方が、ひそかに願ってはいたものの、真剣には考えてはいなかった自立をえたときのような場合。昔なら想像できなかったような移動の自由によって、資本は労働への依存から解放された。資本の労働への非依存度は、かつての「非居住領主」のそれさえ、はるかに凌ぐものとなった。資本、収益、配当の拡大、株主の満足において、労働との継続的関係を視野にいれる必要はなくなったのだ。

　資本と労働の分離は、もちろん、完結したわけでなく、資本が希望どおりの最高の自由を獲得したわけでもない。ほとんどの計画には、地域的、箇所的要素が大事なのであって、政府によっては、資本の移動の自由にやっかいな制約をくわえてくる場合も少なくない。資本は地域にしばられず、身軽な根無し草となったが、これは前例のない傾向だった。資本は獲得された空間移動の自由で、地方型政治家を脅迫し、要求をつぎつぎ呑ませている。地域から資本を引き揚げ、他の地域に移すと、脅しを（それが暗黙の脅し、想像された脅しであっても）かけられれば、責任感のある政府は政府自体のためにも、代表する地域のためにも、資本の要求を真剣に検討しなければならないだろう。こうして、資本の引き揚げを回避するという最大の目的のために、政策はしばしば変更されるのである。

高速で移動する資本と、移動をとめようとする各地域権力の綱引きが今日の政治である。そして、負けるにきまっている綱引きをしていると感じているのは、各地域組織の権力である。力でなく、平身低頭して資本を誘致し、一日いくらの部屋をかりてもらうのでなく、摩天楼を建ててもらう以外、地域の利益確保にかける政府がとれる策はない。これは（自由貿易時代によく使われる政治用語を使うなら）「自由な企業活動にふさわしい環境を整備する」ことによって達成されるだろう。環境整備とは、「自由な企業活動」のルールに政治をあわせることである。つまり、政府はみずからのもつあらゆる規制権限を使い、規制緩和と、残存する「規制」法、条例の廃止を断行して、規制権限が資本の自由の制約に使われることはけっしてないと証明してみせるのである。また、政府は行政をうけもつ地域が、地球規模で考え、地球規模で行動する資本の展開や、将来の活動を邪魔しないよう、また、隣接する行政区域より、そうした資本に有利な処遇を提供できるよう努力するのである。こうした政策とは、具体的にいえば、低い税金、規制緩和、あるいは、規制の完全撤廃、とりわけ、「柔軟な労働市場」の設置をさす。一般的に、こうした政策は資本のいかなる決定にも、組織だって抵抗できない、あるいは、しない、従順な人間集団をつくる。逆説的なのは、各地域の政府が資本に、出ていくのはいつでも自由ですよ、出ていくのに報告はいりませんよと約束して、域内にとどまってもらっていることなのだ。

大型機械、大量の工場労働者という荷物を捨て、資本は機内持ちこみ荷物、つまり、書類かばんと、ラップトップと、携帯電話だけで世界をとびまわる。資本のあらたな流動性は、関係の樹立を、とりわけ、安定した関係の樹立を余計なこと、愚かな行動にしてしまった。一度、関係を結ぶと、資本は機動性を失い、生産性の向上につながるかもしれない別の選択肢は否定され、競争力も低下する。株式市場や世界中の経営者会議は、「人員削減」、「規模縮小」、「分割」といった「正しい方向を向いた」戦略に報いることにおいて敏速であり、人員拡大、雇用増大、大型長期プロジェクトから「抜けだせない」会社を処罰することにおいて機敏である。脱出奇術で有名なフーディーニの、姿をくらます技術、省略戦略と回避戦略、いざというときにそなえた逃避の準備と能力、そして、関係解消と関係不締結の前述の方針が、経営の叡智であり、成功の秘訣である。機動力をさまたげるぎこちない絆、めんどうくさい約束、下手な従属関係とは縁を切ることが、支配のもっとも効果的な武器となる、とミシェル・クロジェがだいぶ以前にのべた。しかし、現代におけるそうした武器の供給や、それを使いこなす能力の分配は、近代史をとおしてみてみると、以前ほど平等ではないことがわかる。今日、動きの速度が、社会の階級化と力のヒエラルキーを決定する、最大の、あるいは、たぶん、究極の要素となった。

　利益、とりわけ、あすの資本となる巨大な利益を生みだす源が、物質的な物でなく、アイデアであるという傾向は、ますます強くなりつつある。アイデアは一度生産されると、富をもたらしつづける。そして、富の大きさは、原型にもとづいて製品を生産するために雇用された人間の数によるのでなく、何人のひとが購買者／顧客／消費者としてそのアイデアにひきつけられたかによる。アイデアにより大きな利益をあげさせようとする場合、競争してかちとらなくてはならないのは、より多くの消費者であって、より多くの生産者ではない。とするならば、今日、資本の主たる関心が消費者に向けられていたとしても当然だろう。いま、「相互依存」をまじめに云々できるのは、この資本と消費者からなる領域においてだけである。資本の競争力、効率、利益率は消費者に依存し、資本の予定は、消費者の在・不在、消費者数拡大の可能性、アイデアにたいする需要の開発と増強にしたがうかたちで決定される。予定を策定し、資本を移動するにあたって、労働力の存在は、二次的な関心でしかない。地域的労働力の、資本にたいする（さらに一般的には、雇用情勢や求職数にたいする）影響力は、極度におちこむ結果にいたったのである。

ロバート・ライシがいうには、(17)経済活動に現在従事している人間は、大きく四つの範疇にわかれるという。まず、アイデアとそれを魅力的にみせ、売りものにする方法を発明する「象徴の操り人」。第二の範疇に属するのは、労働を生む（教育者や福祉国家のさまざまな役人といった）人間。第三は顧客と直接顔をあわせる、「個別サーヴィス産業」（ジョン・オニールが「スキン・トレード」と命名したような職業）に従事する人たち。製品を売る人間、製品の需要をつくりだす人間が、第三の範疇の大部分を占める。

最後に、第四の範疇にふくまれるのが、過去百五十年にわたって、労働運動の「社会的基層」をなしてきた人々。かれらはライシの用語にしたがえば、「ルーチン労働者」で、組立ライン、（より近代化した工場では）電算機ネットワーク、レジのような電子オートメーション機械に一日じゅうしばられる人々である。現在の経済システムのなかで、使い捨て可能、取り替え可能、交換可能だと考えられているのは、第四の範疇に属する労働者である。こうした職種では、特殊な技能も、顧客とのつきあいの技術も要求されない。したがって、労働者の入れ替えも簡単なのである。ぜひ使ってみたいと雇用者に思わせるような特質が、かれらにあるわけでない。また、かれらにはわずかな交渉能力しかない。かれら自身、自分が使い捨てであることを承知しているために、仕事に特別な愛着をもったり、仕事にうちこんだりするのは無駄だと考え、同僚との長いつきあいをはじめる気もない。失望を警戒して、かれらは職場に特別な忠誠心をもたないよう、職場の未来にみずからの生活目標を重ねあわさないよう注意する。これは「柔軟化した」労働市場にたいするごく自然の対応だろう。労働市場の柔軟性をみずからの生活経験にひきつけ、かれらは自分の仕事と、長期的安定はまったく無縁だと感じるからである。

セネットは二十年ぶりにあるニューヨークのパン屋をおとずれたとき、つぎのようなことに気づいたという。「さまざまな合理化のあおりで、従業員の士気と意欲はいちじるしく低下していた。職を失わなかった従業員は、クビになった従業員との競争に勝ったと喜ぶより先に、いつ自分もクビになるかと戦々恐々だった」。しかし、従業員が仕事や職場への関心を失い、仕事と職場の未来に思考と倫理的エネルギーを投資することをいさぎよしとしなくなった理由は、別にもあるとセネットはつけくわえる。

彫刻を彫ることから食事の配膳にいたるまで、あらゆる職業において、人間は挑戦的な仕事、むずかしい仕事こそ自分の天職と考えるものだ。多国語に堪能な者がときおり出入りし、性質をまったく異にする要求が毎日のように舞いこむ柔軟な職場では、機械だけが普遍の秩序となる。普遍であるためには、機械はだれにでも簡単に操作できなければならない。柔軟な体制において、むずかしさは非生産的である。恐ろしいパラドックスは、機械から取り扱いのむずかしさを排すと、機械を使用する人間の側に、無批判と無関心の下地ができてしまうことだ(18)。

新しい社会階級の一極、軽量資本主義の権力ピラミッドの頂点付近を徘徊する人間にとって、場所はほとんど意味がない。かれらは自分が物理的に占めている場所にさえ属さない。かれらはかれらを生み、力をあたえた新しい資本主義経済同様、軽量で変動的である。ジャック・アタリはかれらの生態をつぎのようにいいあらわしている。「かれらは工場も、土地も、経営者の地位さえ所有しない。かれらの富はもちはこび可能な財産、迷路の法則にかんする知識から生まれる」。かれらは、また、「つくり、あそび、動きまわるのを好む」。かれらは「価値の変わりやすい、未来を気にしない、利己的で、享楽的な」社会を住処とする。かれらは「新奇さを好ましい兆候と、不安定を高価値と、不安を必然と、雑種性を豊かさとみなす(19)」。程度の違いはあっても、かれらは全員「迷路を生きぬく」技術にたけている。かれらは道に迷うのは当然だと思う。そして、出発した旅の途中、どこにいるのか、いつ目的地に着くのかわからなくなっても、めまいや目のくらみをおぼえても、時間と空間を超越して生活していく用意があるのである。

数か月前、わたしは妻といっしょに、飛行場のバーで、乗り継ぎ便を待っていたことがあった。二十代後半か三十代前半くらいだろう、携帯電話をもったふたりの男性がとなりのテーブルに座っていた。飛行機に搭乗するまでの約一時間半、ふたりの男性はおたがい一言もことばをかわすことなく、そのかわり、携帯電話のむこうがわにいる、目にみえない相手とひたすら喋りつづけていた。ふたりはおたがいの存在に気づいていないわけではなかった。じつは、おたがいの存在に気づいていたことが、このような行動をふたりにとらせたのだ。ふたりの男はもっとも激烈な、すさまじく獰猛な競争をくりひろげていたのである。どちらかの男が電話を終え、もうひとりの男がまだ会話の最中だと、最初の男はつぎにかける電話番号を必死でさがす。社会的地位、立場、力、威信の証である電話接続の回数、「接続しやすさ」、ネットワーク上の接続点の密度、好きなようにつながる接続点の数といったものこそ、ふたりにとっての究極の重大事である。ふたりの男性はこの一時間半を、飛行場のバーとの関係では、別世界ですごした。ふたりが乗るはずの飛行機の出発がつげられると、かれらは同時に、示し合わせていたかのように書類かばんを閉め、耳に携帯電話を押しつけたまま、テーブルをあとにしていった。かれらは一メートルと離れていないテーブルに、わたしと妻が座っており、かれらの一挙手一投足が観察されていたことに、ほとんど気づいていなかった、とわたしは確信している。たしかにかれらとわたしたちに、物理的距離はなかったかもしれないが、（レヴィ＝ストロースが正統派の人類学者を批判した、そのいい方にならえば）生活世界《レーベンスヴェルト》という視点からみた精神的な距離[20]は、無限であったといえるだろう。

ナイジェル・スリフトは、みずから「ソフト」資本主義と名づけた制度にかんする優れた論文で、最近、国際派エリートが使う語彙と認識枠に、すさまじい変化がおきていると指摘した。みずからの活動の要旨をつたえるのに、かれらは「踊る《ダンシング》」とか「波のり《サーフィング》」といった比喩を用いる。「工学《エンジニアリング》」といったことばは使用せず、かわりに、文化やネットワーク、チームや提携を使い、支配、管理、統率力といったことばよりむしろ、影響といったことばをこのむ。かれらは短い予告期間で、あるいは、予告期間なしで結成されたり、解消されたり、再結成されるような、しばりの緩やかな組織にだけ関心がある。それはいかにも流動的なかたちの集合体であるために、かれらが「多面的で複雑で変動のはやい、したがって、『曖昧』で、『不鮮明』で『可塑的』で、「不確実」で「逆説的」で「無秩序だとさえ」考える、環境にぴったりはまるのである。今日の企業組織には、無秩序の要素が意図的に織りこまれている。柔らかければ柔らかいほど、流動的であればあるほどよいからだ。世界じゅうのすべてがそうであるように、知識もまたあっという間に古くなる。それゆえ、「確立した知識を鵜呑みにしない」こと、前例にはしたがわないこと、蓄積された経験から叡智を学びとろうとはしないことが、効率と生産性向上達成の鍵だとみられるようになったのだ。

わたしが飛行場のバーでみた携帯電話のふたりの男性は、あらゆる不確実性と不安定さの上で繁栄する、サイバースペース世界の、数少ないエリートの見本だったのかもしれないし、エリートのまねをしているだけであったかもしれない。支配層の生活スタイルは、世界の支配的スタイルとなる傾向にある。そうなるのは、それ自体が魅力的だからではなく、模倣するのが望ましいからであり、生活環境の要請だからである。空港の待合室で時間をすごさなくてはならない人の数は少ないし、そこでいつもどおりに落ち着いていられる人の数はもっと少ないだろう。また、にじりよる退屈さと、やかましく粗野な群集に、閉口もせず、圧迫感も感じない超領域的人間の数も同様に少ないだろう。しかし、多くのひと、あるいは、ほとんどのひとは洞穴を出ない遊牧民なのだ。かれらは自分の家のなかに隠れ場所をさがそうとするかもしれないが、そこを隠遁場とすることはできないし、いくら真剣に試みても、そこに落ち着くことはできない。なぜならば、隠れ家の壁は穴だらけで、穴からは無数のコードがのびていて、さらに、電波がいたるところから侵入してくるからである。

こうした人たちは、かれらの先達たちがそうであったように、支配され「遠くから管理される」。支配のされ方、管理のされ方が新しいだけなのだ。指導力は見世物に、監視は誘惑にとってかわられた。電波を支配する者が世界を支配し、その形と内容を決定する。見世物をみるよう、だれも人々に強制しないし、勧めもしない。一方、観衆を見世物から追いだす者もいない。「情報」の（大部分が電子的な）入手は、厳重に保護された権利となり、国全体の幸福度は、テレビをそなえた（あるいは、テレビに犯された？）世帯数で判断されるようになった。そして、その情報によってもっとも頻繁に伝えられるのは、情報の受け手の住む世界の流動性であり、流動的になることの意義である。「現実世界」でおきたことの忠実な再現だと誤解されやすい電子情報のひとつは「ニュース」である。また、みずから「現実を映す鏡」の役割を果たすかのようなふりをするのも（現実を忠実に反映し、歪みなく報道していると番組でしばしば主張する）、電子情報のひとつ、「ニュース」である。ニュースは、ピエール・ブルデューの見方によれば、もっとも耐用期間の短い商品だということになる。たしかに、ニュースの寿命はメロドラマや、トークショーや、お笑い番組の寿命にくらべても極端に短い。しかしながら、「現実世界」についての情報としてのニュースの短命さこそ、情報のもっとも重要な要素なのである。四六時中流されているニュース番組は、毎日、繰り返し繰り返し、変化の息をのむようなはやさと、ものごとが古くなる速度の加速度的上昇と、新しいもののやつぎばやの出現を報道する。(21)

追記——引き伸ばしの短い歴史

ラテン語でクラス cras は「あした」を意味する。しかし、このラテン語は広い意味範囲をもち、曖昧なことばとして有名なスペイン語のマニャーナと同じく、一般的な「後で」、つまり、未来全般をさす。このクラスから派生した、クラスティナーレの過去分詞、クラスティヌス crastinus とは、あしたに属するもののことをいう。また、英語のプロクラスティネイト procrastinate（先延ばしする）の語源である、プロ pro（先へ）-クラスティナーレ crastinare とは、あるものをあしたに属するもののなかにおくという意味だった。なにかをそこにおくということは、おかれるものが本来属するのはあしたではないということでもある。ふくみとしては、自然のすみかが、どこかべつの場所にあるということなのだろう。自然のすみかとはどこか。それは現在だろう。あしたに着地するためには、まず、ものごとは今日からひき離されるか、今日への立ち入りを禁止されなければならない。英語で「プロクラスティネイトする」とは、ものごとを到着順に処理しないこと、自然の順序にしたがって行動しないことである。したがって、プロクラスティネイション《先延ばし》とは、現在の一般的理解とはちがい、怠惰、怠慢、無気力、倦怠を意味しない。それは能動的行為であり、ものごとの順序を操作しようという試みである。また、なりゆきにまかせ、抵抗しなかった場合のものごとの順序とは、違ったかたちの順序をつくろうとする努力でもある。プロクラスティネイトするとは、ものごとの存在形態の成立を遅らせ、延期し、後回しにすることによって操作しようとすることであり、その存在成立の緊急性を先へ延ばすことによって操ろうとすることである。

　文化的実践としての先延ばしは、近代とともに登場した。先延ばしの近代的意味と倫理的重要性は歴史的時間、また、それ自体が歴史でもある時間にあたえられた深い意味に由来する。時間は異なった性質と、異なった価値をもつ、さまざまな「瞬間」のつながり、現在から、いまの現在とは違った現在（原則的にはいまより望ましい現在）への進行と認識されるようになったが、先延ばしの新しい意味も、こうした時間の新しい見方から生まれたのだ。

近代において、時間は目的地にむけての行進、あるいは、巡礼とみられるようになった。端的にいうと、先延ばしは近代的時間から生じたのだ。近代的時間における瞬間の価値は、つぎに起こることによって判断される。いま、この瞬間にどんなに価値があったとしても、それは後にやってくる、さらに高い価値の前触れでしかない。したがって、現在の効用、あるいは、使命はそのより高い価値へと一歩近づくことにある。現在という時間は単独では無意味であり、無価値である。同じ意味で、現在という時間には、欠陥、不足、不完全さがある。現在のほんとうの意味は先にある。現在、われわれの手元にあるものは、「いまだ生まれきたらぬもの」、いまだ存在せざるものによって評価され、意味づけされるのだ。

未来の巡礼者としての生活は、本質的にアポリア的である。それぞれの瞬間は、いまだ存在しない目標に奉仕せねばならず、また、奉仕にあたっては、目標までの距離を縮め、目標に近接性と緊迫性をもたせなければならない。しかし、距離が縮められ、目標がひきよせられた瞬間、現在はみずからの重要性と価値をすべて喪失する運命にある。それは巡礼者の生活で重宝され、評価される道具的理性が、最終到達点を眼前にぶらさげておきながら、けっしてわれわれを近づけさせない、終わりを目の前までもってきておきながら、それとの距離をけっしてゼロにしない、といういたずらをするからである。巡礼者の生活は達成点への旅であるが、「達成」は生活の意味の喪失でもある。達成点にむけて旅することは、巡礼者の生活に意味をあたえるが、あたえられた意味は、みずからの自爆衝動によって破壊される運命にある。意味は、意味として完成まで生き延びることができない。

先延ばしには、こうした曖昧さがふくまれる。巡礼が先延ばしするのは、ほんとうに重要なものをとらえる準備を、より万全にしておきたいからである。しかしながら、それをとらえてしまっては、巡礼は終わり、それをとらえることだけを唯一の目標にしてきた生活も終わる。先延ばしに、あらかじめ備えられた時間的制約をやぶり、無限に先送りする機能が内蔵されているのはこのためである。こうして、先延ばしは、先延ばし自体の目的となる。先延ばしのなかで、もっとも先延ばしする必要のあるものは、先延ばしの終焉である。

近代社会の基礎として、世界内存在の近代的形態を形成した行動・態度は、充足の先送り（欲求、欲望、快楽、愉悦の先送り）であった。先延ばしは充足の先送りというかたちで、近代という舞台に登場してきた（あるいは、もっと正確にいうなら、近代という舞台をつくりあげた）。性急に急いだ結果でなく、時間をかけた結果、一方で資本の蓄積、他方で、労働倫理の拡散と確立という、まことに重要な近代的革新が可能になったのだ、とマックス・ウェーバーは説明する。改善の欲求が努力に拍車をかけ、動機をあたえた。しかし、「まだだめだ」「いまではない」という警告が、そうした努力から、成長、発展、加速、そして、近代社会という予期せぬ結果を生んだのである。

「充足の先送り」というかたちをとった先延ばしは、内部に二面性をかかえていた。リビドーとタナトスは先送りがおこなわれるたびに衝突し、先送りは宿敵リビドーにたいする勝利でもあった。充足の望みをちらつかせ、欲望はわれわれを努力にかりたてるが、かりたてる力をもつためには、充足が可能性だけにとどまっていなければならない。欲望の動機づけの力は、欲望が充足されないことにかかっている。結局、生きるために、欲望はみずからの生き残りを欲望させなくてはならない。

充足の先送りというかたちの先延ばしでは、作付けと耕作が収穫と採集より、投資が収益の回収より、貯蓄が支出より、自制が放縦より、労働が消費より優先される。とはいっても、優位性が否定され、有益性が軽視されたとしても、物質の価値が低下するわけではない。物質の獲得は自主的禁欲と、先送りの賜物なのである。禁欲が強ければ強いほど、結果的には、享楽の機会もひろがるはずである。貯蓄をすれば、より多くのお金がやがて使えるようになりますよ、だから、お金はためなさい、ということになる。皮肉なことに、即時性の否定、目標の棚上げは、目標の価値を一段とたかめる結果となった。待たなければ報酬はえられないことで、報酬の、人をじらすような、魅惑するような呪力は倍増する。先延ばしは、欲求充足を行動動機として否定するどころか、むしろ、人生の究極の目的とした。そして、欲求充足の延期は、生産者のなかにある消費者としての性格をめざめさせながら、生産者に消費者としての悩みを味わわせるのである。

先延ばしの二面性からは、正反対の傾向が生じる。ひとつが手段と目的の交替をうながし、仕事のための仕事の美徳を説き、愉悦の先送りに独立した価値、最終目標よりさらに大きな価値を認め、先送りを永久につづけさせようとする労働倫理。そして、労働を純粋に補助的な手段としかみなさず、労働に固有の価値でなく、手段としての価値しかあたえず、禁欲と断念は必要悪かもしれないが、やはり、やっかいで恨むべきものであり、できることならば、最小限におさえたいという消費の美学がもうひとつである。

先延ばしは諸刃の剣として、「固体的」「流体的」近代、生産者的、消費者的近代のいずれでも機能するが、解決しがたい実践的、抽象的摩擦、緊張も同時にもたらす。したがって、近代後期にみられた消費社会への移行は、価値の実質的変化でなく、価値の重心の移動であった。しかし、先延ばし原理が、限界ぎりぎりまでの圧力をうけているのも事実だ。それは道徳的命令という盾をはずされ、危険状況におかれている。充足の先送りは、もはや、美徳とはみなされない。それは社会制度か個人の資質、あるいは両方の不備からくる重荷、単純明解な苦痛でしかない。また、推奨されるような行為ではなく、悲しいが諦めるしかない、不愉快な（しかし、改善可能かもしれない）現実でしかない。

労働倫理が先送りを永遠につづけようと圧力をかければ、消費美学は先送りを中断させようと圧力をかける。ジョージ・スタイナーのことばをかりれば、われわれは「カジノ文化」に生活していることになる。カジノでは「はい、これまで」という掛け声がかかり、先延ばしに適当なストップがかかる。カジノ文化では欲望が充足するまで待つ必要はないが――消費美学が支配的な社会で、もっとも求められている条件――欲望が満足させられている時間も、つぎの玉がルーレットに投げいれられるまでの束の間で、極端に短い。欲望をたきつけたり、欲望に油をそそいだりせず、逆に、欲望を抑制しないかぎり、欲望の満足は充足までの待ち時間と同じくらい短くなってしまう。

こうして先送りの始めと終わりはほとんど重なり、欲望と充足の距離は恍惚の一瞬へと短縮される。ジョン・テューサもいうように（『ガーディアン』一九九七年七月十九日）、恍惚の瞬間は豊富である。「恍惚の数はところを変え、かたちを変え、いたるところで、絶え間なくふえている」。「無批判な、瞬間的自己充足以外」は重要でない。当然のことながら、欲求充足がすぐでなければならないという要請は、先延ばし原理に反する。しかし、即刻もたらされる充足は短命で、愉楽、悦楽のように寿命が短いということでもある。カジノ文化は先延ばし原理に、二方向から同時攻撃をしかける。一方で、充足の先延ばしを攻撃し、他方で、充足の延長を攻撃する。

しかしながら、以上のことは話の一面にすぎない。生産者社会では、充足先送りの倫理的原則によって、労働の永続性が確保されていた。欲望は労働よりはるかに短命で、弱体で、枯渇しやすく、労働とちがい、制度化されたルーチンという補強がないため、充足が永遠の未来に先送りされると、生き残るすべはない。繰り返し繰り返し充足されなければ、欲望からは新鮮さが失われる。しかし、充足は欲望の終着点でもある。したがって、消費美学が支配的な社会には、特別なかたちの充足が必要となる——大量に投与して患者を殺さぬよう、少量ずつ処方されなければならない、治療薬であると同時に毒薬でもある、デリダ的なファルマコンが。あるいは、完全な充足でない充足、飲みきれない、つねに途中で放棄される充足……。

先延ばしは自己否定によって、消費文化に貢献する。努力の源は欲望の充足を先送りしようとする欲望ではなく、先送り時間を短縮したい、あるいは、先送りを完全にやめたい、と同時に、充足の時間は短縮したいという欲望にかわった。近代史において、先延ばしに戦いを挑んだ、こうした文化はまれである。そこには距離をおくこと、思索すること、連続性、伝統といったもの——ハイデッガーが現存在の形態であるとしていた「反復」——が存在する余地はない。

流体的世界における人間の絆

二種類の人間が占有する二種類の空間にははっきりした相違があるが、両者に関連性がないわけではない。両者のあいだに対話はないかもしれないが、つねに連絡はある。両者のあいだに共通性はないかもしれないが、共通性は装われる。ふたつの空間はまったく異なる論理に支配され、異なった生活経験をはぐくみ、異なった生活軌道をえがき、同じ行動規則にも対照的な定義をあたえるような異なった歴史をもつ。しかしながら、ふたつの空間が、同じ傷つきやすい、不安定な世界にあることも忘れてはならない。

現代社会のもっとも鋭敏な分析家のひとりとして知られるピエール・ブルデューが、一九九七年十二月におこなった講演のタイトルは「今日、不安定さはいたるところにある」(22)というものだった。タイトルがすべてをものがたる。いまの生活状況のもっとも普遍的な（と同時に、もっとも苦しい）特質は、不安定、不確実性、危険性だといえよう。フランスの思想家は précarité ということばを、ドイツの思想家は Unsicherheit や Risikogesellschaft を、イタリア人は incertezza を、そして、イギリス人は insecurity について語る。しかし、かれらが共通に思いうかべるのは、地球上いたるところで、多様なかたちで経験され、さまざまな名称をあたえられた人間的苦悩の共通部分、わけても、先進富裕地域で深刻な（新しく、前例がないから）苦悩の共通部分であるにちがいない。上のような単語がとらえ、明確化しようとするのは、不安定（身分、権利、生活の）、不確実性（永続性と将来の安定の）と、危険性（からだと、自己と、財産と、近隣と、共同体の）の三層からなる現象である。

不安定さはあらゆる生活の、とくに労働と雇用によってなりたつ生活の、もっとも基本的な状況となっている。労働によってなりたつ生活はすでに不安定だが、不安定度は、いまでも、年を追うごとに深刻化している。多くの人たちは、専門家たちの矛盾する意見を聞き、身近な大切な友人、同僚のおちいった運命をみて、政治家たちがどんなに果敢に挑戦しようが、かれらの約束がどんなに勇気をふるいたたせるものであろうが、結局、先進諸国における失業問題は、「構造的」なのではないかと考える。新しい勤め口がひとつあらわれるごとに、複数の職が消えてなくなっているのであり、単純に、すべての人たちにいきわたるだけの数の雇用は存在しない。技術革新、合理化自体が、仕事の数をへらし、仕事をうばう。

解雇された人たちの生活がいかに不安定で、みじめなものであるかは想像にかたくない。むしろ、問題なのは、すべての人間が解雇の、少なくとも心理的な影響を、一時的でわずかかもしれないが、うけていることにある。構造的失業がおこった世界では、絶対に安心できる人間はひとりもいない。安定した会社で安定した職をえるという希望は、祖父たちの時代への郷愁にすぎない。また、雇用と雇用の継続を保障する技術と経験の数は減少した。「人員削減」「合理化」「効率化」の対象にならない、また、需要の不規則な変化、「競争力」「生産性」「効率性」の気まぐれで強大な圧力の犠牲にならないと保証された人間はひとりもいないだろう。現代を代表するスローガンは「柔軟性」である。柔軟性から誕生するのは、期限つき契約、あるいは、更新性契約といった、安定、約束、権利の保証をふくまない雇用形態であり、予告なしの解雇、非補償制度である。自分は余人をもって代えがたいと、ほんとうに思っている人間などいないはずだ。解雇にあった人間はもちろん、だれかを押しのけて職についた人間もそう思ってはいない。地位ある身分でさえ、一時的なものかもしれないし、臨時のものかもしれないのだ。

長期的安定がないから、「即座の欲求充足」が合理的な選択のように思われる。手にはいるものは、なんでもいますぐに手にいれようではないか。あすはどうなるかわからない。こうして、満足の先送りは魅力を喪失する。報酬獲得の観点からみるなら、労働や投じられた努力が、有益かどうかははなはだ疑わしい。また、いま、一見魅力的にみえる報酬でさえ、実際、手にしたときにもそうかというと、これもはなはだ疑わしい。われわれはこれまでの苦い経験から、財産も負債へ、名誉も不名誉になりうると学んだ。流行は猛烈な速度で登場し、欲望の対象は享受しつくされるまえに、流行遅れの、趣味の悪い、不快なものとなる。きょう、「シック」だと考えられている生活のスタイルが、あすには、嘲笑の的となることさえある。いま一度ブルデューを引用させてもらえば、「現代人の特徴である懐疑性を嘆く者は、社会的、経済的状況が懐疑性を好み、要求していることも考えてみるべきだ……」、ということになる。ローマが焼き討ちされ、火を消すすべがすっかりなくなったとき、バイオリンを弾き語っていたとしても、それはとりわけばかげた行為にも、時をわきまえない行為にも映らなかったにちがいない。

　経済、社会情勢の不安定さによって、人間は世界を使い捨て、あるいは、使用一回かぎりの物ばかりを集めた器と認識するようになった。さらに、世界は使い手が開けることも、直すことも、修繕することもできない、密封された数々の「ブラック・ボックス」の集合のようにもみえてきたはずだ。今日の自動車修理工は故障した、あるいは、損傷したエンジンを修理する訓練をうけていない。修理工の仕事は磨耗した、あるいは、欠陥のある部品をとりはずして廃棄し、倉庫の棚にならんでいる一定規格の部品ととりかえるだけである。「スペア部品」の内側の構造について、その不思議な機能について、修理工はほとんどなにも知らない。構造や機能の理解や、それに付随した技術の獲得を、かれらはみずからの任務だと考えないし、自分たちの能力とは無関係だと思っている。修理工場でいえることは、外の生活にもあてはまる。すべての「部品」は「スペア」で、取り替え可能で、また、取り替え可能のほうが便利なのだ。もし、壊れた部品を捨て、新しい部品と交換するのにわずかな時間しかかからないのなら、どうして時間をかけて修理する必要があろうか。

未来は、よくいえば、ぼやけてかすんだ、悪くいえば、危険性に満ちたものである。もしこのとおりだとするならば、長期目標を設定し、集団の力の増強のために、個人的利益を放棄し、未来を見据えて現在を犠牲にすることは、共感を呼ぶ行為でも、賢明な選択でもない。いま、ここにある機会を利用しないのは、機会を逃すことでもある。したがって、機会を利用しないことは、許されない、弁解の余地のない行為だともいえる。いま、この段階での深入りはあすの障害となるから、かかわりが薄く、表面的であればあるほど、損害も少ない。「いま」が生活戦略の（それが、いかなるものにあてはめられ、いかなる意味をもっていようが）キーワードである。不安定で、予測しがたい世界の悧口なさすらい人は、軽装で旅行する幸せな地球人の姿をまねる。かれらはおろした根をみずから断っても、さして悲しいとは思わない。かれらは人間の絆が自動車の部品と同じでないことを、たちどまって考えようとしない――既成の絆などないこと、密封されていては、絆がすぐに腐ってしまうこと、使われなくなると、取り替えもきかなくなることを熟慮しようとしない。

意図的に、あるいは、うかつに、われわれが採用した生活姿勢は、労働市場を牛耳る人々の「不安定化」政策さえ支えることになった。こうした不安定化政策とわれわれの生活姿勢は、人間、共同体、仲間同士の絆を弱め、弛緩、切断、消滅という結果をもたらす。「死がふたりを分かつまで」式の親密な関係は、「不満がでるまで」という、定義上も、実際上も、一時的である契約にとってかわられた。こうしたたぐいの契約は、はかりしれない犠牲をはらって協力関係をつづけるより、関係の解消のほうがよりよい機会やより優れた価値をもたらすと、どちらか一方が察したとき一方的に破棄される。

いいかえれば、連帯や協力は生産されるのでなく、消費されるものとみなされ、それには消費物にふさわしい取り扱いがなされる。連帯や協力も他の消費物資と同じ価値判断に付されるのである。消費市場では耐久製品に、「お試し期間」がつけられることがある。購買者が製品に満足しなかった場合、代金は返還される。関係《パートナーシップ》の当事者が、そんなようなことばで「概念化」されるとしたなら、「関係を機能させる」のは当事者たちの責務ではない——よいときも悪いときも、「豊かなときも貧しいときも」、病んだときも健康なときも変わらぬ関係をつづけ、幸せな時期にもそうでない時期にもたがいに助けあい、関係を長続きさせるためなら妥協と犠牲をいとわない責務。消費用につくられた製品から、満足をえることだけがかれらの任務となった。製品の提供する喜びが、約束どおり、期待どおりの水準に達していないとすれば、あるいは、ものめずらしさが、楽しさとともに擦り切れはじめたとしたならば、消費者の権利や公正表示法に訴えて、契約を解除することもできるのである。店で「新しい、改良された」製品をもとめずに、旧式で劣った製品にこだわる理由は考えられない。

関係《パートナーシップ》は一時的なものにすぎなくなるであろうという予測は現実となった。人間同士の絆は、継続的努力と、ときおりの自己犠牲によって育つものではなく、買われた瞬間に、充足をもたらすものである——それは満足をあたえなくなったとき切り捨てられ、喜ばれるあいだだけ保持される。それならば、関係に投資することは「泥棒に追い銭」であり、関係を救うために、不快さと苦痛に耐えることはもちろんのこと、関係をもつこと自体、無意味である。小さなつまずきさえ、関係の崩壊、解消の原因となる。とるにたらない意見の不一致も、激しい衝突の原因となるかもしれず、わずかな摩擦も修復のきかない、根本的対立となるかもしれないのだ。W・I・トマスがこうした事情の変化を目撃したとしたら、きっとつぎのようにいっただろう。関係への関与を、いつ手を引いてもかまわない、一時的なものだとしか認識していない人間は、ひととの関係に関与しているのでなく、自分自身の行為に関与しているにすぎない。

社会存在の不安定さによって、周辺世界は瞬時に消費される商品の累計と想像されるようになった。しかし、住民をふくむ世界が、消費物資の溜め池と認識されたとき、人間同士の永続的連帯はむずかしくなる。不安な人間は神経質なものである。また、欲望充足の邪魔になるものには不寛容である。そして、欲求は実現するより、されないことのほうが多く、したがって、かれらが不寛容を示す事柄や人間も、当然、少なくない。はげしい不安をやわらげる唯一の方法は、喜びを即時的に（安定と安全の渇望を意図的に癒さずにおくことに、注意しておいてほしい）えることだろう。とするならば、喜びの実現、満足の追求に関係ない事柄や人にたいして、寛容である理由はない。

不安定な世界の「消費化」と人間の絆の崩壊のあいだには、もうひとつのつながりがある。生産とちがい、消費は孤独な行動である。消費固有の孤独は、消費がひととといっしょにおこなわれても、消えるものではない。生産（原則として長期的な）には、協力が必要である――必要とされているのが、たんなる肉体的な協力だけだとしても。重い材木をひとつの現場からべつの現場に運ぶのに、八人で一時間かかったとする。だからといって、同じ仕事をひとりですれば、八時間（あるいは、X時間）でできる、といったたぐいのものではない。分業とさまざまな専門的技能を必要とする複雑な仕事の場合、協力の必要性はいうにおよぶまい。協力がなければ、製品は生産ラインから運ばれてこない。分散して存在する異種の行為を、生産行為にまとめあげるのが、協力の役目だといっていいだろう。しかし、消費に協力は不必要であり余計である。消費はすべて個人的におこなわれる。ひとでごった返した場所でおこなわれたとしても同じである。交際と社交の象徴とされている食事を、ルイス・ブニュエルの天才的ひらめき(『自由の幻想』のなかの)は、他人の好奇心の介入をまったくゆるさない、完全に個人的な秘密行為として描いたではないか。

信頼欠如の永続化

アラン・ペイルフィット(23)は「進歩を衝動的、偏執的に追求する」資本主義/近代社会の本質的で顕著な特徴として、自分自身、他者、組織にたいする自信をあげている。かつて、三つの自信は必須のものであった。これらはたがいを決定し、支えあっていたのであり、どれかひとつでも欠ければ、のこりは崩壊、瓦解するはずだった。近代の秩序構築の活気ある動きは、自信に制度的礎《いしずえ》をあたえるための努力であった、とみることもできる。また、信頼を託すための安定した枠組みを提供し、いま大切にされている価値、価値の追求と獲得に、将来の保証をあたえる努力だったともいえる。

ペイルフィットは信頼の種をまき、信頼を育てるもっとも重要な場として、企業による雇用を選びだした。資本主義的企業活動が対立と闘争の温床であったことはたしかだが、このことによって大切な事実を見失ってはならない。信頼がないところに抵抗はなく、信用のないところに競争はない。被雇用者が権利をもとめて戦ったのは、保証された権利に、なにがしかの「拘束力」があると信頼してのことだった。かれらはみずからの権利を預け、保管しておく場所として、企業を信頼していたのである。

こうしたことは現代ではおこらないし、少なくとも、おこらなくなりつつある。常識があれば、ひとつの会社で全人生を、あるいは、人生の大部分を終えると期待しないだろう。常識的な人間の大部分は、いま働いている会社から将来もらえるだろう年金には頼らず、貯蓄を危険な投資信託や生命保険にまわしている。ナイジェル・スリフトはつぎのようにいっている。「『人員削減』、『組織再編』、『構造改革』をおこなっている組織を信頼するのは、たいへんむずかしい仕事だ」。

ピエール・ブルデュー(24)は信頼の崩壊と、政治参加、集団行動にたいする関心の低下のあいだに、関連性をみている。将来を展望できる能力は、すべての「変革」思想、現状の再検討と変革の努力にとって絶対必要条件であるが、現在を把握できない人間に、将来展望などできるはずはない、とブルデューはいう。ライシの第四の範疇にはいる人々は、こうした現実を把握する能力を決定的に欠いている。かれらは地面にしばりつけられ、移動を禁止され、移動したとしても、固く守られた最初の検問所で逮捕される運命にあるので、自由に回遊する資本とくらべれば、先天的に不利な位置におかれていることになる。資本はグローバル化する一方、現代人は地域に幽閉されたままである。現代人は丸腰で、「投資家」「株主」といった不思議な存在、あるいは、さらに不可解な「市場の力」「競争原理」の気まぐれの前にたたされる。きょう、なにかを獲得したとしても、あすには予告なくとりあげられるかもしれない。現代人に勝ち目はなさそうである。常識があれば、あるいは、常識的であろうとするならば、ひとはだれも負け戦を覚悟で、戦いを挑んだりしない。現代人は苦悩を政治問題化することもないし、政治に救済をもとめることもない。ジャック・アタリは数年前つぎのように予測した。「ある特定の回路にそった動きを、停止させたり、うながしたりできる能力をもった者が、あすの権力をにぎるだろう。国家はネットワークを支配できなければ、権力を行使できない。そこで、ネットワークに支配を及ぼせなければ、政治組織は決定的に弱体化するのである(25)」。

重量資本主義から軽量資本主義への移行、堅牢な近代から流体的近代への移行は、労働運動の歴史を書きしるすための書式である。それは渦巻き状に、複雑にいりくんだ歴史を、明確に説明する。「先進」(近代化という観点における)諸国の労働運動がおちいった危機的状況の理由を、時代のムードに帰すことは不合理だし、たいした説明にもならない。時代のムードはマス・メディアの否定的影響、広告代理店の陰謀、消費社会の誘惑、あるいは、見世物・娯楽的社会の催眠効果によって作りだされるのだろうか。いずれにせよ、これでは危機的状況の説明にはならない。また、失敗をかさねる偽善的「労働族議員」に責任をかぶせても意味がない。こうした説明で使われる現象には、想像力をかきたてるようなものは皆無である。大工場に勤める大量の労働者が、人間的労働条件と報酬をもとめて団結した時代があった。また、労働運動の理論家と活動家が団結に、正義という普遍的原理を実現する「幸福な社会」をもとめる、かすかな、声にもならない声(先天的で、いずれ、圧倒的な大声となるもの)を聞いていた時代があった。いまの生活環境(自主的に選ばれたのではない)や社会的設定が、そうした時代とは、まるで違っていることを前提としなければ、なにごとも説明できないはずである。

5　共同体

違いは理性が完全にめざめていないとき、理性がふたたび眠りにおちるときに生まれる。ポスト啓蒙主義的自由主義者は、人間の純粋理性に一点の曇りもない信頼を託したが、これはその信頼にたいする無言の承認である。われわれ人間には、正しい道をえらぶためのすべての能力がそなわっている。そして、えらばれたその道は、だれにとっても正しいのである。理性を身につけたデカルト的自我、カント的「人間」は、理性によって道しるべがつけられた、正しい古径を踏みはずしさえしなければ、人間的過ちはおこさない。誤った選択は歴史的過ちの沈澱によっておこる——偏見、迷信、欺瞞とさまざまに呼ばれる知的損傷の結果としておこる。個人の理性的判断は一義的であるが、集団の判断は多義的である。フランシス・ベーコンのいう「偶像」は、劇場、市場、祭りといった、人間が群れ、ひしめきあう場所に登場する。人間的理性の解放とは、個人をそうした場所から解放することである。

上でのべたような理性の無言の承認は、自由主義に批判的な人たちによって、はじめて明らかにされた。啓蒙主義的遺産の自由主義的解釈を誤解し、あるいは、故意に歪曲して批判する者は少なくない。個人が叡智をしぼり、共存のための最高に理性的な法体系を起草する以前から、人間は（集団的な）歴史と、（集団的にしたがわれる）慣習をもっていたと主張するロマン派の詩人、歴史家、社会学者は、民族主義的政治家と変わるところがない。現代の共同体論も、用語は異なっても、これと同じことを主張しているといえるだろう。共同体論によれば、「枠から解放され」「重荷をとかれた」人間でなくとも、言語を使用し、教育をうけ、社会化した人間であれば、だれでも「自己を確定」し、「自己を構築」できるという。自由主義を批判する人たちの本心が実際なんなのか、かならずしもはっきりしないところがある。自己充足的個人という見方を、嘘だと考えているのか、あるいは、有害であると考えているのか。自由主義者は誤った意見を広めているから、批判されるべきだといっているのか、あるいは、誤った政治を許し、実行し、支援しているから批判されるべきだといっているのか。

現在の自由主義対共同体論の論争は、「人間的特性」でなく、政治にかかわることである。個人は常識枠から解放されうるか否かでなく、解放の正否が問題にされている。また、個人を過失責任から守るための保険に、集団としてはいれるか否か、そうした集団的保険からの離脱はありうるか否かでなく、参加・離脱の正否が問題にされている。レイモン・ウィリアムズはだいぶ以前に、「共同体」が存続しつづけてきたことのほうが驚きだといった。共同体の必要性にかんして、はげしい論争がおこったのは、「共同体」像に映しだされる現実が、ほんとうの現実かどうか、わかりづらくなってきたからだ。また、現実だったとしても、現実として扱われるだけの寿命をもちあわせているか、はなはだ疑わしくなったからだ。集団が共有する歴史、習慣、言語、教育と、集団の構成員をしばりつけている留め具が、年をへるごとに緩くなりつつあるという事実がなかったならば、共同体を英雄的に擁護しようという共同体論も、自由主義者によって否定された共同体の人気を復活させようとする試みも、おこらなかったはずだ。流動的段階の近代が供給する留め具は、ジッパー式で、この留め具の長所は、朝とりつけて、夕方とりはずせる（あるいは逆の順で）、使い勝手のよさにある。共同体にはさまざまな色と大きさがあるが、「軽いコート」から「鉄の檻」にいたるマックス・ウェーバーの座標軸にのせてみるならば、現在の共同体は例外なく、前者近くに位置するだろう。

共同体は自力で生き残れず、構成員が自主的に、責任をもって支えていかねばならない――この意味で、あらゆる共同体はつくられた共同体であり、現実であるより計画、個人の選択のまえでなくあとで成立するものである。「共同体論の描く絵」のなかに、共同体の具体的姿はみえないが、共同体論者には共同体をみせようとする意思も、現実に似た絵を描こうとする意思すらもはじめからないのである。

共同体論の内在的な逆説はつぎのようなことである。「共同体に属せればいいな」という希望は、共同体の一部ではないこと、あるいは、個人が努力して、想像力の翼をひろげなければ、共同体の一部になれないことの裏返しである。共同体論的計画を遂行するためには、共同体論が否定した個人的選択にたよらなければならない。結局、共同体論者は悪魔を認め、一度否定された、個人の選択の自由を認めなくてはならないのだ。

論理学者の目からみれば、この矛盾だけでも、社会的現実の叙述理論のふりをする共同体論の信頼性は丸潰れである。しかし、共同体論の社会学者のあいだでの人気はおとろえず、説明／理解が必要な社会問題を社会学に提供しつづけている（共同体論の偽装は非常に巧妙で、しかも、偽装があっても共同体論の成功に、眉をひそめる社会学者の数はかならずしも多くない）。

社会学的にいえば、共同体論は近代生活の加速度的「液状化」にたいする、あたりまえの反応からでてきたといえる。個人の自由と、個人の安定の均衡を徹底的にうばう液状化によってもたらされる数えきれない結果のうち、あきらかにやっかいだと感じられる一面に反応したのが共同体論だった。個人の安定を保障するものの供給は、またたくまに減少したが、その一方で、個人的責任（割り当てられても、実際には、果たされてはいないけれども）の規模は、戦後、前例をみないほど拡大した。個人の安定のためにもっとも欠けていたのは、他者とのつながりの弱さであった。絆のもろさ、はかなさは、個人的目的を追求する私的権利を手にいれるのとひきかえに、個人がどうしても支払わなくてはならない代償だったのかもしれない。しかし、それは同時に、効果的目的追求、追求の士気にとって、最大の障害となった。これは流動化する近代生活の根の深い逆説でもある。逆説的状況が、逆説的解決を挑発するのは、これがはじめてではない。流動的近代の「個人化」は逆説的性質をもち、この逆説にとりくむ共同体論からは、当然、矛盾した反応があらわれる。流動的近代の逆説は共同体論の矛盾を説明し、一方、共同体論の矛盾は、流動体的近代の逆説の結果であることがわかる。

共同体論の復活は、個人の安定とは対極にある状況に反応した結果生じた、振り子のゆりもどし的現象である。共同体論的主張が大勢の聴衆をひきつけるのはこのためだ。ピエール・ブルデューは「今日、不安定さは遍在する」とのべた。人間存在の隅々にまで、不安定さが浸透しているのだ。最近出版された『守るか消えるか』[1]という本は、不確実性の山に直面した権力エリートの怠慢と偽善にたいする怒りの告発である。このなかで、著者であるフィリップ・コーエンが社会に蔓延する、きょう、あす、あるいは、遠い将来にたいする不安の原因としてあげているのは、おもに、失業、不確実な老後、都市生活の危険性である。三者に共通するのは安心にたいする脅威である。こうしたなかで、共同体論のおもな魅力は、予測しがたい、変わりやすい天候に遭遇し、荒れた海に投げだされた船乗りが、必死にもとめる安全な港のようなものを提供していることにある。

エリック・ホブスボームは、辛辣にこうのべている。「この十年間、社会学的な意味での共同体は現実のどこにも発見できなくなったが、共同体という単語が、これほど無差別に、意味もなく使われた時期はない[2]」。「あらゆるものが動き、移動し、確実なものがなにもない世界で、人間は自分が確実に、そして、永遠に所属できるグループをさがす[3]」。ジョック・ヤングはホブスボームの見方を、簡潔に「共同体が崩れたとき、アイデンティティが発明された[4]」とまとめている。共同体論における「共同体」は、社会理論でよく使われる、完成され、確立された（フェルディナント・テニースに「歴史の法則」といわしめた）ゲマインシャフトでなく、熱心に追求されるが、獲得しがたい「アイデンティティ」の別名である。オーランド・パターソンは（エリック・ホブスボームも引用しているが）はつぎのようにみている。人々はアイデンティティ確定のために、対立する集団からひとつだけ選択するようもとめられる一方、選択した集団を、みずからが本質的に「帰属する」集団だと思いこむ。

共同体論は共同体を家庭（発見された家庭、つくられた家庭でなく、血のつながった者たちからなる家庭、また、みずからの出自と、「存在理由」が発見される唯一の場所としての、みずからが生まれた家庭）であると明記している。しかし、こうした家庭像は、実感とはまるでかけはなれた、美しいおとぎ話の世界のように聞こえはしないか（かつて日常的習慣と習慣的期待の、目のこまかな網でしっかりと包まれていた家庭は、防波堤がとりこわされ、勢いよくはいりこみはじめた波に、他の現実生活とならんで、はげしく打たれている）。それでは、家庭を経験的実感から切り離してはどうか。共同体論の家庭のやさしさ、居心地のよさに、経験論的検討のくわえられることがないのはこのためである。また、現実の家庭でなく、想像された家庭を想定することによって、生まれる家は選択できないという、家庭のもつ負の印象を負の印象でなくしているのである。想像力の絵の具箱に、暗い色の絵の具はあってはいけないのだ。

家庭を大々的に描くことは効果的である。ごくふつうのレンガとモルタルでできた家にとじこめられた人々が、ひょっとして家庭は安全な港などではなく、牢獄なのではないのかと疑うこともまれではない。かつて、家にとじこめられた人々を、自由が家の外からさし招いても、その自由を獲得することは容易ではなかった。同じように、想像上の家庭にある、夢のような安心・安全を、いまの人たちは容易に手にいれることができない。しかしながら、安全な「わが家」の魅力や安心が、大スクリーンに映しだされたとき、わが家の喜びにまさる喜びは、家の「外」にはありえないかのように錯覚される。理想的共同体とは、意味のある、満足のいく生活をおくるための必需品をすべてそなえた完全な世界を縮図化した、完璧な世界地図のようなものかもしれない。共同体論は帰属すべき共同体をもたない人間の苦しさだけに焦点をあわせているため、それが提示する完全な世界、あるいは、完全に矛盾のない世界へ到達する（回帰のようにみせかけている）ための処方箋は、現在、未来のあらゆる問題を解決するかのような幻想をあたえる。共同体に属さない者の悩みにくらべれば、他の悩みは小さく、とるに足らないようにみえるからである。

共同体的世界は、共同体の外にあるものがすべて、どうでもよくなったときに完成する。もっと正確にいえば、共同体の外が共同体の敵対者、混乱を武器としてふりかざす敵にあふれた、待ち伏せと陰謀の未開地とみえたときに完成する。共同体世界の内的調和は、出口の向こう側にひろがる暗い密林を背景にすると、余計光り輝いてみえる。共通のアイデンティティという温かみに群がる人たちは、かれらに共同体という避難所をもとめさせた不安を、そこ、すなわち、未開の密林へと投棄したのである。ジョック・ヤングによれば、「他者を悪魔化しようとする欲望は、存在論的不安に立脚している(5)」という。「包括的共同体」というのは、言語矛盾である。共同体的同胞愛は、仲間殺しの先天的傾向なしでは考えられず、また、成立せず、絶対機能しえない。

民族主義第二型

共同体論的立場における共同体は民族的共同体、あるいは、民族的分布にもとづいて想像された共同体である。こうした共同体を原型としたことには、それなりの理由があった。

第一に、民族性の利点はその歴史を「自然の歴史」、その文化を「自然の事実」、その自由を「自然に理解された（うけいれられた）必然性」と考えうることにあった。これが他の統一のための基準と異なる点である。民族的帰属意識からは行動が生まれる。ひとは帰属するものにたいして忠誠を選択しなければならない――そして、懸命に努力して、あたえられた模範にしたがった生活をし、模範の維持に貢献する必要がある。しかし、模範は選択できない。選択できるのは帰属によっておこる結果でなく、帰属するか、根無し草になるか、家庭か家庭の喪失か、存在か非存在かである。共同体論が利用しようと望んだ（あるいは、強調する必要があった）のは、このジレンマだった。

第二に、ある程度の確信をもって共同体と呼べる唯一の共同体、近代でただひとつ成功した共同体は、民族的均一性を他のあらゆる属性に優先して、第一の基準とした民族国家であった。国家の均一性と正統性を証明する論理的基礎である。民族性（そして、民族の単一性）は、民族国家の成功によって、歴史的意義を獲得した。現在の共同体論は、当然、こうした歴史的伝統の利用を望む。昨今の国家主権のゆらぎ、国家にかわるあらたな主体の必要性をみるかぎり、共同体論のこうした望みも、あながち、場違いなものだとはいいきれないだろう。しかしながら、民族国家の成功と、その成功を利用しようとした共同体論的野心の共通点はここまでにすぎない。結局、民族国家が成功したのは、自立しようとした共同体を抑圧するのに成功したからだった。それは「地方性」、地域的慣習、「方言」を徹底的にたたきつぶし、そして、共同体的伝統にかわって、統一言語、共通の歴史的記憶等を奨励した。民族国家主導による文化闘争が徹底的であればあるほど、国家がつくる「自然な共同体」の成功はより完璧だった。さらに、民族国家は（現在の共同体予備軍とはちがって）この闘争に素手でのぞんだのでも、また、洗脳の力にだけ頼ったのでもなかった。民族国家による統一共同体の建設は、公的言語の法的強制、学校教育の統制、そして統一的法体系の整備によって支えられていたが、いまの共同体予備軍には、こうした手段は備わっていないし、備えられる見通しもない。

共同体論がさかんとなるはるか以前から、近代国家建設の醜い、ゴツゴツの貝殻のなかには、高価な宝石が隠されているといわれてきた。残酷で、血なまぐさい側面は別として、近代の「祖国」という概念には、倫理的賞賛に値する人間的要素がある、といったのはアイザヤ・バーリンであった。愛国主義と民族主義は区別されるべきだというのが、かなり一般的な現在の見方である。この対概念のなかで、愛国主義には「○」、否定的現実をはらんだ民族主義には「×」がつけられる。自然に経験されるものでなく、作られたものである愛国主義と同じになる可能性があったとしても、同じになれないのが民族主義である。つまり、民族主義の唾棄すべき、もっとも醜悪な特徴をとりのぞけば、愛国主義となる。レシェク・コワコフスキー(6)はつぎのようにのべている。民族主義者は部族的存在を他者の攻撃的憎悪によって主張し、自国の災難をすべて外国人の陰謀とし、自国民を十分尊敬、評価しない国に恨みをいだく。一方、愛国主義者の特筆されるべき点は「多様な文化、とりわけ、少数派民族や宗教的少数派の文化にたいする好意的寛容さ」と、いいづらいことを国にむかって率直にいう勇気にある。こうした区別もわるくない。また、知的、道徳的賞賛にも値するだろう。しかし、愛国主義と民族主義が、一方が高貴な思想、もう一方が卑しい現実と峻別されえないとしたら、この区別に意味はない。割り当てられた同胞に愛国者になってほしいと望む人たちのほとんどは、かならず上のような愛国主義の定義を、偽善、国家的裏切りと批判するだろう。差異にたいする寛大さ、少数派にたいする思いやり、真実を語る勇気といった愛国主義的特徴が広くみてとれるのは、結局、「愛国主義」が「話題」にさえのぼらない場所なのである。それは共和主義的市民性がしっかり根づいて、愛国主義が緊急の課題でないのはもちろん、問題にもならない社会である。

『幻想なき自由主義』(シカゴ大学出版会、一九九六年)の編者、バーナード・ヤックは、『国を愛するために——愛国主義と民族主義について』(オックスフォード大学出版会、一九九五年)の著者マウリツィオ・ヴィローリにたいする反論のなかで、ホッブスのことばをいいかえて、つぎのような警句をこしらえたが、それは上記の文脈にもあてはまるだろう。「民族主義は嫌われた愛国主義で、愛国主義は好かれた民族主義だ」(7)。愛国主義と民族主義を区別する材料は、主義にたいする熱意の有無、主義を認め、あるいは、否定するときの羞恥心、罪悪感の有無以外に存在しない。違いを生むのは名前で、名前から生まれた違いは、現象の内容とは無関係で、本質的には似かよった感情、情熱をどういいあらわすかにかかわるものであるから、修辞的であるにすぎない。重要なのは、そして、人間の共存の質に影響をあたえるのは、感情や情熱の中身、それらがもたらす現実的、政治的結果なのであって、それらの呼称ではない。さまざまな歴史的愛国物語譚で語られた愛国的行動をふりかえって、ヤックはつぎのような結論を導きだしている。威厳ある愛国的感情が「情熱として共有される」とき、「愛国主義者たちがかならずもつのは、穏やかな情熱でなく、熱狂的な感情である」。愛国主義者たちは何世紀にもわたって、「記憶に残る美徳を数多く積みあげてきたが、そのなかにアウトサイダーにたいする寛容と共感はふくまれていない」。

しかし、呼び方の違い、ことばの違いの重要性は否定しないし、それらが、しばしば、大きな現実的影響を残すことも否定しない。ある修辞的いい方は存在 being の論理に、また、別の修辞的いい方は生成 becoming の論理にしたがってつくられる。「愛国主義」は全般的に、人間を「未完成」、柔軟（もっと的確にいえば、「変革可能」）とみる近代的論理を尊重する。人間は変わりうると信じるから、愛国主義は「連帯的統一」の呼びかけが、すべての人々にむかって開かれていると、良心に恥じることなく（約束が守られるかどうかは、べつの問題だが）宣言できるのである。民族的連帯に参加するかどうかは、ひとりひとりの選択の問題であって、選択がよかったかどうか、選択した国家に、いいときも、悪いときも、忠誠を誓えるかが愛国主義では重要なのである。一方、「民族主義」についていえば、それはカルヴァン主義的救済、または、聖アウグスティヌス的自由意思のようなものだといえるだろう。それには選択の自由がない。ひとは「仲間」か、「仲間でない」かにわかれ、この状況は変わらない。民族主義において、帰属は宿命であり、選択の対象ではない。帰属は、時代遅れの人種差別的民族主義にしたがえば、生物学的遺伝の問題、また、最近流行の「文化主義的」民族主義にしたがえば、文化的遺伝の問題とされる。しかし、いずれの場合でも、問題はひとがよちよち歩きできるようになるはるか前から、ことばが喋れるようになるはるか前から決着ずみで、個人には宿命的判決を真摯にうけいれるか、判決に抵抗して運命に挑戦するかの選択しか残されない。

この愛国主義と民族主義の相違は、言語上の相違をこえて、政治行動の領域にまでおよぶ。クロード・レヴィ＝ストロースの用語をかりれば、前者は「食人的」戦略（外国人を「食べつくして」しまうことによって、外国人は食べた人間に同化され、食べた人間の組織となり、外国人の特性は消える）を、後者は「異分子」を体外に「吐きだす」、「嘔吐的」戦略を連想させる。異分子をゲットーという、隔離された地域に、あるいは、禁忌という文化的な、目にみえない壁のなかにとじこめ、最近、民族浄化と呼ばれはじめた行為によって、かれらを国外に追放、流出させるのが「嘔吐」である。しかし、思考の上での論理は、行動の論理をほとんど拘束しないのだから、ことばの使い方と実際の行動のあいだには対応関係は存在しない。とするならば、それぞれの呼び方が、別の呼び方で呼ばれる戦略をさすようになる可能性も、ないわけではないと肝に銘じておくべきだろう。

類似による統一性か、差異による統一性か

愛国主義・民族主義の「われわれ」は、われわれに似た人間のことである。一方、「かれら」とは、

われわれと異なる人間のことである。「われわれ」はすべての点で同じではない。共通性とともに違いもあるが、類似性が、結局、差異の衝撃を中和し、緩和し、除去する。似ている面のほうが、似ていない面よりはるかに重要、重大であり、どちらに味方するかが決められるときには、類似性が差異に優先される。また、「かれら」とわれわれは、あらゆる点で違うわけでもない。かれらとわれわれは、決定的な一点で異なっていて、どんなに似かよっていても、共通の立場にたてず、真に連帯できないのは、この一点のためである。これは典型的なあれかこれか答えはひとつの状況である。「われわれ」と「かれら」をわける境界線は明確に引かれ、容易にみわけることができる。「帰属」証明書に記載されるのは、申請者が「はい」か「いいえ」で答えた、たった一項目である。

どの差異が「決定的に重要」か、つまり、類似性に優先し、すべての共通性を瑣末に感じさせる差異（または、統一の可能性が討議される会議が開始されるまえから、敵愾心をあおる分離を絶対化してしまうような差異）はどれか考えてみよう。また、どの差異が小さく、派生的で、議論の出発点というよりも、結果論でしかないか考えてみよう。フレデリック・バースがいうように、境界線は、すでに分離線があって、その上に引かれるものではない。それは、原則として、分離が開始されるまえに、引かれるものである。まず、確執があり、「自分たち」を「かれら」からわける努力が必死になされる。そして、「かれら」のあいだにやっとみつけた特質は、自分たちとかれらの違いの証、相手の矯正できない異様さの証明となる。人間そのものは、多くの属性をもつ、多面的な顔をもった生き物であるから、本気でみつけはじめれば、特性を発見するのはさほどむずかしいものではない。

民族主義は扉をかたく閉ざし、ドアノッカーをとりはずし、呼び鈴の音をとめて、なかに残った人々だけが、なかにいる権利と、いつづける権利を保有すると宣言する。愛国主義は、少なくとも表面上、民族主義より寛容で、寛大で、協調的だ――認められた者はなかに入ることがゆるされる。しかし、結果は、しばしば、驚くほど似たものとなる。愛国主義も民族主義も人々が、それぞれの差異を尊重し、差異を大切に育てながら、結びつくことを認めない。また、共存が生活様式、理想、知識の違いから利益をえることも認めない。類似性を要求し、類似性に高い価値をみとめるかわりに、個性の元、差異の元となるものを尊重し、多様性から利益をうけることをゆるさない。

バーナード・クリックはアリストテレスの『政治学』から「よき都市国家」という概念を引用し、すべてをしばる唯一の真実、正義の唯一の基準を夢想するプラトンを批判するかたちで、つぎのようにのべている。

統一が進むと、都市国家が都市国家的でなくなるときがやってくる。統一はえても、国家は本質を失い、より悪い状態におちいる。まるで和声がたんなるユニゾンにかわり、主旋律がわずか一拍に縮小されたようにみえる。都市国家の真実は、多くの構成員のあつまりであるということだ。

『政治学』の注釈でクリックは、たぶん愛国主義者にも、民族主義者にも支持されない、あるいは、むしろ非難されるかもしれない統一性についてのべている。文明社会は、本来、多様であること、そこでの共生は「本質的に異なる」利益の調整、調停をふくむこと、そして、「異なる利益は抑圧しつづけるより、調整したほうがよい(8)」こと、これらを前提とする統一性が、クリックのいう統一性なのである。

ことばをかえれば、近代的文明社会の多様性は、敬遠され、嫌悪されながらも解消されない「野蛮な現実」ではなく、むしろ歓迎すべき、幸運な状況なのである。なぜならば、多様性はその不快さ、不自由さを補ってあまりある利益をもたらし、可能性の地平をひろげ、生活改善のチャンスを、他のどんな状況にもまして、拡大するからである。もっとも希望のもてる統一性とはなにか。それは価値、嗜好、生活様式、都市国家の自立した構成員のアイデンティティを、対立、論争、調停、妥協によって決定し、日々、変更させるような統一性である。

基本的に、これは共和主義型の統一性、自己アイデンティティをもとめる人たちが協力してつかんだ統一性、アプリオリ的にあたえられたものではなく、共生の結果としてえられた統一性、差異の否定、抑圧、隠蔽でなく、調整と仲裁によってつくりだされた統一性であるといえる。

近代の流動的状況にとって現実的で、存立可能な統一性（連帯の形式）といえば、これ以外に考えられない。信念、価値、生活様式はすべて「民営化」され、文脈から切り離され、「移された」――移された場所も、永住できる家というより、モーテルを思い出させるような場所にすぎなかった。状況がこうなったとき、アイデンティティは弱々しい、一時的なもの、それを浸食から守り、堅持しようとする人間の能力と決意以外に、頼るものがないものとしかみえなくなる。アイデンティティの、いわば、はかなさは、流動的近代に生きる人間が真正面からぶつからなくてはならない問題である。はかなさの論理的帰結として、かれらは差異とともに生きるむずかしい技術を習得するか、あるいは、あらゆる手段に訴えて、そうした技術の修得が不必要な状況をつくりだすかの、いずれかを選択しなくてはならない。アラン・トゥレーヌは、現状をみるかぎり、「態度や行動を決定する社会的身分によって、社会的存在としての人間を定義することができなくなった」と最近あるところでのべた。社会の一員としての「文化的、精神的個性」は、「社会組織や普遍的原理でなく、個人みずからの特性によって決定されると、意識していなければ守ることはできない(9)」。

思想家が理論化し、哲学者が哲学化する状況は、大衆文化のなかでも、虚構として、あるいは、真実として、毎日のように伝えられている。映画『エリザベス』をみた者は、英国の女王でさえ、先天的にあたえられた社会的地位でなく、自己形成と自己主張によって、女王となったことを知る。ヘンリー八世の娘となるためにさえ、奸計と決断力という個人的才能が必要だったというわけだ。短気で喧嘩っぱやい宮廷人をひざまずかせ、平身低頭させ、まず、注目させ、服従させるのに、未来の英国女王《グロリアーナ》でさえ、大量の白粉を買い、髪型、髪飾り、衣装を変える必要があった。自己主張以外に身分を証明する手段はなく、あたえられたのでなく、つくられたアイデンティティ以外にアイデンティティは存在しない。

議論は結局、それぞれの主体の強さとなる。全員にいきわたるだけの防衛兵器がないとしたら、弱い、防御策に乏しい個人は、当然、数の力に救済をもとめるだろう。「個人的アイデンティティ」が「形式上」のままで終わるのと、「事実上」のものになるのとには大きな隔たりがあり、これはだれでも経験することである。しかし、隔たりの幅には個人差がある。もし、そうだとするならば、流動的近代をめぐる環境では、さまざまな生き残り戦術が、個人用に考えられてもよい、あるいは、積極的に考えられるべきだということになろう。「われわれ」ということばを使うこと、「われわれ」としてまとまることは、今日の「自己防衛の手段」である、とリチャード・セネットは主張する。「共同体を待望するのは防御策のひとつで……『われわれ』という共通項を、混乱や混迷にたいする盾として使うのは、ほとんど普遍的な状況になりつつある」。しかし（この「しかし」は、もっとも決定的な「しかし」なのだが）、共同体待望論は「移民や、部外者の拒絶というかたちをとる」。それはつぎのような理由からだ。

逃げ場をさがす欲求の強い現在の政治は、労働者を移動させ、あるいは、かれらの弱い立場を利用する強者ではなく、むしろ、グローバル化した労働市場をわたり歩かざるをえない弱者を攻撃する。IBMの電算技師たちは……インド人の同僚や、ユダヤ人社長を批判しなくなったとき、ある重要な点で、こうした共同体の防衛本能を超越した。(10)

たぶん「ある重要な点」で超越したのだろう。しかし、超越されたのはある一点だけで、もっとも重要な点ではされなかった、とつけくわえたい。危険をはらむ多様性を逃れ、均一性のなかに逃げこもうという願望は普遍的だ。違いはその願望から、いかなる行動をとるかであり、とられる行動の違いは行動の主体にあたえられた資質と直接関係する。IBM電算技師のような恵まれた人間は、社会の「みえづらい」情勢変化には無防備であっても、情報空間という居心地のいい場所にいられて、危険から逃れるためにハイテク仕様の掘割をつくり、ハイテク仕様の跳ね橋をつけるだけの余裕がある。フランスでも指折りの開発会社の社長、ギー・ナフィルヤは「フランス人は怖がっている、自分に似ていない隣人を恐れている」といった。全国家主協会会長、ジャック・パティニーも同意見で、将来、住宅地は外部にむかって閉鎖され、磁気カードと警備員によって守られるときがくるとみている。「通信軸にそって島が群島のように点在する」、というのがかれの未来像である。周囲から隔離され、柵で仕切られ、さらには、複雑な内部通信装置、遍在するビデオ監視装置、重武装した警備員による二十四時間監視体制をほどこした住宅地は、トゥールーズ周辺で多くみられるようになった。こうした住宅地は、まず、アメリカで作られたものだったが、いまや、グローバル化する世界の、裕福な地域のいたるところでみられるようになった[11]。厳重な警備がなされた区域というのは、貧しい者を押しこめたゲットーに酷似する。ただ、両者は決定的な点で異なる。前者は高額を支払って選択された特権である。入り口を警備する、正式に雇われた警備員は、法により銃器の携帯をゆるされた者である。

リチャード・セネットはこうした傾向について、社会心理学的解説をくわえる。

> 人間性の対立はもちろん、人間性のすべての相違が共同体のイメージからは浄化されている。ゆえに、共同体的連帯は、浄化の儀式でもある……。共同体の神話的イメージの特徴は、連帯、団結が均一性によって達成されると考える点にある……。「われわれ……は」といういい方は、全員同じであってほしいとの願望のあらわれであるが、同時に、お互いを深くまでみつめあわずにすませる方法である[12]。

純粋性の夢も、近代の公権力による他の多くの仕事同様、流体的近代においては、規制緩和され、民営化されつつある。夢の実現は、私的、地域的、小集団的行動にまかされた。私的安全の保護は個人の問題であり、地方公共団体や地域警察は助言をもって個人を支援し、一方、不動産開発業者は安全不安の解消に、高価なサーヴィスを提供する。個人的にとられた方策は、ひとつであっても、複数であっても、方策をさがすきっかけをつくった緊急性を満足させるものでなければならない。神話的考え方にしたがえば、換喩《メトニミー》は、暗喩《メタファー》へとつくりかえられる。隣接するあきらかな危険を、排除し、遠ざけようとする願望〔換喩〕は、「外部」を「内部」にある似たものに変えてしまおうという衝動〔暗喩〕に変化させられるのだ。「均質な共同体」の夢は、基本的に、自己愛の反映である。

こうした夢をもつことは、答えのでない難問――危険におびえる、自信喪失した自己は愛するだけの価値があるのか、環境改善を立案する主体となり、アイデンティティの妥当性を判断する基準となりうるのか――から必死に逃れようとする姿勢のあらわれでしかない。「均質な共同体」では、そうした不愉快な疑問は無視され、浄化がもたらした安心は、その信頼性をけっして問われることがない。

別の場所で（『政治をさがして』ポリティ・プレス、一九九九年）、わたしは不確実性、不安定性、安全性欠如の「穢れた三位一体」について語り、三者のそれぞれが、出所が判然としないために、ことさら痛切に感じられる不安を生んでいると主張した。源がどこであろうが、蓄積された不安の蒸気は排出口をもとめる。また、不確実性、不安定性の源に達するための入り口は、閉ざされていたり、到達できないため、すべての圧力は別の箇所、身体、家庭、環境の安全という、極端に薄い弁のほうへと移動する。結果的に、「安全の問題」には許容範囲をこえた不安と切実な希望が満載されることになる。穢れた三位一体はさらなる安全を、永遠に渇望させるようになる。渇望は現実的な方策では抑えられない。なぜなら、そうした方策では、不確実性と不安定性を大量に排出する永遠の源泉に近づくことも、触れることもできないからである。

高価な安全

復活した共同体論的信仰の使徒たちによって書かれた著作物を読み、フィル・コーエンは共同体論者が、現代人のかかえる問題の解決策として推奨する共同体は、解放の可能性を秘めた場所でなく、孤児院、刑務所、精神病院に近いものだとのべた。コーエンは正しい。しかし、そもそも、解放の可能性など、共同体論者の関与するところではなかったのかもしれない。きたるべき共同体が癒してくれるはずの問題は、解放のいきすぎ、大きすぎによる不安が生じさせた沈澱物であるからだ。長いあいだもとめられてきた自由と安定の均衡は、いまだ達成されていない。そうした状況で、共同体論ははっきりと安定をもとめる。共同体論はまた、大切にされてきた二者の価値は対立的で、非両立的で、二者択一的なものだとする。その一方で、共同体論は自由の拡大、確立が安全をもたらす可能性、あるいは、自由と安全の推進は同時進行し、個別では進行しえないという可能性は認めない。

繰り返しいわせてもらえば、共同体論者の描く共同体のイメージは、猛り狂う無慈悲な大海原にぽつんと浮かぶ、家庭的な、居心地のいい島といったものである。荒波をしずめ、海を鎮めることは非現実的な計画として、議論の対象にされないから、かれらの共同体像は魅力的なのであって、その信奉者もこの点について深く考えることもない。考えうる唯一の避難所であることが、そのイメージに付加価値をあたえて、生活の価値観が取り引きされる株式市場が、予測できない気まぐれな動きをみせるのに呼応して、その付加価値はさらに上昇するといっていいだろう。

安全な投資先（あるいは、他の投資にくらべて危険でない投資先）として、いまや、投資家本人のからだをのぞけば、共同体の避難所的価値の右にでるものはない。昔と違い、からだはそれが身につける飾りや装いより、はるかに長い（実際、比較できないくらい長い）寿命をもつ生活世界《レーベンスヴェルト》となった。たしかに、からだが不滅でも永久でもないことは、昔と変わらないが、人間の短命さも、流動的近代がショーウィンドウや店の棚に並べては入れ替える、視座、判断基準、格づけ、評価の寿命にくらべれば、永遠のように思われるかもしれない。家族、仕事仲間、階級、隣人といった関係は、あまりにも流動的で、安定した視座にはなりえない。「またあした会える」という望み、そして、先を考えること、長期的に行動すること、かぎりある一生を綿密に計画された軌道にそって、一歩一歩あゆんでいく理由は、およそ頼りにならなくなってしまった。あした会うのが確実なのは、激しく様変わりした家族、階級、隣人、仕事仲間に囲まれた、自分自身のからだだけなのかもしれない。

いま読みかえすと、エミール・デュルケムの論文は、堅固な近代から後世にあてられた書簡のように読めるが、そのなかでかれはつぎのようにいっている。ただ「永続的な特質をもつ行動だけが決断に値し、持続できる喜びだけが欲望に値する」。堅固な近代の人々の頭には、こうした教訓が徹底的にたたきこまれていたが、同じことが現代人には空ろな、耳慣れない響きにしか聞こえない。しかし、デュルケムがこの教訓との関連でもちだした、かれにとっての現実的助言は、現代人の耳には、さらに風変わりに聞こえるだろう。「短い、空虚な個人的な喜びになんの価値があるのですか」と、かれにとっては修辞疑問にしか思えないような質問をうけたとき、デュルケムは即座にこう答えて、読者の不安をおさえた。われわれは、幸せなことに、そうした空虚な一時的喜びを追いかけなくてもいい。「社会は個人よりはるかに長生きだから、われわれに束の間でない満足を味わわせてくれる」。デュルケムの見方によれば、社会とは、はかなさの恐怖から人間を守る、避難所の役割を果たしているのである。[13]

身体と、身体的満足の寿命は、デュルケムが社会組織の永続性に賛歌をとなえていた時期とくらべ、たいして長くなったわけではない。問題は社会組織を筆頭に、すべて他のものが「身体と身体的満足」より、短命となったことにある。寿命は相対的概念で、人間は、いまや、まわりの事物のなかで、もっとも寿命の長いもののひとつとなった（実際、ここ何十年間で、寿命を伸ばしているのは人間だけだ）。敵の集中砲火にさらされながらも、敵の手にわたらなかった最後の塹壕、流砂のなかの最後のオアシスとなったのが、人のからだであった。こうして、熱狂的、偏執的、狂信的な身体への関心が生まれたのである。からだと外的世界のあいだの境界線ほど、厳重に警護されているものはない。からだの孔（侵入点）とからだの表面（接触点）は、いずれやってくる死の自覚からおこる、恐怖と不安が集中する場所となっている。他の場所（たぶん、「共同体」をのぞく）に、恐怖や不安を分散することはできない。

からだの重要性は、共同体のイメージ（確実性と安全をかねそなえた共同体、安全性の温室としての共同体のイメージ）が、理想的なからだをモデルにしていることからもよくわかる。均一性と調和がたもたれるよう、共同体の内部の消化しづらい異物は、すべて除去され、異物侵入の経路は厳しく監視され、管理され、守られる一方、外部は重武装され、完璧な鎧をかぶせられる。つくられた共同体をかこむ境界線は、ちょうどからだの外皮のように、内側の信頼と優しい思いやりを、危険と、疑念と、緊張の外界からわける線でもある。身体とつくられた共同体の両者は、内側がビロードのように滑らかで、外側が刺といばらだらけであることにおいても同じである。

からだと共同体は、確実性、安定、安全をめぐる戦闘が、毎日、休みなくつづけられてきた戦場に、最後まで残った防衛基地だといえる。いまや、多くの要塞や砦のあいだで分担されていた任務は、からだと共同体がすべて継承している。運びきれないほどの重荷がそれらの肩にのしかかり、安全をもとめる人たちの不安を和らげる役目を果たすはずだった両者が、逆に、不安を助長してしまう結果となった。からだと共同体の孤立は、流動的近代におこった重大な変化に起因する。そのなかには、ひとつだけ、特別な重要性をもつ変化がある。それは国家が確実性と安全を提供するための、あらゆる主要手段と装置を放棄し、売り渡したこと、つづいて、確実性／安全への国民の願いを支援しなくなったことである。

民族国家のあと

近代において、民族性は国家の「もうひとつの顔」であり、領土と住民にたいして国家が主権を主張するうえでの主要な根拠である。民族の民族的信憑性と、安定と永続性を保証するものとしての魅力は、国家との密接な関係のなかから生じる。また、市民の安全と安定を持続的基盤の上に確立するという、国家的行動のなかから生じる。新しい状況では、民族が国家との密接な関係からえるものは少ない。熱狂的愛国主義によって団結した大規模な徴兵軍が、冷静な軍事エリートによるハイテク軍にとってかわられたとき、国家は民族の動員、配備から多くを期待できなくなった。一方、国の富は労働力の質、量、士気でなく、国際資本の冷徹な傭兵軍にとって、その国がいかに魅力的かによって決まるようになった。国家は、いまや、世代をこえて未来にのびていく堅牢な橋ではない。とするならば、国家体制維持、永遠の国家的栄誉のため、個人の生活や幸福をさしだすことは、無意味にしか、また、奇妙にしか聞こえないだろう。数世紀にわたる国家と民族の蜜月は終わりをつげようとしている。離婚にはいたらなくとも、無条件の忠誠を誓いあった神聖な結婚は、たんなる「同じ屋根の下に住む」同居に変わったのである。連れ合い同士が、ほかに新しい連れ合いをみつけるのも自由であるし、新しい関係をつくるのも自由である。ふたりの関係は道徳にもとらない、正しい行動をとるよう、拘束するものではない。利益社会《ゲゼルシャフト》の時代、欠けていた共同体の代用となった民族性は、模倣すべき新しい形態をもとめて、わずかに生き残っている共同社会《ゲマインシャフト》に眼を向けはじめた。民族性を支える組織の足場は、素人大工的に組みたてられているようにみえる。逃げてゆく安全を追いかけながら、民族性の翼の下に身をよせあうよう、孤児となった個人を駆りたてるのは、安定と安全の夢であって、それらの事務的で慣習化した供給ではない。

安定と安全の提供という任務を、国家がふたたびになう見込みはない。国家にあたえられた政治的自由は、超地域性、高速移動、逃避・回避能力という強力兵器で武装したグローバル・パワーによって、完全に浸食されてしまった。新しい国際ルールの拒否は、もっとも重く罰せられる罪であり、地域の主権をになう国家は、この罪を犯さぬよう、細心の注意をはらわなければならない。世界基準をやぶる重罪にたいする報復は即座にして、厳しいからだ。

多くの場合、処罰は経済的なかたちでおこなわれる。保護政策をとり、「整理されるべき」産業部門に手厚い公共投資をおこない、「国際金融市場」「国際自由貿易」に国をまかせようとしない反抗的な政府には、融資の拒絶、債務軽減の取り消し処分がおこなわれる。地域通貨は世界市場で敬遠されて、売られ、切り下げを余儀なくされる。地域の株式は世界の株式市場で暴落する。国は経済封鎖によって孤立し、かつての、そして未来の貿易相手国からも世界の不可触賤民《パリア》としての処遇をうける。世界の投資家は予想される損失を削減するために、資産を回収し、資金をひきあげる一方、残された事業の整理と、犠牲者の救済は地域政府・機関におしつける。

処罰は「経済的方法」以外でもおこなわれる。特別反抗的な政府には（抵抗は長続きしえないものであっても）、反抗を模倣する政府があらわれるのを防ぐため、文字どおりの鉄槌がくだされる。国家が新しい「世界秩序」への従属を理不尽にも拒否した場合、グローバル・パワーの卓越性が、毎日、習慣的に示されただけでは十分ではないかのように、軍事力が動員されることさえある。迅速の緩慢にたいする卓越性、逃避の関与にたいする優越性、超地域の地域にたいする優位性は、攻撃してはすぐ逃げかえるヒット・アンド・ラン戦法を専門とし、「救われるべき命」と「救うに値しない命」とを厳格に分離する軍事力によって証明される。

対ユーゴスラヴィア戦争のやり方が、倫理的に正しく、適切だったかどうかについては、議論の余地があろう。しかし、それが「政治的手段以外の方法による、世界的経済秩序の促進」であったことについては、疑問の余地がない。攻撃軍の選んだ戦略は、世界の新しいヒエラルキーと、それを支える新しい規則の派手な示威として、うまく機能したのだ。戦争の結果、何千人もの男女が、ほんとうの「犠牲者」となり、生活をうばわれ、ひとつの国家が、このさき何十年間、復興は無理だろうといわれるほど破壊された。もし、こうしたことがおこらなければ、それを独特の「象徴戦争」とだけ呼ぶ誘惑にもかられたかもしれない。戦争それ自体、また、その戦略、戦術は、台頭しつつある権力の実態（意識的、無意識的な）の象徴だったと。使われた手段がメッセージだったのである。

社会学の教師として、毎年わたしは学生に、定住の習慣が定着し、やがて、定住は遊牧に勝利したという「文明史」の一般的な見方を教えてきた。敗北した遊牧民族が、退行的で、反文明的な存在であったことは、いわずもがなであった。ジム・マクローリンは、最近、この勝利の意味を問いなおし、近代文明における、定住民の遊牧民にたいする態度の軌跡を素描している。[14] 遊牧主義は『野蛮な』未発達社会に特徴的だった」。遊牧民は原始人とみなされる一方、「原始性」は、フーゴー・グロティウス以来、「自然」（粗野、生、文化以前、非文明という意味での）と並行関係にあった。「法律、文化、文明の発展は、長年にわたり、広範囲でおこった人間対土地の関係の進化、改革と不可分に結びついていた」。簡単にいえば、進歩は遊牧生活にかわって、定住生活が選択されたときおこったとされる。これらは、たしかに、支配が領土征服、併合、植民を意味していた堅固な近代にはじまった。「伝播説」（各帝国の首都で、一時、非常に人気の高かった歴史観）の創始者であり、主要な理論家でもあったフリードリヒ・ラッツェルは、「強者の権利」を唱えた。文明的独創性が稀有で、受動的模倣が一般的な状況において、強者に特別な権利があたえられるのは、倫理的に当然で、また、必然的なことだと考えていたラッツェルの主張は、植民地主義の世紀にはいろうとしていた時代の雰囲気を、的確に反映していた。

生存競争は、空間をめぐる競争でもある……。すぐれた民族は、弱い、野蛮な隣国の領土に攻めいって、隣国から領土をうばい、隣国人を生きられないような狭い片隅に追いつめ、最後に残った乏しい財産までうばいとる。その結果、隣国は領土の最後の一坪までも失い、文字どおり、集団として地球から姿を消すのである……。拡張主義者の偉大な能力は、主として、領土を獲得し、有効に活用し、植民することにある。

もはや、こうしたことはおこりえない。流体的近代における支配競争は、「大きいもの」と「小さいもの」でなく、速いものと遅いものとの争いである。競争相手が追いつけないような速さに加速できるものが支配する。速度が支配を意味するとき、「領土の獲得、活用、植民」はハンデであり、負債であって、財産にはかぞえられない。他国の領土の支配、いわんや、併合は、資本集約を必要とし、行政や警察といった煩雑で無益な雑務と責任をふくみ、将来、移動の自由の大きな束縛にもなりかねない。

ヒット・アンド・ラン型の戦争がふたたびおこるかどうか、これだけは予想できない。その第一回目の試みでは、結局、勝利によって、流体的近代のスタイルにとっては障害以外のなにものでもない、地域の占領、管理・行政責任というやっかいな任務が重圧となり、勝者の移動をむずかしくするという状況が生まれたからである。国際エリートの力は、地域的責任を逃れる能力に由来する。グローバル化とは、まさに、そうした責任の回避であり、地域の政府だけが、法と（地域の）秩序の番人としての役目をになう、業務、作業分担のことである。

勝者の側においては、いま、戦略の見直しの気運がたかまっている。たとえば、ふたたび、真剣な批判的検討の対象となりはじめた、「世界警察隊」の戦略がそれである。国際エリートの多くは、血なまぐさい地域紛争の解決は、民族国家から地域警察に様変わりした組織にまかせるべきだと望んでいる。紛争の解決は、一か国が単独であたるのでなく、各国が「分担」して担当し、ヒエラルキーの順に、それぞれ割り当てられるべきだ、という声が聞こえてくるようになった。また、人権がかかっていようがいまいが、地域紛争の解決はその「発生地」、発生地域の軍人、あるいは、グローバル化を押しすすめる多国籍企業や政府が「経済利益を計算しつくして」、気前よく各国軍に供与した武器にまかされるべきだ、という声もある。たとえば、アメリカ戦略国際研究センターの主席特別研究員であり、長年にわたって信頼できる情報源として、ペンタゴンの雰囲気の変化を伝えてきたエドワード・ラトワクは、『フォーリン・アフェアーズ』(『ガーディアン』紙によれば、「現在刊行されているもっとも影響力の大きな雑誌」だという)一九九九年七・八月号で、「戦争にもチャンスを」と訴えた。ラトワクによれば、戦争のあとには平和がくるのだから、戦争はけっして悪いことではないという。しかし、平和は「すべての戦闘員が死に絶えたとき、あるいは、一方が決定的な勝利をおさめたとき」にだけ、おとずれるものだともいう。最悪なのは(NATO軍も、実際、こうなっている)、互いに疲弊しつくして、銃声が止むまえに、あるいは、交戦国の一方が交戦力を完全に失うまえに、戦闘を中断してしまうことである。この場合、紛争は一時的に凍結されただけで、解決されたわけでなく、敵は休戦期間を再軍備と戦略の立て直し期間にあてることになる。ここから、みずからのためにも、相手のためにも、「他人の戦争」には介入するな、という結論がでてくる。

ラトワクの訴えを、よろこんで、感心して聞いた人間も多かったろう。「グローバル化を経済的手段以外の方法で押しすすめる」ことにかんしていえば、紛争に介入しなかったとしても、消耗戦を「決着すべきところ」まで戦わせていれば、結局、介入したのと同じ利益を生んでいたはずだ。しかも、「他人の戦争」や、扱いにくく、始末のむずかしい戦争の影響に直接かかわることなく、利益がえられていたはずである。軍事介入は目的にたいする手段となりえないというラトワクの指摘は、人道主義の旗のもと、戦争を遂行する愚かな行為に、良心の痛みをおぼえる人たちにとって心の慰めとなった。「大規模な、第三者的軍事介入という手段では、人道主義的目的は達成しえない。NATO軍がなにもなさなかったほうが、コソヴォにとってはよかったのではないか」。たしかに、地域の人々がなさねばならなかったことは、地域の人々にまかせて、NATO軍は普段の軍事訓練だけをつづけておけばよかったのかもしれない。

ヒット・アンド・ラン型の作戦ではおこらないはずの結果がおこったことで、勝者は介入を（おおやけには成功だと発表されていても）後悔し、方針を見直そうとする。おこらないはずだったこととは、侵入、占領、征服された領土の管理である。空挺部隊がコソヴォに侵攻し、駐屯したことによって、コソヴォ人同士の激しい銃撃戦はやんだが、敵味方を銃の射程距離外に分けておくという仕事は、NATO軍空挺部隊の活動場所を「天から地へ」と移し、かれらを地上の汚い現実にまきこんだのである。冷静な、鋭い分析家で、現実性を重んじる政治（やや時代がかってきているが）のリーダーでもあるヘンリー・キッシンジャーは、空爆で破壊された地域にたいする復興の責任を、攻撃した側が担うなどという過ちを、ふたたびくりかえさぬよう警告している(15)。そうした計画は、「介入をさらに泥沼化させる危険をはらんでいるだけでなく、われわれを、激しい憎悪はあっても、戦略的意味のない地域の、憲兵にしてしまう恐れがあるからだ」、とキッシンジャーはいう。介入こそ、「グローバル化を経済以外の方法で押しすすめる」手段のひとつである戦争が、避けなければならないものだったのだ。一般市民による行政はかならず紛争をもたらし、結局、それを力で解決するという、高額の費用を要する非倫理的な任務は、行政の役人が背負わなければならない、とキッシンジャーはつけくわえている。

これまでのところ、紛争解決の任務において、占領軍が爆撃された側、追放された側より、効果的にことを運べたためしはない。空爆は難民救済の名のもとに開始されたが、かれらのおかれていた難民生活とは対照的に、祖国にもどった難民を待ちうけていた日々の生活の様子は、見出しにのぼることがない。たまに読者や視聴者にとどくニュースは、暗いものばかりである。「セルビア人や、コソヴォ少数民族であるローマ人にたいする暴力や報復によって、地域のもろい安定はくずれつつあり、NATO軍による制圧後一か月で、セルビア人が人種として一掃される危険性もでてきた」と、クリス・バードはプリシュティーナから報告している。(16)

ジャン・クレールやその他の専門家はバルカン戦争が、地域全体の安定を決定的に崩すだろうと予想する。また、マケドニア、アルバニア、クロアチア、ブルガリアなどにみられる、生まれたばかりで抵抗力のない、あるいは、生まれきっていない民主主義が、成長の芽を摘まれてしまうだろうと指摘する(17)（ダニエル・ヴァーネットはバルカン諸国を代表する政治学者、社会科学者に、こうした問題についての聞き取りをおこない、結果を「バルカン半島は出口のみえない苦しい危機に直面している」と題して出版した(18)）。クレールは国家主義の根幹が切り崩されたあとにできた政治的空白が、いかにして埋められるべきか、ということにも思いをはせている。障害が消え、完全な自由を謳歌する世界的な市場主義が、政治的空白を埋めるだろうと予測されるが、市場主義は無力化したり、消滅した政治的権威の代理をつとめたりする（あるいは、場合によっては管理する）ことを望まないだろう。逆に、強力な民族国家が復活し、地域を完全に支配するようになることも望まないだろう。

「第二のマーシャル・プラン」のようなものが、この難問にたいするひとつの答えになると、一般には思われている。勝利をもたらした昔の戦法にこだわるのは、将校だけではない。マーシャル・プランがかつて成功したからといって、多額の資金を投入すれば、今回も、難問が解決できるとはかぎらない。第二次大戦後に民族国家が直面した、国民生活の立て直しと国家主権の回復という課題と、バルカン諸国がいまかかえている課題とは、はっきり異なるものである。コソヴォ戦争後のバルカン半島をとりまく問題は、それぞれの国の物理的再建を、ゼロから（ユーゴスラヴィア人の生活は完全に破壊されてしまっている）はじめるだけでは解決しない。戦争をとおしていっそう狂信的となった、民族的排他主義を根絶しなくてはならないのである。バルカン諸国を世界市場のネットワークのなかに組み込んだとしても、民族同士の敵対、対立はおさまらないだろう。世界市場は民族主義の元凶である自信欠如を解消するどころか、助長するからである。ほんとうに危険なのは、たとえば、セルビア勢力の弱体化が、近隣諸国における民族抗争と民族浄化のあらたな引き金になることだ。

「多民族ベルト地域」（ハンナ・アーレントのいい方による）、バルカン半島独特の、複雑でデリケートな問題に、これまでNATOの政治家は不手際な対応をくりかえすばかりだった。だとすれば、これからも高価な失敗をくりかえさない保証はない。難民や亡命者の流入が富裕な選挙民の脅威でなくなると、たちまち、ヨーロッパの指導者は管理のむずかしい地域への関心を失う。こうした現象は以前にも、ソマリア、スーダン、ルワンダ、東チモール、アフガニスタンといったところでおこっている。屍の山を築きながら、迂回して、また出発点にもどったということである。国際少数派民族研究所所長のアントニーナ・イェリヤズコーヴァは、（ヴァーネットの引用によれば）こうした実情を、端的にこうのべている。

「少数派民族の問題は爆弾では解決できない。砲弾は双方で悪魔を解き放つからだ」[19]。民族主義を支援することで、NATOの軍事行動は、この地域で燃えさかる民族主義の炎に油をそそぎ、将来、集団虐殺の試みがくりかえされる下地をつくった。軍事行動の結果、この地域における言語、文化、宗教の共存、共栄は、以前にもまして、むずかしくなったのである。そもそもの意図がどこにあったとしても、ほんとうに倫理的な行動がわれわれに期待させるものとは正反対の結果を、軍事行動はもたらした、ということなのだろう。

結論をいえば、たとえ暫定的なものであったとしても、情勢はけっして明るいものではない。「地球警察的な」ものによって、民族対立を和らげようとしても、それは、よくいえば、中途半端な解決、悪くいえば、逆効果しか生みださない。情け容赦なく押しよせるグローバル化の波は、民族紛争の傷口をひろげているが、傷口を癒すための薬は、いまだ試験の段階にすぎないという、逆立ちした現象がおきている。グローバル化はさまざまな共同体の平和な共存をうながすことでなく、共同体間の反目や不和を助長することにおいて、貢献しているようにみえてならないのである。

空白を埋めること

多国籍企業は「国家のない世界、あるいは、少なくとも大きな国家でなく、小さな国家からなる世界」を「理想的世界」とする、とエリック・ホブスボームはいった。「石油資源をもたないかぎり、国は小さければ小さいほど、弱ければ弱いほど、やすい費用で政府を買収できるからだ」。

今日、経済の実質的二重構造においては、一方に、国による「国家経済」というおもての経済があり、うら側に、超国家集団、組織による実質経済がある……。権力、領土をもつ国家とちがい、民族のもろもろの要素は経済のグローバル化に簡単に侵略されうるし、実際に、されてもいる。民族性と言語はそのあきらかな例だろう。国家の権力や強制力の支えがとりさられたとき、民族性、言語といったものの無力さはあきらかである。[20]

経済のグローバル化が飛躍的に進むにつれ、「政府を買収する」必要性はほとんどなくなった。みずからが操れる資源や資産で（つまり、どんな使い方がされようが、みずからの司法権をおよぼすことのできる資源や資産）、経済を順調に運営できない無能な政府は、「多国籍企業」の軍門にくだり、多国籍企業に協力せざるをえなくなる。

アンソニー・ギデンズは全世界的「近代化」の仕組みを語るのに、「巨人神」という比喩をもちいた。同じ比喩は現在おこっている経済のグローバル化にもそのままあてはまるだろう。ほとんどの国が、競って巨人の上陸を求めるようになるにしたがって、グローバル化に積極的にかかわる国と、そうでない国をわけるのは、たいへんむずかしくなった。のろまか、無能か、近視眼的か、虚栄心が強く、競争にくわわることのできない国は、重大な問題をかかえこむことになる。まず、そうした国は「財布を気にする」有権者をひきつけるもの、すべてを失う。また、「世界の世論」に弾劾され、排斥され、そして、爆弾を雨あられとうけるか、その脅威にさらされる。武力行使はそうした国を正気にもどし、他国と同じ立場にもどすための方策だからである。

民族国家の主権の原理が信用を失い、国際法の法令集から削除され、国家の抵抗力が実質的にくずれ、グローバル・パワーにとってとるにたらない存在でしかなくなったとしたらどうだろう。この場合でも、超国家的秩序（世界経済を管理し、秩序づける抑制と均衡の世界政治制度）が、「国家の世界」にとってかわる可能性は、いくつかある筋書きのひとつである——しかし、今日的状況からみれば、あまり現実的でない。ピエール・ブルデューのいう「不安定化政策」が、世界じゅうに広まる確率は、これまで以上とはいわないまでも、これまで同様高いだろう。国家主権にくわえられた致命的な打撃の結果、抑圧（マックス・ウェーバーもノルベルト・エリアスも、これを近代的理性、あるいは、文化的秩序の特性、絶対条件的属性とみなしている）が、国家の占有手段でなくなったとしても、集団虐殺をふくむ暴力の総量が減少するわけではない。暴力は「規制緩和」され、国家のレヴェルから「共同体」の（ネオ民族的）レヴェルまで下降したにすぎない。

組織に（ドゥルーズとガタリの比喩を使うなら）「樹木的」構造がなくなった結果、社会性は「爆発的」なかたちであらわれてこざるをえなくなった。組織は根をのばし、さまざまな長さの命をもつ形態を発芽させたとしてもすぐ枯れてしまう。それは組織の構成員の一時的な情熱と熱狂以外に、支えがないからである。基盤の弱さはなにかで補われねばならない。「爆発的共同体」がつづくかぎりにおいて赦される罪、処罰を免除される罪に積極的に加担した共犯者が、この場合、空白を埋めるのにもっともふさわしい。爆発的共同体は暴力が生まれ、暴力が存在しつづけることを必要とする。そして、爆発的共同体には、共同体をおびやかす敵、拷問し、八つ裂きにし、処刑すべき集団的な敵も必要なのである。しかし、敵に暴力をふるうほんとうの理由は、戦いにやぶれたときに、すべての構成員が人類にたいする罪の共犯者となるためである。

ルネ・ジラールは数々の挑発的な研究を通して（『世のはじめから隠されていること』、『暴力と聖なるもの』）、共同体における暴力の役割を包括的に理論化している。暴力的欲動は平和的、友好的な協調のおだやかな仮面の下で、ふつふつと煮えたぎっている。暴力がゆるされない共同体を、静謐の島として独立させるには、暴力的欲動は共同体の境界外へ向けられねばならない。共同体的統一性の偽善を暴露することもあるが、暴力は共同体の外に向けられることによって、防御兵器として再利用される。再利用された暴力は、共同体に不可欠なものである。暴力はいけにえの儀式というかたちで、ふたたび、おおやけの場にもどる一方、いけにえの犠牲者は、明確ではないが、厳格な規則にしたがって抽出される。「供犠の効用には、共通の基準がある。」共通の基準とは、

軋轢、競争、嫉妬、不和といった、いけにえの儀式によって払拭されるべき共同体の内的暴力である。供犠の目的は共同体の調和の回復、社会組織の強化にある。

無数の儀式的供犠に共通なのは、共同体の統一性と、その弱さを記憶するという目的である。この目的を達成するためには、「代理の犠牲者」、共同体的統一の祭壇でいけにえに捧げられるものは、厳格に選びだされねばならない――そして、選択の条件は細かく、厳しい。いけにえに適するものは、「『いけにえを供する』集団の人間に、よく似ていなければならない」（つまり、「共同体内部の人間」とみられるよ

うなものでなければならない）が、同時に、「混乱をきたさないだけの、一定の違いを有する者でなければならない」。いけにえの候補者は共同体の外側の者であるべきだが、かといって、共同体とあまりにも無関係であってはならない。「われわれ正式な共同体構成員」にそっくりでなくてはならないが、まぎれもない相違点をもたなくてはならない。こうした存在をいけにえに捧げることによって、共同体の「内側」、「外側」という、こえざる境界線がきれいにひかれていく。いけにえがどちらの側から選びだされるかは、いわずもがなであろう。

いけにえは社会の外側、周辺の存在から抽出される。捕虜、奴隷、外国人……住民と社会的絆で結ばれていない、絆を結ぶことができない、辺境・異邦の徒などがそれである。外国人・敵国人といった身分、奴隷的境遇のせいで、あるいは、たんに時代のために、将来のいけにえたちは、共同体へ完全に同化することがゆるされないのである。

共同体の「正規」構成員と社会的結びつきをもたせないことには、さらに別の利点がある。それは犠牲者を「攻撃しても、『報復』を怖れることがなくてすむ」ということだ。[21] ひとは罪を問われることはなく、いけにえに暴力をふるいながら、いけにえの残虐さをどぎつい誇張で喧伝し、共同体の構成員に固くまとまるよう、共同体の士気と警戒心にゆるみをおこさぬよう激しく警告する。

ジラールの理論は、暴力が共同体の境界線が不鮮明になった箇所、とりわけ、アイデンティティがゆらぐ箇所で頻発し、しかも、強烈であることを明確にした。また、もっと正確にいうなら、境界線に穴があいたとき、あるいは、境界線がぼやけたとき、境界線を引きなおす手段として、暴力が使われることを明確にした。しかし、これには、三点だけ留意点をつけくわえておかねばならない。

まず、第一点目。「代理犠牲者」の供犠が、慣習的「社会契約」の更新儀式であったとしても、これはつぎのような要素なくして機能しない――それは歴史的、あるいは、神話的「創世」の集団的記憶、および、敵の血で染まった戦場ではじめての契約がかわされたときの集団的記憶である。創世の記憶がないならば、いけにえ儀式の根気強いくりかえしによって、回顧的につくりだされる必要がある。本物であっても、つくられたものであっても、創世の集団的記憶は共同体の形態に、一定の指針を提供する――とくに、ほんとうの流血をともなう供犠を、儀礼ですませ、実際、人間をいけにえとして殺害するかわりに、代理の生き物の殺害ですませる段階に達していない集団には、このことはとくにあてはまる。共同体の生活を「独立の日」の奇跡の再現であるかのように変える儀式化された供犠が、いかに崇高だったとしても、「創世」の集団的記憶なくしては、それらは繊細さと、典礼的優雅さに欠けたものにならざるをえない。

第二点。共同体が「原初的殺害」をおこなうのは、存在の安全と安定を祈念し、集団の団結を強めるためであるという考えには、ジラール自身もいうように、不適切な部分がある。それは原初的殺害がおこなわれる以前に、団結を強めなくてはならないような集団も、安定をもとめるような共同体も、ほとんど存在しなかったということだ（ジラールは第一〇章で、「とりもなおさず、切断行為によって、共同体は誕生する」とのべて、いけにえの儀式には、切断の象徴が遍在すると説明した。これによりかれ自身、原初的切断以前に共同体の存在がなかったと認めたことになる）。内部暴力を共同体の境界外へ向けるという見方（共同体が内部の平穏を守るため、部外者を殺害するという見方）もまた、機能を（本物であろうが、作られたものであろうが）因果関係の説明として誤解した一例である。連帯と団結の必要性をかかげて、共同体を誕生させたのは、むしろ、原初的殺害自体だった。共同体的連帯を呼びかけ、毎年くりかえされる、いけにえの儀式によって確認されるのは、原初的犠牲者の正統性である。

第三点目。ジラールは供犠を「報復をうける危険性のない暴力行為」だといったが（一三ページ）、これにはつぎのような見方もつけくわえられるべきである。供犠を効果的におこなうためには、行為の安全性は意図的に隠されねばならないし、できるなら、はっきりと否定されなくてはならない。敵を完全に殺害したのでは供犠の意味が失われてしまうがために、原初的殺害以来、敵ゾンビーのようにいつでも墓から生き帰れるような状態にされていなければならなかった。完全に息の根をとめられた敵、復活がありえない死んだ敵では、共同体に脅威をあたえることもなく、同時に、連帯を急がせる理由にもなりえない。敵の完全消滅の噂それ自体、敵の宣伝工作にすぎず、これでむしろ、敵の生存が、間接的ながら、証明されたことになったと、すべての人間に知らせるために、いけにえの儀式は定期的におこなわれるといってもいいだろう。

ボスニアにおける大量殺戮をめぐって、一連のずばぬけた研究をおこなったアーネ・ヨーハン・ヴェトレーセンによれば、信頼できる組織的基礎が欠けた場合、最大の敵として共同体がもっとも嫌悪するのは、無関心で熱意のない傍観者だという。「大量殺戮をおこなう当事者からみれば、傍観者は殺戮の続行を阻止する……可能性をひめた存在である」[22]。

傍観者がこの可能性を実行に移そうが、移すまいが、（敵の抹殺に加わろうとしない）傍観者的存在自体、すでに爆発的共同体の存在意義、前提にたいする挑戦とみられることもつけ加えておきたい。「われわれ」と「かれら」が対立した状況にあること、「かれら」の抹殺は、「われわれ」の生き残りのために必須であること、「かれら」を殺すことは、「われわれ」が生き延びることの絶対条件だということ、前提とはこうした考えのことである。共同体への所属資格は「あらかじめ決められた」ものでも、制度的に確認されうるものでもなく、「血の洗礼」、つまり、集団犯罪への連座によって付与される、ということもつけ加えておきたい。国家が主導する大量殺戮（とりわけ、ホロコーストのような）とちがい、爆発的共同体生誕の儀式としての大量殺戮は、その実行を専門家に任せることもできないし、特別の部署や部隊に委任することもできない。「敵」が何人殺されたかが重要なのでなく、殺しに何人加わったかが重要なのだ。

殺害が白昼堂々と、公衆の面前でなされることもまた重要である。殺人者は目撃者に顔を知られ、逃げ隠れできなくなるがゆえに、入門儀式のおこなわれた共同体以外に身柄を守ってくれる場所がなくなるのだ。アーネ・ヨーハン・ヴェトレーセンのボスニア研究によれば、民族浄化は、

> 殺害者と犠牲者の近接性を土台とし前提とする。近接性がなければ、意識的に作りだされねばならないし、近接性が失われそうになった場合は、喪失を防がなくてはならない。超のつくほど個人的となった暴力では、家族全体が拷問、強姦、殺害の目撃者となるのである[23]……

爆発的共同体の誕生に不可欠な要因は、目撃者の存在であり、古いかたちの大量殺戮、その「典型」

であるホロコーストとちがうのはこの点だろう。したがって、原初的犯罪が忘却されず、構成員が犯した犯罪の証拠は十分であることを意識しながら、ともに暮らしているかぎり、爆発的共同体は長く存続しつづけるようにみえる。厳罰に値する原初的犯罪の重さから共同で逃れるため、爆発的共同体の構成員は必然的に団結することになる。過去の罪の上にあらたな罪を重ねながら、犯罪の記憶を風化させないのが、原初的犯罪を忘れないための最善の方法なのだ。爆発的共同体は通常、対をなして形成され(「かれら」なくして、「われわれ」はありえない)、そのとき、たまたま、強かったほうの集団が大量殺戮的暴力犯罪を犯すのであるから、「民族浄化」や集団虐殺の口実は枯渇しない。爆発的社会性に付随し、その社会性が沈澱してできた共同体の生活様式の一部である暴力は、永続的で自己増殖的だと考えられる。これは、いわゆる、グレゴリー・ベイトソンのいう「分裂発生連鎖」のようなものであり、連鎖を断ち、もとの状態にもどそうという作用には、激しく抵抗するのである。

ジラールやヴェトレーセンの分析した爆発的共同体を、大量虐殺の可能性をひめた、きわめて獰猛で、暴力的で、血に飢えたものにしているのは、「領土的利益」である。大量虐殺の可能性もまた、流体的近代の逆説に帰すことができるだろう。領土は堅固な近代の空間への執着と深く結びついていた。領土は空間への執着によって拡大し、逆に、領土は執着の保持と回復に貢献する。一方、爆発的共同体は、流体化した近代の産物である。爆発的集団性が領土的野心と交わったとき、奇怪で、歪んだ、変異が生じる。軽量/液体的/ソフトウェア的な近代世界では、(堅固な近代における紛争の主要原因であった)空間の征服や防衛の「食人的」「嘔吐的」戦略の規則的循環は、まったくの場違い(さらに重要なことには、「時代遅れ」)とみられるようになった。新しい世界では、循環は規則にしたがうより、規則を破るからである。

包囲された定住型の住民は、新しい「遊牧型」権力ゲームの利害と規則のうけいれを拒否するが、国際的遊牧型エリートたちには、こうした拒否の態度は理解をこえたものであり、遅れ、後進性（同時に、不快にして有害なものと）と映る。紛争、とくに軍事行動をともなう紛争の場合になると、流動的近代世界の遊牧型エリートは、定住型住民の領土執着を、かれらの「文明的」軍事戦略にたいする「野蛮な」戦略ととらえる。領土的執念の分類、判断の尺度を決定し、保有するのは、いまや、遊牧型エリートである。形勢は逆転した。戦いに勝った定住型住民は、「進化の政治学」という有効な武器を用いて、遊牧民を野蛮で、原始的で、先史的な存在だと定義したが、いまや、勝ち名乗りをあげた遊牧型エリートが、同じ武器を使って、領土主権へのこだわりのなごりや、主権をかたくなに守ろうとする人間と戦っている。

遊牧型エリートによる領土執着の否定は、一般からも支持されうる。「民族浄化」と名づけられた民族排斥がおこるたびに憤激がおこる。自分たちの身近でも（たとえば、「文明化」の運動を押しすすめる都市部のいたるところで）日々くりかえされる、小さな部外者排斥が拡大されると、民族浄化となるのではないかという不安が増幅された結果、憤怒はおこるのである。内なる悪魔につき動かされて、われわれはいてほしくない「異邦人」をゲットーに押しこめ、亡命者規定の強化を要請し、目ざわりな外国人の都市空間からの一掃を要求し、監視カメラと警備員に守られた屋敷に大枚を投じる。しかし、この内なる悪魔も、「民族浄化犯」を糾弾することで退治することができる。ユーゴスラヴィア戦争における当事者双方の利害関係は、おそろしく似かよっていた。ほとんど同一の目的が、一方の側では明確に示され、もう一方の側では、必死に、しかし、不器用に隠されていたにすぎなかった。セルビア側は、反抗的で扱いづらい少数派アルバニア人を追放したいと望み、NATO諸国もセルビア側に、いわば、「同種の望みをもって対応した」。NATO諸国の軍事行動は、アルバニア人をコソヴォにとどまらせ、望まれない移民としてヨーロッパ諸国に流入してくる危険性を、芽のうちに摘みとりたいという願望から開始されたのである。

クローク型共同体

流体的近代型の爆発的共同体と領土の関係は、けっして必然的でも、普遍的でもない。現在の爆発的共同体のほとんどが、領土的拡大を画策しているとしても、領土への執着を否定した流体的近代の要請にあわせて形成されたものであることに変わりはない。爆発的共同体は、ともかく、超領域的な（領域的制約から自由であればあるほど、成功も大きい）ものである――線香花火のような、そのアイデンティティ同様。共同体の「爆発的」性質も、流体的近代のアイデンティティの性質と同じである。また、流体的近代のアイデンティティに似て、問題の共同体は、変わりやすく、一時的で、「一面的」である。騒ぎが大きいわりに、爆発的共同体の寿命は短い。その力の源は永続性にあるのでなく、不安定さ、未来の不透明さ、そして、一時的であるがゆえに必要とされる、警戒心と感情移入の強さにある。

「クローク的共同体」という表現は、こうした共同体の特徴を的確につかんでいるだろう。劇場にでかける人間は、服装のそれなりの決まりにしたがって、普段着と異なる服を着る。こうした行動は劇場にでかけること自体を、「特別な出来事」とするのと同時に、劇場にあつまる観客を、劇場の外にいるときとは比べものにならない均一な集団に変える。昼間の関心や趣味がどんなに違っていても、人々は夜の公演になると同じ場所にあつまってくる。観客席に座るまえ、人々は外で着ていたコートやアノラックを劇場のクロークにあずける（そして、コートかけやハンガーにかかっている服の数をみて、劇場の混みぐあいを想像したり、数分後に始まる劇に期待を馳せたりする）。公演中、すべての目、全員の注目は舞台にそそがれる。喜びに悲しみ、笑いに沈黙、拍手喝采、賞賛の叫び、驚きに息をのむ状況は、まるで台本に書きこまれ、指示されているかのように一斉におこる。しかし、最後の幕が降りると、観客たちはクロークから預けたものをうけとり、コートを着てそれぞれの日常の役割にもどり、数分後には、数時間まえにでてきた町の雑踏のなかへ消えていくのである。

クローク型共同体はばらばらな個人の、共通の興味に訴える演目を上演し、一定期間、かれらの関心をつなぎとめておかなければならない。その間、人々の他の関心（かれらの統一でなく、分離の原因となる）は、一時的に棚上げされ、後回しにされ、あるいは、完全に放棄される。劇場的見世物はつかのまのクローク型共同体を成立させるが、個々の関心を融合し、混ぜあわせ、「集団的関心」に統一するようなことはない。関心はただ集められただけで、新しい特性を獲得することもなく、演目がつくりだす共通の幻想は、公演の興奮がさめると雲散霧消する。

重い、固い、そして、ハードウェア的な近代にあった「共通の大義」にとってかわった見世物は、あらたなアイデンティティ形成に甚大な影響をあたえた。また、見世物はアイデンティティ追求にともなってしばしば発生する精神的緊張、攻撃性の原因となる精神性外傷の非常によい説明となる。

「カーニヴァル型共同体」というのも、いま、議論している共同体の呼称として、ふさわしいだろう。こうした共同体は、自己扶助の精神をうけいれた、あるいは、強制された「形式上の」個人を孤独な格闘の日々の苦しみや困難な状況から、いっとき解放してくれるだろう。爆発的共同体は日常的孤独の単調さをやぶる出来事であり、カーニヴァルと同じように、欲求不満のガス抜きである。興奮させる出来事、ガス抜きがあるから、お祭り騒ぎが終われば、もどっていかなければならない日常の仕事も、耐えられるのである。ルートヴィヒ・ヴィトゲンシュタインの憂鬱な哲学的瞑想と同じで、爆発的共同体は「あらゆるものを、あったままにしておく」(実際に傷ついた犠牲者、「付随的被害」は逃れても、道徳的な傷をうけたひとがいることを除けば)のだ。

「クローク型」と呼ぼうが、「カーニヴァル型」と呼ぼうが、爆発的共同体は近代の流体的風景に不可欠な要素であり、形式上の個人の孤独な苦しみ、事実上の個人になりたいという熱いが、むなしい努力の一部である。見世物、クロークのコート掛け、群集の集まるカーニヴァルは、あらゆる好みを満足させようとするため、その種類も多い。オーウェルの『一九八四年』には「五分間の(共同的)憎悪」という政策がでてくる。一方、ハックスリーは『すばらしき新世界』でこれをひねって、「五分間の(共同的)崇拝」を巧妙に、そして、みごとに考案した。すばらしき新世界の新聞第一面と、テレビ・トップニュースは、人々がその下に結集し、その下で行進すべき新しいスローガンを毎日掲載する。スローガンの恐怖(ときどきは道徳的なものだが、だいたいは非道徳的、不道徳的な恐怖)と恍惚をおりまぜた内容は、ヴァーチャルな共同体のヴァーチャルな「共通目標」である。

クローク型/カーニヴァル型共同体は、「ほんとうの」(包括的、永続的という意味で)共同体の姿をまね、ほんとうの共同体をゼロからつくると（誤解をまねきかねない）約束をしながら、実際には、そうした共同体の形成を妨害する。クローク型／カーニヴァル型共同体は、社会性をもとめる衝動の未開発のエネルギーを集約するのでなく、拡散し、そして、まれな集団的協調、協力に、必死に、しかし、空しく救いをもとめる人間の孤独を永久化する。

形式上の個人を待つ運命と、事実上の個人の運命のあいだの渡りきれない、あるいは、渡りきれるとはとうてい思えない割れ目から生じた苦痛を、鎮静してくれるどころか、クローク型／カーニヴァル型共同体は、流体的近代に特有の社会的混乱の病理学的兆候に、そして、その要因にさえなっているのである。

注

1　解　放

（1）　Herbert Marcuse, 'Liberation from the affluent society.' 出典は *Critical Theory and Society: A Reader*, ed. Stephen Eric Bronner and Douglas MacKay Kellner (London: Routledge, 1989), p. 277.

（2）　David Conway, *Classical Liberalism: The Unvanquished Ideal* (New York: St Martin's Press, 1955), p. 48.

（3）　Charles Murray, *What it Means to be a Libertarian: A Personal Interpretation* (New York: Broadway Books, 1997), p. 32. また、ジェフリー・フリードマンの優れたコメント 'What's wrong with libertarianism', *Critical Review*, Summer 1997, pp. 407-67 を参照のこと。

（4）　*Sociologie et philosophie* (1924). 出典はアンソニー・ギデンズ訳、*Émile Durkheim: Selected Writings* (Cambridge: Cambridge University Press, 1972), p. 115.

（5）　Erich Fromm, *Fear of Freedom* (London: Routledge, 1960), pp. 51, 67.

（6）　Richard Sennett, *The Corrosion of Character: The Personal Consequences of Work in the New Capitalism* (New York: W. W. Norton & Co., 1998), p. 44.

（7）　Giles Deleuze and Felix Guattari, *Anti-Oedipus: Capitalism and Schizophrenia*, trans. Robert Hurley (New York: Viking Press, 1977), p. 42.

（8）　Alain Touraine, 'Can we live together, equal and different?', *European Journal of Social Theory*, November 1998, p. 177.

（9）　Frankfurt am Main: Suhrkamp, 1986. 英訳は Ulrich Beck, *Risk Society: Towards a New Modernity*, trans. Mark A. Ritter, (London: Sage, 1992).

（10）　Beck, *Risk Society*, p. 137.

（11）　Ulrich Beck, *Ecological Enlightenment: Essays on the Politics of the Risk Society*, trans. Mark A. Ritter (New Jersey: Humanity Press, 1995), p. 40.

（12）　Theodor W. Adorno, *Negative Dialectics*, trans. E. B. Ashton (London: Routledge, 1973), p. 408.

（13）　Theodor W. Adorno, *Minima Moralia: Reflections from Damaged Life*, trans. E. F. N. Jephcott (London: Verso, 1974), pp. 25-6.

（14）　Adorno, *Negative Dialectics*, p. 220.

(15) Adorno, *Minima Moralia*, p. 68.

(16) Adorno, *Minima Moralia*, pp. 33–4.

(17) Theodor W. Adorno and Max Horkheimer, *Dialectics of Enlightenment*, trans. John Cumming (London: Verso, 1986), p. 213.

(18) Adorno and Horkheimer, *Dialectics of Enlightenment*, pp. 214–15.

(19) *Leo Strauss on Tyranny, including the Strauss-Kojève Correspondence*, ed. Victor Gourevitch and Michael S. Roth (New York: Free Press, 1991), pp. 212, 193, 145, 205.

2 個　人

(1) Nigel Thrift, 'The rise of soft capitalism', *Cultural Values*, 1/1, April 1997, pp. 29–57. ここでスリフトは下記の書物で考案され定義された概念をさらに発展させている。 Kenneth Jowitt, *New World Disorder* (Berkeley: University of California Press, 1992), Michel Serres, *Genesis* (Ann Arbor: University of Michigan Press, 1995).

(2) Alain Lipietz, 'The next transformation', *The Milano Papers: Essays in Societal Alternatives*, ed. Michele Cangiani (Montreal: Black Rose Books, 1996), pp. 116–17.

(3) V. I. Lenin, 'Ocherednye zadachi sovetskoi vlasti', *Sochinenia*, 27, February-July 1918; Moscow: GIPL, 1950, pp. 229–30.

(4) Daniel Cohen, *Richesse du monde, pauvretés des nations* (Paris: Flammarion, 1997), pp. 82–3.

(5) Max Weber, *The Theory of Social and Economic Organization*, trans. A. R. Henderson and Talcott Parsons (New York: Hodge, 1947), pp. 112–14.

(6) Gerhard Schulze, 'From situations to subjects: moral discourse in transition', *Constructing the New Consumer Society*, ed. Pekka Sulkunen, John Holmwood, Hilary Radner and Gerhard Schulze (New York: Macmillan, 1997), p. 49.

(7) Turo-Kimmo Lehtonen and Pasi Mäenpää, 'Shopping in the East-Central Mall', *The Shopping Experience*, ed. Pasi Falk and Colin Campbell (London: Sage, 1997), p. 161.

(8) David Miller, *A Theory of Shopping* (Cambridge: Polity Press, 1998), p. 141

(9) Zbyszko Melosik and Tomasz Szkudlarek, *Kultura, Tozsamosc i Demokracja: Migotanie Znaczen* (Kraków: Impuls, 1998), p. 89.

(10) Marina Bianchi, *The Active Consumer: Novelty and Surprise in Consumer Choice* (London: Routledge, 1998), p. 6.

(11) Hilary Radner, 'Producing the body: Jane Fonda and the new public feminine', *Constructing the New Consumer Society*, ed. Sulkunen *et al.*, pp. 116, 117, 122.

(12) スペンサー・フィッツギボン博士がガーディアン紙に寄稿した手紙の、トウニー・ブレアの不満にたいする論評は、適切にして、当をえたものである。「不倫報道後、ロビン・クック外務大臣が悪者扱いされるようになったのは、なんとも皮肉なことだ。大分以前、占領下の東チモールで二十万人を虐殺した政権への兵器取引に、クックは関与していたのではなかったか。イギリスのマスコミと世論が、大量殺戮にも、クックのおこした不倫と同じくらいの憤りをあらわすなら、世界はもっと平和で住みやすい場所となるだろう。」

(13) Michael Parenti, *Inventing Reality: The Politics of the Mass Media* (New York: St Martin's Press, 1986), p. 65. パレンティがいうところによれば、いたるところに遍在する巨大な量の広告は、「消費者の皆さん、よい生活をおくり、上手に生きるためには、生産法人にガイドしてもらいなさいよ」という共通のメッセージを送っているという。実際、そうした生産法人は、個人には能力が欠けるというメッセージを、多くのコンサルタントやアドヴァイザー、「教則本」の作者などにたよりながら、消費者の頭に植えつけているのである。

(14) Harvie Ferguson, *The Lure of Dreams: Sigmund Freud and the Construction of Modernity* (London: Routledge, 1996), p. 205.

(15) Harvie Ferguson, 'Watching the world go round: Atrium culture and the psychology of shopping', *Lifestyle Shopping: The Subject of Consumption*, ed. Rob Shields (London: Routledge, 1992), p. 31.

(16) Ivan Illich, 'L'Obsession de la santé parfaite', *Le Monde diplomatique*, March 1999, p. 28.

(17) 出典は Barry Glassner, 'Fitness and the postmodern self', *Journal of Health and Social Behaviour*, 30, 1989.

(18) Albert Camus, *The Rebel*, trans. Anthony Bower (London: Penguin, 1971), pp. 226-7.

(19) Gilles Deleuze and Felix Guattari, *Oedipus Complex: Capitalism and Schizophrenia*, trans. Robert Hurley (New York: Viking Press, 1977), p. 5.

(20) Efrat Tseëlon, 'Fashion, fantasy and horror', *Arena*, 12, 1998, p. 117.

(21) Christopher Lasch, *The Culture of Narcissism* (New York: W. W. Norton and Co., 1979), p. 97.

(22) Christopher Lasch, *The Minimal Self* (London: Pan Books, 1985), pp. 32, 29, 34.

(23) Jeremy Seabrook, *The Leisure Society* (Oxford: Blackwell, 1988), p. 183.

(24) Thomas Mathiesen, 'The viewer society: Michel Foucault's 'Panopticon' revisited', *Theoretical Criminology*, 1/2, 1997, pp. 215-34.

(25) Paul Atkinson and David Silverman, 'Kundera's *Immortality*: the interview society and the invention of the self', *Qualitative Inquiry*, 3, 1997, pp. 304-25.

(26) Harvie Ferguson, 'Glamour and the end of irony', *The Hedgehog Review*, Fall 1999, pp. 10-16.

(27) Jeremy Seabrook, *The Race for Riches: The Human Costs of Wealth* (Basingstoke: Marshall Pickering, 1988), pp. 168-9.

(28) Yves Michaud, 'Des Identités flexibles', *Le Monde*, 24 October 1997.

3 時間／空間

(1) 出典は Chris McGreal, 'Fortress town to rise on Cape of low hopes', the *Guardian*, 22 January 1999.

(2) Sarah Boseley, 'Warning of fake stalking claims', the *Guardian*, 1 February 1999. ボズレーはリリドミシェル・パテ、ポール・E・マレン、ローズマリー・パーセルの署名記事を引用している。

(3) Sharon Zukin, *The Culture of Cities* (Oxford: Blackwell, 1995), pp. 39, 38.

(4) Richard Sennett, *The Fall of Public Man: On the Social Psychology of Capitalism* (New York: Vintage Books, 1978), pp. 39ff.

(5) Sennett, *The Fall of Public Man*, p. 264.

(6) Liisa Uusitalo, 'Consumption in postmodernity', *The Active Consumer*, ed. Marina Bianchi (London: Routledge, 1998), p. 221.

(7) Turo-Kimmo Lehtonen and Pasi Mäenpää, 'Shopping in the East-Centre Mall', *The Shopping Experience*, ed. Pasi Falk and Colin Campbell (London: Sage, 1997), p. 161.

(8) Michel Foucault, 'Of other spaces', *Diacritics*, 1, 1986, p. 26.

(9) Richard Sennett, *The Uses of Disorder: Personal Identity and City Life* (London: Faber & Faber, 1996), pp. 34-6.

(10) Steven Flusty, 'Building paranoia', *Architecture of Fear*, ed. Nan Elin (New York: Princeton Architectural Press, 1997), pp. 48-9. また，Zygmunt Bauman, *Globalization: The Human Consequences* (Cambridge: Polity Press, 1998), pp. 20-1 参照のこと。

(11) Marc Augé, *Non-lieux: Introduction à l'anthropologie de la surmodernité* (Paris: Seuil, 1992). また，Georges Benko, 'Introduction: modernity, postmodernity and social sciences', *Space and Social Theory: Interpreting Modernity and Postmodernity*, ed. Georges Benko and Ulf Strohmayer (Oxford: Blackwell, 1997), pp. 23-4 参照。

(12) Jerzy Kociatkiewicz and Monika Kostera, 'The anthropology of empty space', *Qualitative Sociology*, 1, 1999, pp. 43, 48.

(13) Sennett, *The Uses of Disorder*, p. 194.

(14) Zukin, *The Culture of Cities*, p. 263.

(15) Sennett, *The Fall of Public Man*, pp. 260ff.

(16) Benko, 'Introduction', p. 25.

(17) Rob Shields, 'Spatial stress and resistance: social meanings of spatialization', *Space and Social Theory*, ed. Benko and Strohmayer, p. 194.

(18) Michel de Certeau, *The Practice of Everyday Life* (Berkeley: University of California Press, 1984); Tim Crosswell, 'Imagining the nomad: mobility and the post-modern primitive', *Space and Social Theory*, pp. 362-3.

(19) Daniel Bell, *The End of Ideology* (Cambridge, Mass.: Harvard University Press, 1988), pp. 230-5.

(20) Daniel Cohen, *Richesse du monde, pauvretés des nations* (Paris: Flammarion, 1997), p. 84.

(21) Nigel Thrift, 'The rise of soft capitalism', *Cultural Values*, April 1997, pp. 39-40. スリフトの論文は独創的で，啓発的以外のなにものでもないが，標題に使われ，本文でもくりかえし言及される「ソフト・キャピタリズム」は誤った呼称――あるいは誤解をうむ描写――であるといわざるをえない。軽い近代がソフトウェア的資本主義であったとしても，「ソフト」なわけではけっしてない。スリフトは新時代の資本主義の本質をいいあらわす比喩として，「ダンス」や「サーフィン」がもっとも適切なものだとしている。これらはいずれも軽さ，無重力，動きの俊敏性と関係するのであるから，たしかにうまい比喩だといえるだろう。しかし，毎日のダンスやサーフィンに「ソフト」なところはなにひとつない。ダンサーもサーファーも，とくに混みあった舞踏会場や，高波がおしよせる海岸では，たくましく（タフで）あっても、ソフトではありえない。しっかりと立ち止まること、あるいは、はっきりとした道にそって進むことができたかつての世代のほとんどの人々より、現代人はタフでなければならず、また、ソフトウェア資本主義も、ハードウェア資本主義よりさらに強く、タフでなくてはならない。液体はソフトではけっしてありえない。大洪水や大水、ダムの決壊を考えてみるがいい。

(22) Georg Simmel, 'A chapter in the philosophy of value', *The Conflict in Modern Culture and Other Essays*, trans. K. Peter Etzkorn (New York: Teachers College Press, 1968), pp. 52-4.

(23) Eileen Applebaum and Rosemary Bart, *The New American Workplace* (Ithaca: Cornell University Press, 1993) のなかでこういうのべられている。出典は Richard Sennett, *The Corrosion of Character: The Personal Consequences of Work in the New Capitalism* (New York: W. W. Norton & Co., 1998), p. 50.

(24) Sennett, *The Corrosion of Character*, pp. 61-2.

(25) Anthony Flew, *The Logic of Mortality* (Oxford: Blackwell, 1987), p. 3.

(26) Michael Thompson, *Rubbish Theory: The Creation and Destruction of Value* (Oxford: Oxford University Press, 1979), とくに pp. 113-19 参照。

(27) Leif Lewin, 'Man, society, and the failure of politics', *Critical Review*, Winter-Spring 1998, p. 10. 批判された箇所は William C. Mitchell and Randy T. Simmons, *Beyond Politics: Markets, Welfare, and the Failure of Bureaucracy* (Boulder, Col.: Westview Press, 1994) の Gordon Tullock による序文七ページにある。

(28) Guy Debord, *Comments on the Society of the Spectacle*, trans. Malcolm Imrie (London: Verso, 1990), pp. 16, 13.

4 仕 事

(1) 「二千年委員会」委員長として書いた *The Year 2000*, ed. Hermann Hahn and Anthony J. Wiener の序文。出典は I. F. Clarke, *The Pattern of Expectation, 1644- 2001* (London: Jonathan Cape, 1979), p. 314.

(2) Pierre Bourdieu, *Contre-feux: Propos pour servir à la résistance contre l'invasion néo-liberale* (Paris: Liber, 1998), p. 97.

(3) Alain Peyrefitte, *Du 'Miracle' en économie: Leçons au Collège de France* (Paris: Odile Jacob, 1998), p. 230.

(4) Kenneth Jowitt, *New World Disorder* (Berkeley: University of California Press, 1992), p. 306.

(5) Guy Debord, *Comments on the Society of the Spectacle*, trans. Malcolm Imrie (London: Verso, 1990), p. 9.

(6) Peter Drucker, *The New Realities* (London: Heinemann, 1989), pp. 15, 10.

(7) Ulrich Beck, *Risk Society: Towards a New Modernity*, trans. Mark Ritter (London: Sage, 1992), p. 88.

(8) David Ruelle, *Hasard et chaos* (Paris: Odile Jacob, 1991), pp. 90,113.

(9) Jacques Attali, *Chemins de sagesse: Traité du labyrinthes* (Paris: Fayard, 1996), pp. 19, 60, 23.

(10) Paul Bairoch, *Mythes et paradoxes de l'histoire économique* (Paris: La Découverte, 1994).

(11) Daniel Cohen, *Richesse du monde, pauvretés des nations* (Paris: Flammarion, 1998), p. 31.

(12) Karl Polanyi, *The Great Transformation* (Boston: Beacon Press, 1957), とくに pp. 56-7 および、第六章。

(13) Richard Sennett, *The Corrosion of Character: The Personal Consequences of Work in the New Capitalism* (New York: W. W. Norton & Co., 1998), p. 23.

(14) Sennett, *The Corrosion of Character*, pp. 42-3.

(15) *La Misère du monde*, ed. Pierre Bourdieu (Paris: Seuil, 1993), pp. 631, 628.

(16) Sennett, *The Corrosion of Character*, p. 24.

(17) Robert Reich, *The Work of Nations* (New York: Vintage Books, 1991).

(18) Sennett, *The Corrosion of Character*, pp. 50, 82.

(19) Attali, *Chemins de sagesse*, pp. 79-80, 109.

(20) Nigel Thrift, 'The rise of soft capitalism', *Cultural Values*, April 1997, p. 52.

(21) Pierre Bourdieu, *Sur la télévision* (Paris: Liber, 1996), p. 85.

(22) Bourdieu, *Contre-feux*, pp. 95-101.

(23) Alain Peyrefitte, *La Société de confiance: Essai sur les origines du développement* (Paris: Odile Jacob, 1998), pp. 514-16.

(24) Bourdieu, *Contre-feux*, p. 97.

(25) Attali, *Chemins de sagesse*, p. 84.

5　共同体

(1) Philippe Cohen, *Protéger ou disparaître: les élites face à la montée des insécurités* (Paris: Gallimard, 1999), pp. 7-9.

(2) Eric Hobsbawm, *The Age of Extremes* (London: Michael Joseph, 1994), p. 428.

(3) Eric Hobsbawm, 'The cult of identity politics', *New Left Review*, 217 (1998), p. 40.

(4) Jock Young, *The Exclusive Society* (London: Sage, 1999), p. 164.

(5) Young, *The Exclusive Society*, p. 165

(6) Leszek Kołakowski, 'Z lewa, z prawa', *Moje słuszne poglady na wszystko* (Kraków: Znak, 1999), pp. 321-7.

(7) Bernard Yack, 'Can patriotism save us from nationalism? Rejoinder to Viroli', *Critical Review*, 12/1-2 (1998), pp. 203-6.

(8) Bernard Crick, 'Meditation on democracy, politics, and citizenship', unpublished manuscript.

(9) Alain Touraine, 'Can we live together, equal and different?', *European Journal of Social Theory*, 2/1998, p. 177.

(10) Richard Sennett, *The Corrosion of Character: The Personal Consequences of Work in the New Capitalism* (London: W. W. Norton, 1998), p. 138.

(11) Jean-Paul Besset and Pascale Krémer, 'Le Nouvel Attrait pour les résidences "sécurisées"', *Le Monde*, 15 May 1999, p. 10.

(12) Richard Sennett, 'The myth of purified community', *The Uses of Disorder: Personal Identity and City Style* (London: Faber & Faber, 1996), pp. 36, 39.

(13) 出典は *Émile Durkheim: Selected Writings*, ed. Anthony Giddens (Cambridge: Cambridge University Press, 1972), pp. 94, 115.

(14) Jim MacLaughlin, 'Nation-building, social closure and anti-traveller racism in Ireland', *Sociology*, February 1999, pp. 129-51.

(15) Jean Clair, 'De Guernica à Belgrade', *Le Monde*, 21 May 1999, p. 16.

(16) *Newsweek*, 21 June 1999.

(17) Chris Bird, 'Serbs flee Kosovo revenge attacks', the *Guardian*, 17 July 1999.

(18) Daniel Vernet, 'Les Balkans face au risque d'une tourmente sans fin', *Le Monde*, 15 May, p. 18.

(19) Vernet, 'Les Balkans face au risque d'une tourmente sans fin'.

(20) Eric Hobsbawm, 'The nation and globalization', *Constellations*, March 1998, pp. 4-5.

(21) René Girard, *La Violence et le sacré* (Paris: Grasset, 1972). ここでは英語版を使用。Patrick Gregory, trans, *Violence and the Sacred* (Baltimore: Johns Hopkins Uni-

versity Press, 1979), pp. 8, 12,13

(22) Arne Johan Vetlesen, 'Genocide: a case for the responsibility of the bystander', July 1998 (manuscript).

(23) Arne Johan Vetlesen, 'Yugoslavia, genocide and modernity', January 1999 (manuscript).

訳者あとがき

ジークムント・バウマンの書物が広く読まれるようになったのは、八十年代も後半になってからだが、以来、この社会学者はフーコー、リオタール、ボードリヤール、ジェイムソンといったポストモダニストと同列に並べられることが多い。しかしながら、バウマンはポストモダンについての理論家であって、ポストモダニストではない。イストをつけるとするなら、かれはあきらかにモダニストである。芸術におけるモダニストは、その作風において、前近代、近代とつづく伝統、遺産の破壊者であったが、思想、価値観の上では、反近代主義者であった。モダニストは資本主義、産業化、機械化、民主的平準化などにことごとく抵抗し、人間的感性、人間性の近代的破壊を芸術をとおして表現した。一方、社会思想におけるモダニストとは、文字どおり近代主義者の意である。バウマンは芸術家ではなく、社会理論家であるから、かれは当然近代主義者だということになる。バウマンはなぜモダニストであって、ポストモダニストではないのか。

ド・トクヴィル、マルクス、エンゲルス、マックス・ウェーバー、アドルノらが「モダニティ」の分析者、解釈者であったとするなら、バウマンは「ポストモダニティ」の分析者、解釈者だといえる。かれの「ポストモダン」の探求と理論化は九十年代、『近代とアンビヴァレンス』(*Modernity and Ambivalence*, 1991) で萌芽し、一九九二年『ポストモダニティの顕現』(*Intimations of Postmodernity*)、一九九三年

『ポストモダン的倫理』(*Postmodern Ethics*)、一九九五年『断片化された生活』(*Life in Fragments*)、一九九七年『ポストモダンと不快』(*Postmodern and Its Discontents*)、一九九八年『グローバル化』(*Globalization*)、一九九九年『政治を求めて』(*In Search of Politics*) 等、ポストモダン関係の著書におよぶ。そして、探求は世紀の最終年、『リキッド・モダニティ』(*Liquid Modernity*, 2000) をもって完結する。本書は、いわば、十年におよぶ業績の集大成だといえる。とはいえ、それはたんなる修辞的意味での集大成ではない。ここでは、上記七冊の主著で展開されたポストモダン論の主要部分がとりあげられ、アドルノの星座のように、かといって断片的でも、警句《アフォリズム》的でもなく、配列されているからである。

バウマンにとってポストモダンとはなにか。近代的経済構造が変化したとき、それを支え、それに支えられてきたさまざまな組織や仕組みは崩壊した。崩壊によって生まれた空白には、あらたな組織、仕組み、現象がはいりこんだ。ポストモダンとは、こうした組織、仕組み、現象の総体のことである。

利益追求を究極の目的とする近代資本主義は、民族国家体制や官僚制とともに、二十世紀後半、すさまじい発展をとげた。国家は資本の成長・拡大を必要とした。逆に、資本は成長・拡大に、国家による抑圧、秩序維持、教育、社会福祉を必要とした。国家は国民を法と秩序に服従させ、有能な労働者を育成すべく国民に教育をほどこし、健康で優良な働き手を確保するため、社会福祉を拡充させることができたからである。こうした近代のメカニズムを、バウマンはしばしば、ガーデニングに喩え、ミシェル・フーコーが近代社会の象徴として使った、ジェレミー・ベンサムのパノプティコンに言及しながら説明する。ガーデニングとは設計図により造園を計画し、草花の種を蒔き、木を移植し、水をあたえ、肥料を施し、雑草をとりのぞき、枝を剪定して管理することだが、これは国家の、秩序と国民管理の比喩ともなりうる。同様に、多数の人間のあらゆる言動が、監視者により中央集権的に厳しく監視され、あらゆる不規則性と逸脱が厳格に矯正される空間の青写真がパノプティコンであるが、これも国家管理の比喩となりうる。

経済の国際化、多国籍化、グローバル化と、生産・貿易・金融の自由化、規制緩和・撤廃は資本と国家、資本と政治の関係を一変させた。ポスト近代において、資本は国家の近代的機能を必要としなくなる。つまり、経済活動への介入を欲しなくなる。資本は国家や地域にたいして、運営や労働力の管理でなく管理の撤廃を、市場、経営の規制でなく、その緩和を求める。資本は国家とは関係なく、もっとも有利な条件を提供する地域をもとめて世界中を回遊するから、国家は資本をつなぎとめ、投資と雇用と税収を確保するために、資本のいうなりにならざるをえない。こうして、経済の政治にたいする優位性が確立し、その結果として、政治の経済化と、経済の政治化がおこった。これら一連の変化は八十年代、英米を中心に顕著となる。マーガレット・サッチャー、ロナルド・レーガンは小さな政府を唱え、減税と歳出の削減、徹底した自由化、規制緩和、民営化を断行した。社会関係のなかで、国家は前景から後景へ退いていった。そして、国家の後退は、政治の後退でもあった。

近代的経済構造の変化と、社会生活の細部にいたるまで規制、管理、保護する国家の後退にともない、社会ではさまざまなポストモダン的現象が生起する。脱産業化、企業の合理化、規模縮小は雇用の流動化を生む。流動化は一方では選択の自由と可能性の拡大であるが、他方では、不安定性の増大でもある。また、流動化はアイデンティティが仕事、職種によって決定されるのをむずかしくする。こうして、個人のアイデンティティが、買ったもの、つまり、消費によって確保されるという特異な現象も生まれるのである。個人が社会的制約と管理から解放されると、公的空間からは社会的責任をもった市民が消え、かわって、完全に個人化した消費者が登場する。そして、公共の利益にかかわる大文字の政治は、個人的利益をめぐる生活政治にとってかわられる。フロイトの「文明と不快」に由来する題名がつけられた、『ポストモダンと不快』におけるバウマンの中心的主張はこうだ。人類が文明の獲得にさいして、多くの代償を支払ったように、現代人はポストモダンによってもたらされた、自由、解放、選択肢の増大といった恩恵にたいし、不安、不確実性、危険といった多大な代償を支払わなければならない。

『リキッド・モダニティ』においては、他の著作で使われていたポストモダンという用語は使用されないが、それはどうやら意図的であるらしい。リキッド・モダニティとはポストモダニティのことであって、バウマンが後者を避け、前者を使用するにはいくつかの理由があったのだろう。ポストモダン(モダン後)には、モダンとの断絶が想定されている。モダンの後にくるのがポストモダンであるからだ。近代と現在はひとつながりであって、現在は近代のあらたな段階(フェーズ)、つまり、流体的《リキッド》な段階なのだ、とバウマンは考える。そして、産業革命以来の近代を固体的《ソリッド》な近代とよぶ。この点において、バウマンの考えは、モダンとポストモダンに連続性をみる歴史家であり、現代思想の優れた解釈者であるペリー・アンダーソンの見解と一致する(*The Origins of Postmodernity*, Verso, London, 1998)。現在の流体的段階と、過去の固体的段階が地続きの近代であると考える利点はあきらかだろう。現在がいかに様変わりしたとしても、古い近代が近代であるかぎり、そして、新しい近代が近代であるかぎり、古い近代の復活の可能性も残るからである。『リキッド・モダニティ』では、五つの「近代的」概念が考察されている。バウマンは考察の目的を、序文でつぎのようにのべる。「人間がおかれた基本的な状況にかんする概念のうち、ここでは、五つ——解放、個人、時間／空間、仕事、共同体——を選んだ。産湯とともに赤子をながすようなことをさせないために、それらの意味、現実性の輪廻の可能性を……さぐったつもりである」。これがバウマンがモダニストであるひとつの所以である。

バウマンは固体的近代にたいしてより、流体的近代にたいしてより批判的であることは明白だろう。堅牢にして、永遠につづくかと思われる安定した秩序と、明確な枠組みをもつ固体的近代は、かならずしも、ユートピア的時代ではなかった。安定した秩序と明確な枠組みとは、裏返せば、個人的自由の否定と抑圧を意味した。莫大な利益をあげる資本と、それと相互依存関係にある国家は、労働者を徹底的に管理し、統制し、訓練し、搾取した。また、統一された安定と秩序はつねに全体主義的傾向をはらんでいた。実際、固体的近代からはファシズム、ヒットラー、スターリンが生まれたではないか。バウマン自身、『近代とホロコースト』(*Modernity and the Holocaust*) で、ユダヤ人大量虐殺が近代の象徴である官僚制、資本主義、民族国家なくしてありえなかったことをしめしている。にもかかわらず、現代人にとっての幸福の希望は、流体的近代にではなく、固体的近代にある。

バウマンにとって固体的近代はもっとも危険で有害であると同時に、もっとも大きな希望と可能性を秘めたものである。それにたいして、流体的近代は小さな幸せ、短期的満足はもたらすとしても、根本的改善の余地も、未来の展望もない袋小路的状況にすぎない。固体的近代には個人的自由の否定、抑圧があったかもしれないが、個人が市民的、政治的にむすびつくことによって、社会がよりよく、公正なものになりうる希望があった。労働者は移動の自由を奪われ、ルーチンにくみこまれ、搾取をうけていたかもしれないが、団結によって生活の向上と、安全と、安定を確保しうる見込みももっていた。一方、流体的近代では個人の不安、苦悩はすべて個人のレヴェルで解決されなければならない。雇用の不安、安全への不安、アイデンティティへの不安は、たとえば、消費による神経の一時的麻痺によって解消されるだけである。

バウマンはみずからの来歴について、かたくなに口をつぐむ。バウマンにかんする二冊の研究書もいうように（Dennis Smith, *Zygmunt Bauman : Prophet of Postmodernity*, Polity Press, 1999, Peter Beilharz, *Zygmunt Bauman : Dialectic of Modernity*, Sage Publication, 2000）、かれの経歴にかんする資料は、妻ヤニーナ・バウマンによる自伝『帰属の夢　戦後ポーランドでの日々』（*A Dream of Belonging : My Years in Postwar Poland*, Virago, 1999）以外、存在しない。三者の語る略歴を総合すると、たぶん、以下のようになるだろう。

バウマンは一九二五年ポーランド西部、ポズナニという町の貧しいユダヤ人の家に生まれる。一九三九年第二次世界大戦が勃発し、一家はソヴィエトに逃れ、当地の大学で教育をうけたあと、十八歳でポーランド陸軍に入隊する。一九四五年ベルリン侵攻に参加、戦後も陸軍に残り、大尉の位につく一方、ポーランド労働党の党員となる。二十代にしてはやくも少佐となり、このころ、哲学、社会思想を学びはじめ、ヤニーナとも出会う。しかし、二十八歳のとき、突然、陸軍の除隊を命ぜられる。バウマンの父親が移住の可能性をイスラエル大使館に問い合わせた、というのが理由だったという。おもて向きの口実はなんであったにしろ、免職の裏には反ユダヤ主義があったことにまちがいはないという。以後、かれの経歴は完全に変わる。明くる年（一九五四年）ワルシャワ大学哲学・社会科学学部の講師となり、博士号を取得し、六一年には助教授、また、『社会学研究』という雑誌の編集長をつとめ、数冊の本も出版している。六十年代中ごろには教授に昇進し、一九六六年にはポーランド社会学協会の理事長にもなっている。バウマン四十一歳のときだった。ヤニーナ・バウマンによれば、かれはこのころから、修正主義マルクス主義者とみられるようになっていたという。一九六七年イスラエルとエジプトの六日戦争の余波は、ユダヤ系ポーランド人にもおよんだ。かれらは「第五列」、つまり、海外の敵対勢力とつうじた破壊分子の嫌疑をかけられ、差別と弾圧をうけたのである。多くのユダヤ人が公職を追放され、退職を余儀なくされるなか、バウマンは労働党の党員証を抗議のしるしとして返還する。一九六八年、バウマンは五人の教授とともにワルシャワ大学を解雇される。このニュースはラジオでも報道され、理由はポーランド青少年に反動的影響をあたえ、腐敗させたためだといわれる。同時に、ヤニーナもポーランド国立映画会社を解雇され、子どもたちも人種的攻撃の標的になったという。バウマンは後に西側に移住する。一九六八年、家族とイスラエルを訪れたあと、カナダ、アメリカ、オーストラリアをへて、一九七一年イギリス、リーズ大学の社会学教授の職につくのである。

移住後、バウマンは七十年代に五冊、八十年代に四冊研究書を上梓するが、ポーランド時代二度にわたって職を失う原因となった、ポーランドにおける反ユダヤ主義については、ほとんどひとことの言及もない。また、かれが半生をすごしたポーランドの社会主義についても、まったく触れられることがない。この沈黙がなにを意味するか、さまざまな疑念は残るが、それらはひとまずおくとして、バウマンの七十年代、八十年代の業績には、九十年代のポストモダン論を読み解く鍵が隠されている。リーズ時代の著作をとおして感得できるのは、モダニスト的精神である。モダニストの精神とは、ひとつにはつぎのようなことだろう。よき社会、幸福な社会とは、綿密な計画と、理性的管理と、理想的運営によって形成された産業社会のことだ、という強い信念。また、真の道徳的衝動は、人間同士の連帯のなかにのみ存在するという信念。モダニストの精神は啓蒙主義、自由主義的ヒューマニズムにさかのぼり、資本主義をへて、社会主義にうけつがれる。バウマンにとって、この精神を、たんなる試みでとどまったとしても、ほぼ完全なかたちで実践に移そうとしたのが、社会主義であった。社会主義の実験は失敗に終わったかもしれない。また、社会主義の崩壊は近代の終焉となるかもしれない。しかし、社会主義のなかでほぼ理想的なかたちで体現されかけた近代的精神は死んだわけでなく、バウマンによれば、ゾンビーのように蘇生を待っているのである。

バウマンは一九八九年、『近代とホロコースト』が出版されるまで、一般には、ほとんど無名の社会学者だった。この本が無数に出版されるホロコーストにかんする書籍のなかで、数少ない古典のひとつとなって以来、英語圏でもっとも名の知れた、もっともよく読まれる社会学者となった。一九九〇年にリーズ大学を退職してからも、年に一冊以上のわりで、活発な著作活動をつづけている。日本では現在までバウマンの著作のうち、二冊が翻訳されているだけである。ここにバウマンの最新作の一冊を訳出する機会をあたえられたことは、わたしにとっても、大きな喜びだった。日本においても本書にかぎらず、バウマンの著作ができるだけ多くの人々の眼にふれ、読者が増えることを望みたい。

なお、本書には全五章のほか、「追記」（'Afterthought: On Writing; On Writing Sociology'）がつけられている。これについては、*Theory, Culture and Society*, 2000, 1 に既出のことでもあり、全体的統一との関係で、著者の了解をえて割愛した。

翻訳原稿は二〇〇〇年の夏、イギリスのノーフォークで、窓からは麦畑しかみえない友人の家で、そして、年末から二〇〇一年春にかけて、窓からは人家の屋根とビル群しかみえない中野の自宅でつくりおえた。毎年のように快く宿を提供してくれる、ボーンズ夫妻には心から感謝したい。ノーフォークの涼しい風がなければ、翻訳は思うようにすすまなかったかもしれない。早稲田大学法学部の同僚、エイドリアン・ピニングトン氏はわたしの語学上、思想上の質問に、いつものように、丁寧に答えてくださった。また、人名の発音にかんしては、早稲田大学語学教育研究所、諸星和夫氏からご教示をいただいた。あわせて感謝の意を表したい。

二〇〇一年五月

森田典正

索　引

ア行
愛国主義対民族主義　224-229
アイデンティティ　107-114, 117, 118, 134, 139-142, 230, 231, 234
聖アウグスティヌス St Augustine　226
アタリ Attali, Jacques　179, 198, 215
アトキンソン Atkinson, Paul　112
アドルノ Adorno, Theodore W.　33, 37, 54-58
アーノルド Arnold, Matthew　25
アリストテレス Aristotle　71, 229
アーレント Arendt, Hannah　246
安全　219-223
イェリャズコーヴァ Jelyazkova, Antonina　246
イブン・ハルドゥーン Ibn Khaldoun　17
イリイチ Illich, Ivan　103
ヴァーネット Vernet, Daniel　245
ヴァレリー Valery, Paul　3
ヴィトゲンシュタイン Wittgenstein, Ludwig　57, 259
ウィリアムズ Williams, Raymond　218
ヴィローリ Viroli, Maurizio　225
ヴェトレーセン Vetlesen, Arne Johan　253-255
ウェーバー Weber, Max　7, 34, 38, 77, 78, 147, 161, 204, 219, 249
ウォルポール Walpole, Horace　70
ウーシターロ Uusitalo, Liisa　127
ウディ・アレン Woody Allen　48, 49, 162
エイガー Agar, Herbert Sebastian　25
エリアス Elias, Norbert　40, 41, 249
エンゲルス Engels, Friedrich　5
オーウェル Orwell, George　20, 35-37, 69-71, 74, 91, 259
オッフェ Offe, Claus　7, 8, 43
オニール O'Neill, John　196

カ行
買い物　95, 96, 104-118
カジノ文化　206
カストリアディス Castoriadis, Cornelius　30
ガタリ Guattari, Felix　29, 108, 249
カミュ Camus, Albert　106
カーライル Carlyle, Thomas　7
からだと共同体　236-238
カルヴィーノ Calvino, Italo　156
カント Kant, Immanuel　145, 217
官僚制　34, 77
規制緩和　8, 39, 175, 194
キッシンジャー Kissinger, Henry　244, 245
ギデンズ Giddens, Anthony　28, 31,

サ行

生活政治　24, 51, 66, 67, 84
セネット Sennett, Richard　8, 28, 49, 124, 125, 130, 138, 161, 162, 190, 197, 231, 233
セルトー Certeau, Michel de　148
相互依存　14, 157, 188-193

タ行

体力対健康　100-104
タロック Tullock, Gordon　165
ディドロ Diderot, Denis　28
デイヴィス Davis, Mike　122
テイラー Taylor, Frederic　190
デカルト Descartes, René　147, 148, 217
テニース Tönnies, Ferdinand　221
テューサ Tusa, John　206
デュルケム Durkheim, Émile　26, 236, 237
ドゥボール Debord, Guy　168, 173
ドゥルーズ Deleuze, Giles　29, 108, 249
トゥレーヌ Touraine, Alain　29, 230
トクヴィル Toqueville, Alexis de　6, 47, 185
トークショー　88-91, 113
ドラッカー Drucker, Peter　39, 83, 174
トンプソン, E. P. Thompson, E. P.　190
トンプソン, マイケル Thompson, Michael　163, 164

ナ行

ニーチェ Nietzsche, Friedrich　38

ハ行

バース Barth, Frederick　228
パターソン Paterson, Orlando　221
ハックスリー Huxley, Aldous　20, 69-71, 74, 259
バトラー Butler, Samuel　85
パノプティコン　14-16, 35, 112
ハーバーマス Habermas, Jürgen　91
バフチン Bakhtin, Mikhail　128, 129
バーリン Berlin, Isaiah　66, 224
パレンティ Parenti, Michel　96
ビアース Bierce, Ambrose　170
ビアンキ Bianchi, Marina　81
ビッグ・ブラザー　35, 40, 67
ビーティ Beattie, Melody　84
批判理論　30, 33-37, 53, 62-67
ファーガソン Ferguson, Harvie　97, 113
フォイヒトヴァンガー Feuchtwanger, Lion　24
フォード（フォーディズム）Ford, Henry　34, 73-80, 111, 170-172, 187
フォンダ Fonda, Jane　86, 87
フーコー Foucault, Michel　14, 37, 111, 129
不在地主　18
ブニュエル Buñuel, Luis　214
フラスティ Flusty, Steven　132
プラトン Plato　57, 58
フランクリン Franklin, Benjamin　146
フルー Flew, Anthony　162
ブルデュー Bourdieu, Pierre　176, 192, 201, 208, 210, 220, 249

ブレア Blair, Tony　92
フロイト Freud, Sigmund　22, 41
フロム Fromm, Erich　28
ヘイゼルドン Hazeldon, George　119-121, 143
ベイトソン Bateson, Gregory　61, 255
ペイルフィット Peyrefitte, Alain　172, 214
ベーコン Bacon, Francis　217
ベック Beck, Ulrich　9, 31, 41, 44, 45, 49, 175
ベック＝ゲルンスハイム Beck-Gernsheim, Elisabeth　41
ベル Bell, Daniel　150, 170
ベロック Bairoc, Paul　182
ベンコ Benko, George　133, 142
ベンサム Bentham, Jeremy　14, 37, 111
ベンヤミン Benjamin, Walter　149, 172
ボースティン Boorstin, Daniel J.　88
ホッブス Hobbes, Thomas　26, 40
ホブスボーム Hobsbawm, Eric　221, 247
ポランニー Polanyi, Karl　157, 158, 183
ホルクハイマー Horkheimer, Max　33, 37, 56

マ行

マクローリン MacLaughlin, Jim　17, 241
マシーセン Mathiesen, Thomas　111
マルクス Marx, Karl　5, 7, 72, 183, 185
マルクーゼ Marcuse, Herbert　21, 25, 29, 30
マレイ Murray, Charles　26
ミショー Michaud, Yves　118
ミル Mill, John Stuart　40
ミルズ Mills, Wright C.　84
民族国家　17, 223-227, 238, 239
メロシク Melosik, Zbyszko　80

ヤ行

ヤック Yack, Bernard　225, 226
ヤング Young, Jock　221, 223
遊牧型対定住型共同体　17, 18, 241, 256

ラ行

ライシ Reich, Robert　196, 215
ラザフォード Rutherford, Jonathan　9
ラッシュ Lasch, Christopher　110
ラッツェル Ratzel, Friedrich　241
ラトワク Luttwak, Edward N.　243, 244
リオタール Lyotard, François　174
リッツァー Ritzer, George　127, 129
リピェッツ Lipietz, Alan　73
リューイン Lewin, Leif　165, 166
リュエル Ruelle, David　177
ルーチン化　150, 151, 156
レヴィ＝ストロース Lévi-Strauss, Claude　132, 199, 227
レッシング Lessing, Ephraim　38
レーニン Lenin, Vladimir　74, 75
ローマン Roman, Jöel　48

訳　者
森田典正（もりた　のりまさ）
1956年生まれ。
早稲田大学大学院修士課程を経て，ケント大学（イギリス）で博士号取得。
現在，早稲田大学国際教養学術院教授。
主な著訳書
『ときにはハリウッドの陽を浴びて』（共訳）研究社，1996年。
『隠れた文学／隠された文学』（共著）鶴見書店，1998年。
『ポストモダニズムの幻想』大月書店，1998年。
『甘美なる暴力』大月書店，2004年。

リキッド・モダニティ

2001年6月20日第1刷発行
2024年7月17日第13刷発行

定価はカバーに表示してあります

訳　者©　森　田　典　正
発行者　中　川　　進

〒113-0033　東京都文京区本郷2-27-16
発行所　株式会社　大　月　書　店
印刷　三　陽　社
製本　ブロケード
電話(代表)03-3813-4651(FAX)03-3813-4656　振替　00130-7-16387
http://www.otsukishoten.co.jp/

ISBN 978-4-272-43057-4　　C0010

●初めて明かす生い立ち、青春、大学生活

ゲートキーパー

イーグルトン、半生を語る

46判・本体2400円

テリー・イーグルトン著／滝沢正彦・滝沢みち子訳

アイルランド系労働者のまずしい家庭に生まれながら、ケンブリッジ大学の俊秀としてイギリス・エスタブリッシュメントの世界に入ったイーグルトンが、生い立ちやカトリック修道院で過ごした少年時代、逸話に富んだ青春、大学生活の想い出を縦横に語る

●人びとは時間とどのようにつきあってきたか

時間の歴史

近代の時間秩序の誕生

ドールン-ファン・ロッスム著／藤田幸一郎他訳　Ａ５判・本体８０００円

歴史家としての構想力と実証精神をもって、無数の資料と膨大な研究の蓄積をつなぎあわせながら、中世から近代へと向かうヨーロッパ社会のなかで、さまざまな人間集団が「時間」とのつきあい方をどのように変えていったのかを、生きいきとよみがえらせる

●知識人は大衆の側に立ちうるか

知識人と大衆

文人インテリゲンチャにおける高慢と偏見

ジョン・ケアリ著／東郷秀光訳

46判・本体4600円

知識階級は通例、「人民の友」とみなされているが、一九世紀末から二〇世紀初頭のイギリス文学を当時生まれつつあった大衆文化との関係において読み直すとき、驚くべき事実が明らかになる。イギリス文芸評論界を二分する大論争を巻き起こした刺激的作品